埃及的斯芬克司石像

阳关烽燧

波斯首都波斯波利斯遗址

克里特岛米诺斯王宫考古遗址

雅典卫城的帕提侬神庙遗址

罗马广场废墟

耶稣受难像

孔子像　　　　　　　　　　　　阿芙洛狄忒雕像

古希腊奥林匹克竞技会的赫拉神庙（取圣火处）

古希腊雕塑家波利克莱塔的《竞技场上的优胜者》

阿伽门农的金面具

《诱拐海伦》，意大利画家圭多·雷尼绘

《特洛伊木马》,西班牙画家胡安·德拉·科尔特绘。画面中,特洛伊英雄埃涅阿斯正带领家人逃离火光冲天的特洛伊城

《阿伽门农之死》,法国油画家皮埃尔·纳西斯·格林绘

《俄狄浦斯与斯芬克司》,法国画家古斯塔夫·莫罗绘

阿喀琉斯之死雕塑

母狼哺育罗马人的始祖罗慕路斯和雷慕斯

《萨宾妇女阻止战争》,法国艺术家雅克-路易·大卫绘

被罗马人焚毁的迦太基古城遗址

在尼禄"金宫"废墟上建造的克洛西姆竞技场（建于约公元 80 年）

《萨拉米斯海战》，德国画家威廉·冯·考尔巴赫绘，藏于巴伐利亚州议会

犹太人的先知摩西

最早传播基督教的圣徒之一圣彼得（手执两把金钥匙）

最早传播基督教的圣徒之一圣保罗（手执利剑）

公元313年颁布《米兰敕令》、承认基督教为合法宗教的罗马皇帝君士坦丁一世

高耸入云的哥特式大教堂——米兰大教堂的外观

哥特式教堂——亚眠大教堂内观

《安条克之围》，第一次十字军东征期间的场景。法国画家让·科隆布绘

《宗教裁判所》，西班牙画家尤金·卢卡斯·韦拉兹克斯绘

文艺复兴时期的艺术杰作：波提切利的《维纳斯的诞生》

文艺复兴时期的艺术杰作：米开朗琪罗的《大卫》

马丁·路德在沃尔姆斯帝国会议上为自己的观点论证

英国宗教改革的推动者亨利八世（左）和伊丽莎白一世（右）

耸立在里斯本的大航海时代的葡萄牙和西班牙的伟大航海家雕像

英国启蒙思想的代表人物:洛克(左)与牛顿(右)

法国启蒙运动的思想巨擘：伏尔泰（左）与卢梭（右）

德国伟大的启蒙思想家康德

绵延

文明分野与
文化演进

赵林 著

中信出版集团 | 北京

图书在版编目（CIP）数据

绵延：文明分野与文化演进 / 赵林著. -- 北京：中信出版社，2024.11. -- ISBN 978-7-5217-6788-9

Ⅰ. K107

中国国家版本馆 CIP 数据核字第 2024TN8608 号

绵延——文明分野与文化演进
著者：　　赵林
出版发行：中信出版集团股份有限公司
　　　　　（北京市朝阳区东三环北路 27 号嘉铭中心　邮编　100020）
承印者：　河北鹏润印刷有限公司

开本：880mm×1230mm　1/32　印张：8.5
字数：206 千字　　　　　　　　插页：8
版次：2024 年 11 月第 1 版　　　印次：2024 年 11 月第 1 次印刷
书号：ISBN 978-7-5217-6788-9
定价：59.00 元

版权所有·侵权必究
如有印刷、装订问题，本公司负责调换。
服务热线：400-600-8099
投稿邮箱：author@citicpub.com

目 录

再版前言
| V |

[第一章] 人类文明演进——冲突、融合与精神分野

第一节
文明的冲突与文化融合（上）
| 003 |

第二节
文明的冲突与文化融合（下）
| 023 |

第三节
中西文化的精神差异
| 044 |

[第二章]

西方文化之源
—— 古希腊神话、史诗与悲剧

第四节
奥林匹克竞技会
| 069 |

第五节
特洛伊战争与英雄史诗
| 081 |

第六节
古希腊的神话传说与悲剧
| 096 |

[第三章]

西方文化的发展
——宗教、启蒙与社会改革

第七节
古罗马文化与基督教文化
| 115 |

第八节
西方文化的传统与更新
| 144 |

第九节
西欧启蒙运动的意义
| 190 |

第十节
当代国际格局的宗教背景
| 213 |

再版前言

放在读者面前的这部演讲集最初是由东方出版社于2006年出版的，原书名叫《赵林谈文明冲突与文化演进》。由于问世时间较早，此书在市场上已近绝迹，时隔近二十年，中信出版社准备将其重新出版，更名为《绵延——文明分野与文化演进》，实为一件令人欣慰的事情。

此书收集了我多年来在不同场合，如大专院校、电视传媒、市民讲坛等平台进行的文化演讲，其中也包括二十年前在中央电视台《百家讲坛》栏目所做的几场演讲。讲题所涉及的内容，大多与宏观性、长程性的文明兴替和文化演进相关，展现出一种历史大眼光，旨在帮助读者以一种高屋建瓴的姿态，整体把握人类文明发展历程和历史文化传承脉络。收录于书中的每一篇演讲虽然各自成章，但是其内容连缀成为一个有机的思想体系，致力于从全球文明演进和中西文化分野的大背景，切入西方文化各大阶段，包括古希腊文化、古罗马文化、基督教文化以及近现代的文化变革的嬗变进程和精神联系，从而清晰、深刻地揭示出当今西方文明的文化实质以及全球化时代的发展趋势。

光阴荏苒，当年我整理出版此书时，恰逢学术上的风华正茂之际，故而在字里行间充溢着意气风发、挥斥方遒的激情和率性。时至今日，已届悬车之年，当年的豪情和文采已经寥落无几，但是对人类文明演进和西方文化发展的理解却较当年更加全面和深刻。近十多年来，我分别撰写出版了《中西文化的精神分野》、《古希腊文明的光芒》（上、下卷）、《古罗马帝国的辉煌》（四卷本）、《共塑：西方文化精神的演变》（上、下卷，解析基督教与西方文化的深层联系）等著作，这些著作使得我对西方文化演变历程的认识已经远远超出了当年的水平和境界。然而，深入细致的分梳是建立在早年奠定的思想框架和学术根基之上的，因此，在近二十年前出版的这本书中，就已经大致展现了我的学术素养和文化视野。

我的学术专业是西方哲学和西方文化，本书中收集的十篇演讲主要偏重于中西文化比较和西方文化历程。这些讲座在内容上相互联系，较为系统地探讨了西方文化发展演进的来龙去脉和精神实质，以及中西文化的精神差异和人类文明的长程演进等宏观性问题。

第一至三讲，"文明的冲突与文化融合（上、下）"和"中西文化的精神差异"为本人2002年12月和2003年6月在中央电视台《百家讲坛》栏目所做的三场讲座，它们分别从世界文明演进和中西文化比较的宏观视野，展现了西方文化和中国文化发生、发展的基本脉络，揭示了中西文化的精神特质，并且说明了在现代化进程中两种文化所面临的不同命运和各自面对世界的姿态。

第四讲"奥林匹克竞技会"和第五讲"特洛伊战争与英雄史诗"为本人2005年12月在中央电视台《百家讲坛》栏目所做的两场讲座，它们分别对古希腊奥林匹克竞技会的起源和发展，以及以特洛伊战争为典型的古希腊英雄史诗进行了讲解，充分展现了古希腊时代人与自然和谐相处以及人们热爱美好事物的童稚天性。

第六讲"古希腊的神话传说与悲剧"为本人2005年在北京外国语大学和华东交通大学等高校所做的文化素质讲座，可以将该讲座看作对第四、第五讲的继续和深化，系统地讲述了古希腊神话的发展演化和古希腊悲剧的命运寓意，并从中引申出一些发人深思的人生哲理。

第七讲"古罗马文化与基督教文化"为本人2004年10月在电子科技大学所做的西方文化系列讲座之一，它对继古希腊城邦文明之后崛起的罗马帝国的基本文化特征进行了说明，追溯了基督教在罗马帝国中生长和壮大的过程，分析了基督教文化的精神实质，并且揭示了中世纪基督教文化的深刻内在矛盾。

第八讲"西方文化的传统与更新"是本人2006年5月在"广州讲坛"所做的学术讲座，该讲座从中世纪基督教文化的深刻危机入手，以文化变革和实践活动两个方面揭示了西方社会在近代崛起的奥秘，对文艺复兴、宗教改革、地理大发现等15—16世纪的重要事件进行了深入细致的分析，说明了这些文化变革和实践活动对于西方资本主义发生和发展的重大意义。

第九讲"西欧启蒙运动的意义"是本人2006年4月在湖北工业大学所做的文化素质讲座，它对西方近代理性精神的觉醒过程和启蒙运动的思想内涵进行了细致的梳理，说明了启蒙运动在西欧不同国家所具有的不同意义。相比之下，法国的启蒙运动是最激进的，中国人受其影响也最深，然而在英国、德国，启蒙运动不仅仅是片面地弘扬理性，而且也将本民族的传统文化（特别是宗教信仰）与时尚的理性精神有机地加以结合。

第十讲"当代国际格局的宗教背景"是本人2002—2003年在华中科技大学和华南师范大学所做的文化讲座，它立足于20世纪末叶的国际形势，对21世纪的世界文化格局进行了展望，揭示了全球性的文化保守主义出现的历史原因，展现了"泛西方化"与"非西方化"这两股相对的历史潮流的动态关系，并对中国文化的未来复兴之路进行了理论探讨。需要说明的是，原书中第十讲题为"文化保守主义与 21 世纪世界文化格局"，现经斟酌，撤下此文，改换为现在这篇视野更加广阔的演讲。

以上十篇演讲只是本人多年来在全国高校和公众讲坛所做的数百场文化讲座中的部分内容，将它们汇集成这部演讲集的主要原因是它们彼此之间具有内在的文化联系，较为系统地展现了人类文明分野和西方文化嬗变的基本脉络。在 2006 年此书问世之后，我又陆续出版了《在上帝与牛顿之间》《在天国与尘世之间》《传统氤氲与现代转型——中西文化三人谈》等多部文化演讲集和对谈录，这些作品可以看作对本书所涉问题的进一步拓展和深化。

近二十年来，国际和国内局势都发生了巨大的变化。一方面，由于中国经济和综合国力的迅猛增长，全球化浪潮的基本态势和引领风潮展现出微妙的前景，太平洋时代似乎正在取代大西洋时代而成为世界历史发展的主旋律。从美国政府做出的战略中心转移，到中国顶层确立的"一带一路"倡议，都表现了这种"向西看"的基本趋势。另一方面，随着中国的崛起，美国、西欧对处于经济总量第二位的中国的态度不断转变，加上美国对华贸易战等，世界正在变得越来越不安宁。如果我们站在西方文化发展的角度来看，在大趋势上，西方历史经历了一个从爱琴海时代（古希腊文明）到地中海时代（古罗马文明），再到大西洋时代（近现代西方文明）的一路向西的发展演变过程。随着 20 世纪美国的强劲崛起和攫取世界霸权，大西洋时代的重心已经从大西洋东岸的老欧洲转向了大西洋西岸的新美洲。从 20 世纪末叶开始，深切把握历史跳动脉搏的美国率先做出了国际战略中心从大西洋向太平洋转移的重大决策；与此相对应，地处太平洋西岸的中国也相应制定了"一带一路"倡议。美国和中国（从地图上看，中国是在太平洋西岸，即美国的西方）共同选择的这种"向西看"的战略转移都顺应了不可抗拒的历史大趋势，为后续的全球化发展奠定了良好的开局。当然，把握住历史发展大势和有一个良好的开局只是为最后的胜局奠定了必要的基础，至于如何打好新时代全球化的一手好牌，在风云变幻的国际格局中纵横捭阖，终至立于不败之地，则是对政治智慧的更大考验。

但愿读者们通过阅读这部文化演讲集，能够对人类文明发展的过往历史、当今格局和未来趋势产生更加全面而深刻的理解。

赵林

2024 年 7 月 3 日

于武汉大学珞珈山麓

第一章

人类文明演进

冲突、融合与精神分野

第一节　文明的冲突与文化融合（上）

本文的主题非常宏观，直接关系到我们生活的世界背景。我希望借此帮助大家对当今以及未来的世界格局产生更加清醒和深刻的认识。

问题的由来

早在 1993 年，美国哈佛大学国际政治学教授塞缪尔·亨廷顿，在美国《外交》杂志的夏季号上发表了一篇名为《文明的冲突？》的文章。在这篇文章中，亨廷顿指出，在 20 世纪 80 年代末期，世界上发生了一些重大变化，苏联的解体、东欧社会主义阵营的瓦解，以及国际关系格局中发生的一些相应变化，宣告了冷战时代的结束。针对这种国际形势，亨廷顿在文章里面提出了一个在当时看来耸人听闻的观点。他认为随着苏联的解体，从第二次世界大战以后形成的社会主义和资本主义这两大阵营的对垒将不再构成未来世纪国际冲突的主题。在 21 世纪，世界冲突的主题将不再是政治意识形态的冲突，即不再是社会主义与资本主义之间的冲突，甚至也不再是经济的冲突，而是文明的冲突。那么，所谓"文明的冲突"是什么意思呢？亨廷顿认为，文明是"人类最高的文化归类，人类文化认同的最广范围，人类以此与其他物种相区别"。由于历史的原因，人类形成了几个最主要的文明体系，按照宗教信仰或价值系统来区分，就是西方的基督教文明、中东的伊斯兰教文明、中国的儒家文明，以及南亚的印度教文明等。这些文明曾经对峙了数千年之久，近代以来的西方化和殖民化浪潮使得各大文明之间的传统边界逐渐模糊，而由社会主义与资本主义之间的政治意识形态冲突取代了文明之间的对垒。但是随着政治意识形态冲突的消失和冷战时代的结束，各大文明体系之间的文化差异和冲突的可能性将会再度凸显出来，成为21世纪国际格局的主题。

亨廷顿的这个观点一经提出，很快就在世界范围内引起了普遍关注。他还在这篇文章中谆谆告诫西欧各国，不要因为一些经济方面的蝇头小利而破坏了与美国的关系，西欧各国应该与美国加强团结、加强联合，共同防范可能在东方出现的威胁。在21世纪，这种威胁可能来自伊斯兰教文明与儒家文明的联合，他预言二者将会携起手来共同对抗西方基督教文明。

亨廷顿的上述观点立即在华人世界里引起了轩然大波，被指责为后殖民时代的"西方中心论"的典型。众所周知，美国人总是喜欢寻找一些假想敌，尤其是为未来的国际战略设定一些可能的竞争对手。当冷战时代结束，以苏联为首的东欧社会主义阵营无法再对美国和西欧世界构成主要威胁时，美国人就必然要去寻找和设定下一个世纪的新对手，这是其国际政治策略的一贯作风。亨廷顿作为哈佛大学国际政治学教授，同时也是美国政府国际关系政策的重要智囊成员，他为美国未来的国际战略提供一些想法，本来也无可厚非。但其观点无疑具有浓重的"西方中心论"色彩，这是由他作为一个西方人，尤其是作为一个西方国际政治学专家的身份所决定的。作为中国人，我们当然会对他的某些预测，尤其是对他关于21世纪将会出现儒家文明与伊斯兰教文明联合对抗西方基督教文明的观点进行批判。但是仅就他对人类文明的演化趋势和未来状况的分析而言，我认为他的观点有一定道理。

人类最初的亲代文明

人类文明在几千年的历史过程中是如何发展的？对这一历史进程的了解有助于我们对今后的国际格局进行有根据的预测。先做一个理论预设，即我们承认历史是有规律可循的。因为如果一切历史事件都是偶然的，就完全没法进行认识和预测。反之，如果我们相信历史的发展具有一种内在必然性，就可以依据对这种必然性的认识，对未来世界的发展趋势做出预测。历史的明天奠基于历史的昨天和今天的基础之上，我们首先应该认识世界的昨天和今天，尤其是要知道，从昨天到今天是如何发展的，这样才能合理地推论出未来将会出现一种什么样的趋势。由此，我们需要回顾 5 000 年前的人类社会。

大家先看看表 1.1，其中列示的是人类各大文明数千年来演化嬗变的基本情况。最上面一排是我们人类最早出现的五个文明，虽然中学教科书中提到有"四大文明古国"，其实那是最早的一批文明发展到某一个阶段时出现的一些国家形态，是通俗化的说法。从研究者的角度来说，我们认为人类最初的文明一共有五个。这五个文明从西向东依次是：地中海上的克里特文明，该文明的影响力后来广泛地辐射到爱琴海沿岸地区，成为爱琴文明的重要组成部分；随后是地中海南岸的古埃及文明，由于这里受尼罗河的冲积灌溉，也被叫作尼罗河流域文明；再往东，在幼发拉底河和底格里斯河之间有一块冲积地，在那里建立的文明就是两河流域文明，又叫美索不达米亚文明，"美索不达米亚"在希腊语中就是"两河之间"的意思；再往东就是印度河流域文明，这个印度最古老的文明又叫作哈拉巴文明，是由南亚次大陆的土著达罗毗荼人在哈拉巴这个地方创造的文明；最后，欧亚大陆的最东边，就是我们中国的先秦文明，通常是指夏商周三代或者先秦时期的远古中国文明。以上即是人类最初的五个文明，接下来，我依次对这五个最古老文明的基本情况作简单的介绍。

表1.1 游牧世界对农耕世界的冲击及其"文化杂交"对旧大陆文明体系嬗变的影响

神话时代	克里特文明	古埃及文明（绝嗣）	两河流域文明	印度河流域文明	先秦文明
雅利安语民族和其他游牧民族的大入侵、"轴心时代"的来临和高级宗教的产生					
英雄时代	古希腊罗马文明		波斯文明	古代印度文明	秦汉文明
匈奴人和欧亚草原游牧民族的大入侵、四大宗教-伦理价值系统的确立					
宗教时代	基督教文明（含东正教社会）		伊斯兰教文明	佛教-印度教文明	隋唐以降的儒家文明
蒙古人和突厥人的大入侵、近代西方工业文明的崛起					
工业时代	新兴的西方工业文明对传统的非西方农耕文明的入侵及其文化冲突				

这五个文明中，如果要说时间最古老、历史最悠久的，大概要数两河流域文明和古埃及文明了。当然这只是一个相对概念，因为现在考古学对古代文明的发掘，只能停留在以百年为单位，不可能再细化了。根据现有的考古资料，两河流域文明也许是人类现今发掘出来的最古老的文明，它出现的时间大概可以追溯到公元前3500年。那时，在美索不达米亚就出现了一些城市国家，比如说乌鲁克、乌尔等。这些城市国家已经有了自己的楔形文字，有了初具规模的行政组织。

其次就是古埃及文明。按照现在一般的历史记载，大约从公元前3100年开始，在尼罗河中游的孟斐斯，就已经出现了埃及人建立的古王国，这是尼罗河流域最古老的国家形态。

由此可见，两河流域文明和古埃及文明，都有 5 000 年以上的历史。

稍晚一些时候，又出现了两个文明。一个是克里特文明，它大约是在公元前 2600 年产生的。克里特文明带有被古埃及文明和两河流域文明影响的痕迹，显然是对毗邻的这两个文明多有模仿。克里特岛位于地中海，紧锁在爱琴海的入海处，海上交通便利，四通八达，与西亚和北非有着频繁的商业往来和文化交流。因此克里特人从更加古老的古埃及文明和两河流域文明中吸取了不少文化资源，创建了自己的文明。在克里特的神话传说和艺术作品中，我们都可以看到古埃及文化的明显影响。克里特神话中的很多神祇，都有似古埃及神话的半人半兽形象，例如我们比较熟悉的狮身人面像斯芬克司，以及其他半人半兽的怪物神族，就是从埃及传到克里特岛，再从克里特岛传到古希腊本土的神话中的。大家都知道，埃及古王国的法老曾经建造了一座著名的斯芬克司石像，但是我们在古希腊的悲剧故事如《俄狄浦斯王》中，也可以看到斯芬克司这头怪兽，这种同一性很好地说明了克里特文明与古埃及文明之间的文化联系。

与克里特文明相继出现的另一个文明就是印度的哈拉巴文明，我们对其所知较少。我们通常知道的印度文明，是指以吠陀教和婆罗门教而著称的古代印度文明，实际上这是印度的第二代文明，并非最早的文明形态。借用生物学的概念来说，我们可以把最初的一代文明形态叫作"亲代文明"，而把从这些最古老的文明中衍生、演化出来的第二代、第三代甚至更晚的文明形态都叫作"子代文明"。大家所熟悉的那个以婆罗门教为标志、以种姓制度为特征的古代印度社会，实际上是第二代文明（子代文明），它是由那些从西北方向涌来的雅利安人入侵者建立的。在这个文明产生之前，有一个由印度河流域的土著民族创造的文明，就是哈拉巴文明。哈拉巴文明的考古证据是比较晚才被发掘出来的。在20世纪初，有一批英国考古学家在一片荒芜的墓地里发掘出一个城市遗迹。他们根据这个城市遗迹推断，在那些建立婆罗门教和种姓制度的外来入侵者来到印度河流域之前，此地曾经存在一个非常发达的文明形态，这个文明是由被称为达罗毗荼人的土著建立的，他们把这个最古老的印度文明以该城市遗址的名字命名，即哈拉巴文明。那些创建了哈拉巴文明的达罗毗荼人生活在南亚，皮肤比较黑，身材比较矮，鼻子扁平，与后来进入印度河流域的那些身材高大、皮肤白皙的雅利安人入侵者有着很大的身形差异。这个文明程度很高的哈拉巴文明在后来雅利安人入侵者的征服浪潮中被毁灭了，达罗毗荼人也沦为奴隶，被入侵者们贬称为"达萨"。"达萨"在印度语里就是"奴隶"的意思。也就是说，那些最初创建哈拉巴文明的印度土著，在后来雅利安人的征服活动中，反而沦为奴隶了。一直到现在，在印度南部地区，仍然生活着一些达罗毗荼人的后裔，他们的社会地位都比较低下。至于我们所熟悉的那个古代印度文明，显然是一种文化融合的结果。

在五个古老文明中最晚出现的一个，就是我们中国的先秦文明。关于中华文明出现的时间问题，国际学术界有不同的看法。西方学术界一般只承认中国的文明史从商代开始，理由是中国在商代才有了文字，也就是甲骨文，而文字是判定文明与史前状态的一个重要标志。商代的历史大约从公元前17世纪初开始，如果中国的文明史只能从商代算起，我们就不能说自己有5 000年的文明史了。如果我们证实了中华文明应该从夏代开始（夏代的历史据记载从公元前21世纪前后开始），距今大致可以说是5 000年左右。我国曾投入大量的财力和人力到"夏商周断代工程"科学研究项目中。这个项目的首要目标就是要发掘出有说服力的夏代文明的考古证据。此外，弄清楚夏商周三代的具体分期，每位帝王的执政年代等，也是这个项目的重要内容。当然要想达到这样一个目标，需要运用现代科技手段进行大量的考古发掘，并对古代文献进行细致的研究。

2004年，中华文明探源工程启动，对中华文明起源、形成和早期发展进行了进一步的综合研究。从另一角度来看，问题并不在于中国古代有没有一个夏代，而在于这个夏代到底是一种文明，还是一种史前文化，像更早的仰韶文化、龙山文化等那样。一个关键的证据就是文字，在国际文化学界，文字是文明的一个重要标志，是文明区别于野蛮的一个根本标志。

可以说，在文明与野蛮之间，存在着许多区别，但是最主要的区别有两点。用我们今天比较时髦的话来说，这两点分别是物质方面和精神方面的。

从物质方面来说，文明的标志是什么呢？是它必须有定居的农耕生活。文明社会中的人们已经开始过上了定居的农耕生活，拥有永久性的灌溉系统，以及为了组织修建灌溉工程这一类的集体活动而成立的社会组织，即最初的国家机构。

农耕生活与游牧生活是不一样的，游牧民族逐水草而居，今天停留在某处生活，明天可能就移动到几十千米、上百千米以外的地方去了，游牧的特点使他们不可能过定居生活，所以他们的生产力发展水平相对较低，发展的速度也比较缓慢。同时，游牧的生活方式也不可能让其发展出城市中心，而最初的文明都是以城市中心为依托发展出来的。农耕生活的特点是春播秋收，人们一旦开始过上农耕生活，就必须守着这块土地，必须定居下来。虽然早年的农耕生活主要靠天吃饭，而且人们还没有完全摆脱游徙的习惯，经常易地而耕，但毕竟还是比游牧的生活方式要稳定一些，同时可以创造更高的生产力。最重要的是，由于过上了定居的农耕生活，最初的城市中心得以产生，虽然不可能跟现在的城市相比，但其已经是人们的一个宗教、政治、经济和文化活动的中心了。因此，正是在定居的农耕生活以及最初的城市中心的基础之上，人类才可能超出直接的生产活动，去从事一些非生产性的活动，也就是一些高尚的精神活动、文化活动。所以从这个意义上来说，文明产生的一个物质标准，就是看其有没有定居的农耕生活方式，以及在此基础上所出现的城市中心。

同样地，文明还有一个精神上的标准。大家都知道，我们的初民祖先事鬼敬神、求神问卦，凡事都要先卜而后行。按照学术界的共识，最初的文明往往都是随着庙宇而出现的，最初的城市中心同时也就是庙宇中心、祭祀活动中心。所以西方的一些学者认为，人类的文明最初是在祭祀祖先和鬼神的活动中产生的。由于定期祭祀先祖、先妣的需要，人们就从最初的图腾崇拜走向了一种固定的祭祀，这种有固定场所的祭祀活动是与定居的农耕生活联系在一起的。

一旦人们开始有了一个固定的庙宇中心，就自然会产生一批专门从事宗教祭祀活动、从事祈祷占卜活动的神职人员，这就是人类文明初期的祭司集团。祭司集团由于宣称自己具有与鬼神相通的能力，因此成为人类各个文明最初的统治者。而远古的国王往往也就是最大的祭司，是祭司集团的首领，他本身承担着帮助人与神进行沟通的重要使命。老百姓甚至认为，他就是神的化身。这一点在古埃及、两河流域、印度哈拉巴、克里特和中国商代的考古资料中，都有充分的印证。

在这种固定的庙宇中心，在这些定期举行的祭祀活动中，慢慢地就发展出了一种对创建人类文明最重要的东西，也就是文字。文字最初被用于记录祭祀占卜活动结果，甲骨文最初也是用来记录求神问卜的结果的，后来才逐渐从宗教领域延伸到非宗教领域，延伸到日常生活中去。在文明出现的初期，文字掌握在祭司集团手中，这是一种精神特权，是人与神相通的一种权力符号。因此最初的文字都是出现在庙宇之中，因祭祀活动的需要而产生，结果却成为文明历史的一个标尺，因为如果没有文字，文明的历史就难以传承下来。所以，从精神文明这个角度来看，文明的一个很重要的标志就是文字。

以上就是对人类最初的五个文明，或者借用生物学的概念叫作"亲代文明"的简单介绍。

游牧世界与农耕世界冲突、融合的时空效应

人类最初的这五个文明，在地域范围上都非常狭小，仅限于一两条大河的冲积平原内。在这些最初的农耕文明周围是什么状况呢？在这些狭小的亲代文明的南边，一般都是海洋或者沙漠，而在它们的北边，则是辽阔无边的欧亚草原，当然也有高山峻岭。在欧亚草原上，生活着许多逐水草而居的游牧民族，他们的活动范围非常大，而定居的农耕文明就如同沙漠中的几片绿洲一样被不断移动的游牧民族包围。

前文已提到，农耕生活是文明的一个重要标志，而没有进入农耕生活的那些逐水草而居的游牧民族，虽然也有自己的文化，但不能被称为"文明"，只是史前文化或者原始文化。这样一来，在欧

亚大陆上，就形成了一种南农北牧的基本格局——南边是一些刚刚萌芽的、弱小的文明国家，人们过着定居的农耕生活，文化水平比较高；北边则是许多游徙不定、逐水草而居的游牧民族，生产力水平低下、文化水平较低。另外，南边的农耕文明虽然生产力相对发达，文化水平高，但是定居的生活方式容易使人们养成一种惰性，因此长期以来，农耕文明地区就成为北方游牧民族入侵的对象。那些生活在大草原上的游牧民族，虽然没有进入文明的生活方式，但是由于他们是生活在马背上的民族，长期以狩猎为生，因此机动性非常强，而且性格彪悍，能够吃苦耐劳，战斗力特别强。在这样的情况下，在长达数千年的时间里，往往都是北方的游牧民族入侵南方的农耕文明。于是在欧亚大陆上，长期以来就形成了在生活方式上南农北牧、在经济状况上南富北贫、在军事实力上南弱北强的对峙局面。

自人类文明诞生之始，欧亚大陆上的这两股势力便开始了对峙。最早的五个农耕文明都处于北回归线与北纬35度之间的狭小地区内。这个偏南地带的文明地区，我们称为"农耕世界"。在农耕世界的北边，游牧民族像漫山遍野的黄沙一样遍布各处，我们将这一区域叫作"游牧世界"。这样一来，游牧世界和农耕世界便开始了长期对峙，这种对峙从公元前18世纪开始，一直持续到约公元1500年。可以说，人类3 000多年的历史，都是在这两大世界的对峙中度过的。在15—16世纪这个世界历史的重要分水岭（新航路开辟）到来之前，人类的文明主要就在游牧世界与农耕世界的冲突、融合中，不断地发展和壮大起来。同时，这两者的冲突和融合，构成了15世纪以前人类文明发展的一个重要动力。

前文已提到，游牧世界像漫山遍野的黄沙一样包围着农耕世界，而游牧世界对农耕世界的每一次大入侵和大融合，都导致了农耕世界的巨大变化。我把这些变化分为两个方面来讲，分别是"时间效应"与"空间效应"。

所谓"时间效应"，就是我们所说的文明形态的嬗变。形象地说，文明就好像是一只蚕，最初只是一个小黑卵，随后它从卵中孵化，不断地蜕皮，蜕一次皮就变化一次形态，由黑蚕变为黄蚕、白蚕、透明的蚕，之后它吐丝结茧成蛹，最后化为蛾子，破茧产卵。虽然形态在不断地改变，但是它始终还是那只蚕。文明的发展也是这样，文明的形态在不断嬗变，但是这个文明的本体或实质却在形态嬗变的过程中得以延续和传承。文明形态嬗变的主要原因，在15世纪以前的数千年时间里都是游牧世界与农耕世界的冲突与融合。一个农耕文明，在经过游牧世界的不断冲击和融合以后，形态就发生了变化，从第一代文明演变为第二代文明，以至第三代、第四代……我们将表 1.1 的每一列从上至下看，所呈现的就是农耕文明在游牧世界的冲击和融合之下，发生的形态嬗变。这就是"时间效应"所指。下面我会具体说明，在 3 000 多年的时间里，人类各大文明的形态是如何在游牧民族的作用下发生嬗变的。

在游牧民族的冲击和融合之下，农耕世界也产生了"空间效应"，我更喜欢形象地把它叫作"酵母效应"。所谓"酵母效应"，就是看起来弱小和地域狭小的农耕世界，在遭到了强悍的游牧民族的入侵和征服之后，不仅没有彻底被消灭掉，还通过一种以柔克刚的方式，在长期的文化交融过程中，改造和融合了入侵的游牧民族，并且以游牧入侵者为中介，把以前游牧民族生活的地区也纳入农耕文明的范围内。这就好像是一块酵母被一个很大的面团包裹着，久而久之，这块酵母以发酵的方式把整个面团都变成了酵母。酵母效应的实质就是通过游牧民族入侵的反作用力，把农耕文明的影响扩展到游牧世界中。看起来游牧民族是入侵者，是主动者，但是经过长期的文化融合以后，前者反而纷纷"皈依"了文明的生活方式，改变了游牧的习性，开始过上定居的农耕生活，并接受水平更高的农耕世界的文化。这也就是马克思说过的"野蛮的征服者总是被那些他们所征服的民族的较高文明所征服"这样一种历史效应。事实上，在15世纪以前，整个人类文明就是通过这种以柔克刚的"发酵"方式，在空间地域上不断扩展的。前文说过，最初的人类农耕文明如同沙漠中的几点绿洲，被广大的游牧世界从四面八方包裹着。由于这种空间效应或者酵母效应的影响，到了15世纪时，欧亚大陆上几乎到处都是农耕世界了，游牧世界反而变得没有立锥之地了。再到今天，我们上哪儿去找游牧世界啊？现在世界上残存的游牧民族只是一些古老的"历史遗迹"，早已无法构成一个对农耕世界具有挑战性的完整世界了。

在长达3 000年之久的游牧世界与农耕世界的冲突与融合中，人类的文明正是通过时间效应和空间效应的双重作用，在时间坐标上一次又一次地发生形态嬗变，在空间坐标上一次又一次地扩展地域范围，由小到大、由弱到强地逐渐发展起来。下面我们就来具体看一看，游牧世界对农耕世界的冲击，以及二者融合的情况。

游牧世界对农耕世界的第一次大入侵

从公元前18世纪开始，一直到公元1500年，在这长达3 000多年的历史中，游牧世界对农耕世界发起的大冲突、大入侵一共有三次。

第一次是从公元前18世纪，到公元前600年前后，持续了约1200年。在这段时间里，游牧民族对刚刚出现不久的农耕世界发起了第一次大入侵，随之而来的是第一次文化大融合。这一次大入侵的主要发起者，最初可能是生活在黑海和里海之间草原上的一些讲原始雅利安语的游牧民族。从公元前18世纪开始，他们逐渐向欧亚大陆南面的农耕文明地区渗透、扩张。这种渗透和扩张的活动是通过千百年的时间才完成的，是渐进式的，他们追逐着水草，走走停停，趁农耕世界虚弱之机大举进攻，以入侵者的身份进入其中。

在游牧世界对农耕世界的第一次大入侵活动中，欧亚大陆上的几个亲代文明都受到了不同程度的影响。我们先来看看欧亚大陆西部的情况，在这次游牧民族大入侵中，讲原始雅利安语的游牧民族分别往西南、正南和东南三个方向侵入农耕世界。向西南方向迁徙的那些游牧民族，先后进入了巴尔干半岛、古希腊，摧毁了亲代的克里特文明及其子遗迈锡尼文明。

我们可以将这些冲入希腊半岛的民族的行动分为三次浪潮，第一次浪潮主要是爱奥尼亚人，他们以一种比较和平的方式渗透到爱琴海世界，渗透到希腊半岛，渗透到小亚细亚和西亚，建立了很多泛希腊化的城邦。

到了公元前15世纪前后，从北方来了一支比较凶猛的游牧民族，他们自称为阿卡亚人。这些阿卡亚人侵入希腊半岛以后，就毁掉了克里特文明，然后在希腊半岛南部的迈锡尼，模仿克里特文明建立了一个迈锡尼文明。迈锡尼文明带有很明显的模仿克里特文明的色彩，所以可以将其称为克里特文明的一个子遗。在迈锡尼文明时期，爱琴海地区发生了很多战争，比如大家比较熟悉的特洛伊战争，也就是荷马史诗《伊利亚特》中讲述的那场战争。根据荷马史诗的说法，这场战争的起因是古希腊人为了夺回被特洛伊王子诱拐的美丽王后海伦，他们因此打了十年艰苦卓绝的战争，可以称得上是"冲冠一怒为红颜"。特洛伊是小亚细亚的一个城邦，在古希腊人眼里属于亚洲；而荷马史诗中的古希腊人，都自称为阿卡亚人，他们认为自己与特洛伊人属于不同的民族。这些自称阿卡亚人的古希腊人，就是毁掉了克里特文明、建立了迈锡尼文明的那批游牧入侵者。

在迈锡尼文明建立了几百年以后，到了公元前 12 世纪前后，从北方冲来了第三支更为彪悍的游牧民族，叫作多利安人，这些多利安人摧毁了由阿卡亚人建立的迈锡尼文明，整个古代爱琴文明到此彻底灭亡。多利安人的入侵使希腊半岛陷入了三个多世纪的黑暗时代，整个社会似乎又倒退回了一种史前状态。一直到公元前 8 世纪，一个崭新的古希腊城邦文明才在文化融合的基础上产生，就是我们大家都非常熟悉的那个创造了美丽精湛的艺术作品和高深的哲学思想的古希腊城邦文明。这个辉煌无比的文明就是游牧入侵者与克里特本土文化相融合、杂交所产生的一个新的文明形态，它是继克里特文明之后的第二代文明，即子代文明。

除了入侵古希腊的这些游牧民族，还有另一些讲原始雅利安语的游牧民族也卷入了向南迁徙的大浪潮，他们进入亚平宁半岛，成为罗马人的祖先；还有一批进入了伊比利亚半岛，也就是西班牙所处的半岛，他们成为高卢人的祖先，而高卢人则是一部分法国人的祖先。由此可见，在地中海世界的三个半岛——巴尔干半岛、亚平宁半岛和伊比利亚半岛上，后来出现的较高水平的文明，包括古希腊城邦文明和古罗马文明，都是北方游牧入侵者与爱琴文明相杂交、融合的结果。我们可以将公元前 8 世纪以后崛起的古希腊罗马文明看作克里特文明或者爱琴文明之后的第二代文明形态，它与克里特文明之间的中介正是那些讲原始雅利安语的北方游牧民族。

往正南入侵的那一支讲原始雅利安语的游牧民族，越过了伊朗高原，进入了两河流域。在此之前，两河流域的亲代文明变换了很多国家形态，从最初的苏美尔到阿卡得，再到古巴比伦、亚述、新巴比伦，尽管这些国家的形态在变换，但它们基本上都属于同一种文明，都属于闪米特语族的文化。到了公元前600年前后，有一些从北方来的讲原始雅利安语的游牧民族渗透到两河流域，最主要的有两支，一支叫作米底人，另一支叫作波斯人。当然，在米底人和波斯人进入两河流域之前，还有一些讲同样语言的北方游牧民族到过这个地区，比如赫梯人、胡里特人、喀西特人等，但是他们建立的国家，存在时间都比较短暂，很快就瓦解了，没有从根本上中断两河流域文明的闪米特文化传统。随着米底人和波斯人的入侵，整个古代的两河流域亲代文明彻底解体。其结果是一个新的文明形态，也就是波斯文明的产生。因此，波斯文明可以被看作继两河流域文明之后出现的子代文明，而在它与两河流域的亲代文明之间，也有一些游牧入侵者作为文明形态嬗变的重要中介。正是由于那些讲原始雅利安语的游牧民族与两河流域的闪米特文化相融合、相杂交，才导致了第二代的波斯文明的产生。

　　再往东，还有一支讲原始雅利安语的游牧民族向东南进入了印度河流域。这些身材高大、皮肤白皙的北方入侵者，取道伊朗高原冲入印度河流域，摧毁了由那些身材矮小、皮肤黝黑的达罗毗荼人建立的哈拉巴文明，然后在文化融合的基础上，创立了一个以吠陀教和婆罗门教为标志的古代印度文明。这个古代印度文明，最初也可以被称为婆罗门教文明，到了公元前6世纪，又因宗教改革的契机诞生了佛教和耆那教，到公元4世纪以后，又产生了印度教，从而成为一个"宗教的万花筒"。这个古代印度文明就是印度的第二代文明形态，它也是北方来的游牧入侵者与当地哈拉巴文明融合、杂交的结果。

克里特岛、两河流域和印度河流域的三个亲代文明，都在公元前18世纪后的游牧民族大入侵的浪潮中，以文化杂交的方式蜕变出新的文明形态，产生了古希腊罗马文明、波斯文明和古代印度文明等第二代文明。三者发生文明形态嬗变的重要中介，都是来自北方的讲原始雅利安语的游牧民族。这是欧亚大陆西边的三个文明在游牧世界对农耕世界的第一次大入侵和大融合中发生形态嬗变的基本情况。

再往东边看，在中国，先秦文明在游牧世界对农耕世界的第一次大冲击中幸免于难，原因很简单，在中国与其西部的其他文明之间，有阿尔泰山、天山、昆仑山、喜马拉雅山这样一道一道的高山险阻，把讲原始雅利安语的游牧民族向东入侵的浪潮给遏制住了，所以他们没有越过帕米尔高原来到中国，没有对先秦文明形成威胁。虽然中国亲代文明当时没有受到游牧民族的入侵，但在一定时间里，黄河流域文明却受到了蒙古人和汉藏语系内部的一些游牧民族的入侵。根据历史文献的记载，早在商代，来自西北方的游牧民族就频频威胁和骚扰黄河流域的农耕文明。这些西北的游牧民族在商代时被中原农耕文明的人们贬称为鬼方、鬼戎、昆夷、猃狁等，到秦汉时期又形成了统一的匈奴部落。当时人们把来自西北的这些游牧民族通称为戎狄，西边叫戎，北边叫狄，西戎北狄构成了黄河流域文明的主要威胁。从商代开始，昆夷、鬼方、猃狁等这些戎狄民族就不断地骚扰着中原农耕地区，《诗经·小雅·采薇》中就有"靡室靡家，猃狁之故。不遑启居，猃狁之故"，说的就是西北戎狄入侵所造成的中原人民家破人亡、流离失所的悲惨状况。

再往后，周代在西北边境广置烽火台，就是为了防止西北戎狄民族来犯。大家都知道周幽王"烽火戏诸侯"的故事，当时的烽火狼烟就是周朝所设置的预警系统。但周幽王为了博得爱妃一笑，烽火戏诸侯，失信于天下，后来西北的一支游牧民族犬戎入侵，将周幽王杀死在骊山之下，周王室迁都洛邑（今河南洛阳），东周列国时代开始。

在春秋战国时代，中国西方、北方的那些诸侯国，如秦、赵、燕等，为了防止西北游牧民族的侵犯，都修筑了坚固的城墙，到了秦始皇统一六国后，就把这些国家的北城墙连接起来，筑成了万里长城。它的作用还是为了防范西北游牧民族。所以我们说，从商开始一直到西周，再到东周列国时代，西北的戎狄民族始终是中原的一个大威胁，他们不断地对黄河流域的农耕文明发起战争，有时双方也和平交往，形成了一个相互冲突和融合的漫长过程。这个冲突与融合的过程，经过春秋战国时期这样一个动乱时代，最终促成了中国子代文明的出现，这就是秦汉文明。秦汉文明作为中国的子代文明，其产生的过程虽然与西域几个文明嬗变的情况不尽相同，但仍然是游牧民族与农耕世界冲突、融合的历史结果。

前文已经讲了四个人类最初亲代文明发生形态嬗变的情况，其中有三个是受到讲原始雅利安语的游牧民族入侵的影响，第四个则是受到讲汉藏语言的游牧民族入侵的影响，这四个亲代文明都在与游牧入侵者的文化杂交中，发生了文明形态的嬗变。这就是游牧世界对农耕世界第一次大入侵和大融合的历史效应。大家可能会问：还有一个亲代文明到哪儿去了？古埃及文明到哪儿去了？

古埃及因其特殊的地理位置，在游牧世界对农耕世界的第一次大冲击浪潮中幸免于难。古埃及地处地中海东南岸，来自北方的游牧民族不擅舟楫，不习水性，很难越过地中海去侵犯古埃及。因此，古埃及除了在公元前17世纪前后受到一次闪米特语族的喜克索人的短暂入侵，再也没有受到其他游牧民族的冲击。这件事在当时看来好像是古埃及的幸运，其实却是它的巨大不幸。

20世纪最伟大的英国历史学家汤因比在《历史研究》里指出，

古埃及文明在公元前1600年喜克索人被驱逐的时候，实际上就已经死亡了。

  古埃及文明的悲剧就在于它的纯洁性，正是这种纯洁性使得它很早就丧失了发展的动力，很早就成了一具文明的"木乃伊"。在生物学中，过于纯化的物种的生命力是非常脆弱的，文明也是如此。汤因比认为，古埃及已经丧失了几乎所有自我更新的能力，但是这样一个死而不僵的巨大尸体，从死亡到收尸入殓，竟然用了1600年的时间，直到罗马帝国把古埃及变成自己的一个行省，古埃及文明才最终结束。而在此之前，古埃及已经相继被波斯人和希腊人统治，实际上早已成为一具绝嗣的文明的"木乃伊"和一座"金字塔"。用汤因比的话来说，成为一个"文明的化石"。从这种意义上来说，古埃及文明彻底消失了。从公元前6世纪开始，古埃及这个地方就先后被波斯化、希腊化、基督教化和伊斯兰教化，今天的埃及已经成为伊斯兰教文明的一个重要组成部分。

  我们再来看看欧亚大陆整体的文明格局，在经历了游牧世界对农耕世界的第一次大入侵和大融合之后，从五个亲代文明中经过形态嬗变演化出了四个子代文明，这四个子代文明从西到东，分别是古希腊罗马文明、波斯文明、古代印度文明，以及中国的秦汉文明。与此前的亲代文明相比，这四个子代文明的地域范围也大大地扩展了，文明的域界向北扩展了约十个纬度，充分体现出文明发展演化的时间效应和空间效应，即文明形态的嬗变和文明地域的扩展。这就是游牧世界对农耕世界的第一次大入侵及彼此融合所产生的历史效应。

  此外，印度在整个文明的发展过程中是非常特殊的，现在有一些学者把文明分为强势文明和弱势文明，印度文明的发展过程虽然是多灾多难的，但是到现在为止仍然保持着强大的生命力，曾有人问我：印度文明究竟是一种强势文明，还是一种弱势文明？

　　这是很难进行明确划分的，强势和弱势的问题要辩证地看。因为我们在文明演化的过程中常常可以看到，那种比较喜欢侵略和扩张的文明看似是一种强势文明，而那些受侵略、被征服的文明看似是一种弱势文明，但是实际上许多被看作弱势的文明往往具有一种以柔克刚的力量，久而久之反而把强势文明给融合了。印度文明就是如此，它具有强大的生命力，虽然长期被外族统治者所统治、奴役，但是它始终能用自己的东西来融合外来的统治者。所以从这个意义上来说，以柔克刚的文明比那些直接进行暴力征服的文明，可能更具生命力，更加强势。因此，一个文明到底是强势还是弱势，要从长期来看。前文提到，人类的几个亲代文明，最初都是很弱小的，经常受到强悍的游牧民族的入侵和奴役。但是，那些外来入侵者在征服和统治它们的过程中，反而被其文化所融合。以中国为例，从商周以来，中原多次遭到了游牧民族的攻扰，那些入主中原的游牧民族建立了多个政权，但最终都与中原文化融合。这个结果恰恰说明了历史往往会通过一种以柔克刚的方式发展，这也是文明发展的一个有趣的效应。

　　当然，近代以来西方文明对非西方世界的入侵不属于这种类型，因为现代西方文明确实具有强势地位，这种强势就表现在，其无论是在物质层面还是制度层面上，都要比仍然停留在农耕文明状态中的非西方世界高得多。物质层面和制度层面的东西是可以比较的，当东方还处在自给自足的自然经济中时，西方已经进入了资本主义大工业生产时期；当东方还处在专制统治之下，西方已经率先进入了民主政治。仅就这些方面来说，西方文明无疑要领先非西方文明。但是，精神层面的东西不好比较，很难说谁高谁低、谁强谁弱。比如，我们很难说到底是基督教的价值观念好，还是儒家伦理的价值观更好，抑或印度教的价值观更好。因为每一种文明的精神层面的东西，如它的宗教信仰和基本价值理念，都是在长期的历史发展过程中逐渐形成的，这些"高级宗教-伦理价值系统"，汇聚了一个文明的精神根基和历史血脉，因此具有它自身的历史合理性。

第二节　文明的冲突与文化融合（下）

英雄时代的文明格局

欧亚大陆的四大子代文明出现以后，一个新时代来临了。把第一代文明（即亲代文明）的时代叫作神话时代，是因为那个时代的迷信色彩比较浓郁，事鬼敬神的意识非常强烈。把第二代文明（子代文明）的时代叫作英雄时代，是因为在这一代文明中，除了印度，其他三个文明都有崇尚军功的一面。

波斯人喜欢打仗，罗马人就更不消说了，希腊人固然早年奉行自由主义和分离主义，但是自从马其顿王国崛起以后，亚历山大就把金戈铁马一直推向了东方，推到了印度河流域。中国的秦汉时期也是一个重武轻文的时代，人们都推崇武功，大丈夫当效命于疆场，报效国家，要"马革裹尸还"，不应该久事于笔砚之间。秦汉王朝的时代精神，我们从班超投笔从戎的故事中可见一斑。秦汉之际，多悲歌慷慨之士、杀身成仁之人，在中国历史上，素来有所谓"雄汉盛唐"之说。汉代文化偏重阳刚，"雄"是雄壮，就是雄浑壮丽，具体表现为崇尚军功；而"盛"则是指一种博大的文化胸怀，唐代文化繁盛，广开西域通商之路，形成了一种万国来朝的恢宏气象，更加偏重和平交往。因此在英雄时代，在这些强大的国家之间，经常会发生一些武力冲突。当然，这些武力冲突中，既有两个文明之间的冲突，也有与彪悍的游牧民族之间的冲突。这两种冲突，其结果也是迥然而异的。

首先来看看欧亚大陆西边的情况。在西边，强大的波斯帝国首先与古希腊城邦，后来又与罗马帝国对峙。由于它们的地理位置比较靠近，所以彼此之间的交往也比较频繁，当然这种交往主要是以武力冲突为主旋律。从公元前499年开始，首先是波斯入侵古希腊城邦，从大流士一世到泽尔士一世，波斯先后三次入侵古希腊城邦，结果以失败而告终。有些西方人在谈到希波战争时，老是喜欢说，东方的专制主义一遇到西方的自由主义，就以失败而告终。在希波战争中，古希腊人确实捍卫了自己的独立和自由，但是，他们也从波斯人那里学会了帝国主义。

"帝国主义"最初是由东方人（波斯人）发明出来的，原本波斯人试图将其强加到古希腊人身上，但未能成功。而一向奉行分离主义和自由主义的古希腊人却在希波战争中学会了这一点。希波战争一结束，古希腊各独立城邦就陷入了争夺霸权的统一运动中，到了腓力二世和亚历山大大帝这对父子建立了统一的马其顿王国、确立对古希腊的统治之后，古希腊人就像当年的波斯人一样祭起了"帝国主义"这个法器，"以其人之道，还治其人之身"，对东方（波斯）发起了进攻。

历史实践证明，西方人尽管不是帝国主义的始作俑者，但是他们在运用帝国主义方面却比东方人更加得心应手。波斯人发动的三次希波战争都未能征服古希腊，而亚历山大大帝的一次反攻，就把波斯阿契美尼德王朝给毁灭了。但是，亚历山大的帝国昙花一现，他死之后，其帝国也分裂为三个受希腊人统治的王国，即西亚的塞琉西王国、希腊本土的马其顿王国和古埃及的托勒密王国。一两百年以后，后来居上的罗马帝国吞并了这三个希腊王国，又在西亚与新崛起的帕提亚王国陷入持久的拉锯战。

现在，让我们暂时把目光锁定在西亚和欧洲这两个文明之间的关系上。欧洲的文明，从克里特、迈锡尼，一直发展到古希腊和古罗马，形成了对峙的一方。同样，西亚的文明，从苏美尔一直到波斯帝国、帕提亚王国，以及被称为"第二波斯帝国"的萨珊王朝，形成了对峙的另一方。对峙的双方，一个在西方，一个在东方（不包括中国和印度），其冲突由来已久。如果要从历史上追溯的话，最早的一次冲突是传说中的特洛伊战争，即古希腊人远征特洛伊的故事。这可以算是西方人第一次去打东方人。西方的"历史之父"希罗多德在其著作《历史》中分析希波战争的原因时，也把东西方之间的历史仇隙追溯到特洛伊战争。在希罗多德的表述里，我们可以很清楚地看到欧罗巴与亚细亚之间的文化差异。希罗多德转述了出自波斯人之口的一段传说，在波斯人看来，西方人与东方人之间的冲突源于一起诱拐妇女的邪恶行径。据说，最初是西亚的腓尼基人到欧洲去诱拐了希腊少女伊奥，后来希腊人又到腓尼基的推罗诱拐了少女欧罗巴作为报复，双方就扯平了。但是，不久以后，东方人故技重演，再次来到希腊诱拐了海伦，希腊人就以此为由，发起了一场历时十年的特洛伊战争，从此埋下了东方与西方之间的历史宿怨。波斯人对这件事一直耿耿于怀，而且还颇有微词，因为在他们看来，诱拐妇女当然不是一件好事，但若妇女不同意，她们大凡是不会被诱拐的。因此，为了这件事而大动干戈，组织一支军队远征东方，就未免有点心胸狭隘、小题大做了。无论波斯人的说法是否可靠，现在已有充分的考古证据，证明特洛伊战争确有其事，这是东西方之间的第一次暴力冲突。

如果说特洛伊战争是东方人与西方人的第一次冲突的话，那么几百年以后的希波战争就是双方的第二次冲突，不过这次却是由东方人主动发起的。在这一回合中，波斯人三次主动入侵古希腊，但都未能得逞，却把帝国主义传给了西方人。在希波战争之前，古希腊城邦中的人们是爱好自由的，他们奉行分离主义原则。所谓分离主义，就是每个城邦都恪守小国寡民的政治原则，把邻邦的自由和独立看作自己城邦自由和独立的保证，即使彼此之间发生了武力冲突，也绝不以剥夺对方的独立存在作为自己的目标。那种建立一个幅员辽阔的大帝国的政治重要性，对于城邦时代的古希腊人来说是非常陌生的，他们也并不觉得建立一个大帝国是必要的。但是经过希波战争之后，古希腊人的观念发生了改变。随着马其顿王国的统一，及其对古希腊统治的确立，亚历山大时代的古希腊人就开始把帝国主义反过来加到东方人头上。这样就导致了东方人与西方人之间的第三次冲突，即亚历山大大帝的东征。

如果说特洛伊战争是西方人第一次打东方人，希波战争是东方人第一次报复西方人的话，那么亚历山大大帝的东征就是西方人再一次入侵东方。后来罗马帝国崛起之后，东西方的关系一直处于一种紧张的氛围之中，双方在美索不达米亚至亚美尼亚一带陷入了长期的拉锯战。罗马帝国富于侵略性，它的锋芒不断地威胁东方，但是在西亚，在已经灭亡的阿契美尼德王朝的波斯帝国的基础上，又出现了一个国家，这就是帕提亚王国，一个既民风彪悍又非常强大的王国，所以当罗马人向东扩张的时候，帕提亚王国就构成了罗马人东侵的一个障碍，因此双方就在西亚展开了拉锯战。

当时罗马帝国所建立的版图，确实令许多后世的政治野心家魂牵梦萦，他们都想重现第一罗马帝国的雄风，实现建立第二罗马帝国或者第三罗马帝国的梦想。当时的罗马帝国，向西已经打到了大西洋，把西班牙、高卢和不列颠都纳入了其版图之中；向北打到了莱茵河、多瑙河一带，莱茵河以北、多瑙河以东的广大区域是日耳曼人生活的蛮荒草原，对罗马人来说缺乏吸引力；向南已经把埃及和北非都占领了，再往南就是撒哈拉大沙漠了，也无利可图了。所以罗马人只能向东来谋求进一步的发展。但是，在东方却碰上了一个彪悍的帕提亚王国，罗马人曾经两次与帕提亚王国交战，第一次是罗马"前三头同盟"之一的克拉苏（即镇压了斯巴达克起义的克拉苏）带兵侵入帕提亚王国，结果克拉苏战败被俘。帕提亚人知道克拉苏贪婪无比，就把黄金烧化了灌到他嘴里，把他活活烫死。第二次则是"后三头同盟"的安东尼（他非常迷恋埃及女王克娄巴特拉七世），他曾经是恺撒的爱将，恺撒被刺以后他与屋大维、李必达结成"后三头同盟"，被授予西亚的统治权。这位能征善战的安东尼也与帕提亚人打了一仗，结果也是以失败而告终。因此罗马帝国在向东扩张的过程中，始终不太顺利。

在帕提亚王国灭亡之后，出现了一个第二波斯帝国，即萨珊王朝，它接替帕提亚王国，成为罗马帝国向东入侵的又一障碍。后来罗马帝国本身也日益衰弱了，分裂为东、西两个罗马帝国。西罗马帝国在日耳曼人的入侵浪潮中崩溃了，东罗马帝国继续与萨珊王朝在小亚细亚和西亚一带展开拉锯战。直到7世纪，随着伊斯兰教的产生和阿拉伯帝国的崛起，双方两败俱伤，萨珊王朝灭亡了，东罗马帝国也受到重创，可以说是"鹬蚌相争，渔翁得利"，这个"渔翁"就是阿拉伯帝国。而信奉伊斯兰教的阿拉伯帝国自崛起之日，就与西方的基督教文明处于激烈的冲突之中，拉开了东方人与西方人之间第四次冲突的序幕。由此可见，在英雄时代，在欧亚大陆的西部，两大文明之间始终处于一种紧张的对抗关系中，双方打得一塌糊涂，不可开交。

我们再来看看欧亚大陆东部的印度的情况。

前文说到，在英雄时代，印度是一个特例，它的宗教过早成熟，从吠陀教、婆罗门教一直到公元前6世纪的佛教和耆那教，再到4世纪以后的印度教，印度的高级宗教价值系统过早地成熟，使它成为一个宗教的"万花筒"。这种高级宗教价值系统早熟的状况，使得印度在刀光剑影的英雄时代成为一个积弱不振的民族。因此，在相当长的历史中,印度总是被外族人入侵。但是,外族人无论如何征服和统治印度,是以武力强迫还是和平渗透,都无法从根本上改变印度的文化特性,因为它已经有了自己的高级宗教价值系统,有了自己永远不折的精神砥柱。也就是说,从表面上看,似乎任何一个外来民族都可以轻而易举地征服印度,但是若想彻底改变印度的文化特性,或者把它从文明史上彻底抹掉,像古埃及在神话时代末期的命运一样,却是办不到的。

举个例子,一个人要是在幼年时期就去了美国,他很容易被改造成一个美国人。但是,如果他已经长大成人、有了自己独立的价值观和人生观,再到美国去,那么,他无论怎样受到美国文化的熏陶,都很难从根本上改变自己固有的价值观和人生观。

文明也是这样,印度文明由于过早地成熟,因此它虽然在强悍的外族入侵者面前表现得积弱不振,但是它具有一种以柔克刚的巨大势能。正因如此,尽管从孔雀王朝以后印度就几乎没有过上几天独立的日子,老是不断地受到游牧民族和穆斯林的入侵与奴役,到了近代以后又受到英国殖民主义者的统治,但是,印度始终如一地保持着文化上的一贯性,不因外族人和异教徒的统治而改变其宗教信仰和文化特性。就此而言,印度在高级宗教价值系统方面的早熟,既是印度的不幸,也是印度的大幸。印度文明至今之所以仍然具有强盛的生命力,一个重要的原因同样在于早熟的佛教-印度教这条一脉相承的高级宗教价值系统。在英雄时代,波斯人一度统治印度河流域,亚历山大大帝东征时,也曾到达印度河流域,并对印度孔雀王朝的建立产生过一些间接的影响。到了阿拉伯人崛起之后,印度又长期地被来自西方的各个信奉伊斯兰教的文明入侵者或者野蛮入侵者所统治。所以印度与西域之间的关系史,总的来说是一部屈辱的伤心史。而印度与东方,即与中国的关系,虽然关山重重、天各一方，但在古代始终是以和平交往为主调，其中最著名的例子就是佛教在中国传播。

再来看看秦汉王朝。《淮南子》一书中说到秦国风俗时，认为"秦国之俗，贪狼强力，寡义而趋利"。可见其民俗凶狠好斗，崇尚军功。秦国正是凭着这股"贪狼强力"的狠劲吞灭了六国，统一了中国。但是秦朝命运不济，二世而亡。汉朝取代秦朝的政权之后，延续了秦朝的大一统制度。由于匈奴在西北边境不断地骚扰，所以汉朝把主要精力用于西北的戍边。从西汉的武帝开始，一直到东汉的和帝，有作为的皇帝都采取了主动出击的策略，不断地平定边界，与匈奴在中国的西北边境展开持续的战斗，用武力逼迫匈奴向西迁徙。

游牧世界对农耕世界的第二次大入侵

第一次大入侵活动到公元前 600 年前后就已经结束了。但是在已经扩大了的文明地区之外，在欧亚草原的北部，仍然有许多逐水草而生的游牧民族，他们还没有进入文明状态。例如，在秦汉西北边境的匈奴、在罗马帝国东北边境的日耳曼民族，以及在中亚草原上的奄蔡人、马札尔人、大月氏人等。这些游牧民族，在两大国家之间的广阔草原上来回迁移，哪一个国家势力更强盛，他们就可能向相反的地方迁移。这情形就像是一个天平，这一端高起来了，那些游牧力量就会顺着秤杆往另一端滑落；反之，那一端抬起来了，他们又会向相反方向移动。游牧民族本来就是逐水草而生，没有固定的城市和不动产，因此，哪边衰弱而有利可图，就往哪边迁移；哪边强盛了，它就向相反的方向迁移。

当时罗马帝国和中国的秦汉王朝虽然没有进行直接交锋，但是由于秦汉王朝不断地主动攻击匈奴，使后者只得掉头向西逃窜。结果就引起了整个欧亚草原上游牧民族大迁徙的"多米诺骨牌现象"。从约公元前2世纪开始，匈奴就在汉朝军队的主动攻击之下向西迁徙，到了1世纪，匈奴又被汉朝军队挫败，于是开始大规模地向西迁移。匈奴在欧亚草原上走走停停，势力像滚雪球一样越来越大，到了5世纪，匈奴终于来到了欧洲多瑙河流域。在他们的挤压之下，当时欧亚草原上的一些游牧民族，如月氏人、马札尔人、奄蔡人、日耳曼人等，就纷纷往西跑或者往南迁。由此，萨珊王朝受到了很大的冲击，罗马帝国则遭到了灭顶之灾。这样一个游牧民族大迁徙的"多米诺骨牌现象"，它的第一张牌匈奴，可以说就是由秦汉王朝推动的，随后欧亚草原上的其他游牧民族也被迫纷纷向西南方向倒下。这样就引起了游牧世界对农耕世界的第二次大入侵活动。

通过匈奴和其他游牧民族的中介作用，秦汉王朝在这场"内功"的较量中占了上风，因为这场民族大迁徙的"多米诺骨牌现象"的最后一张牌（即日耳曼人）最后压到了已经日薄西山的罗马帝国头上，导致了曾经不可一世的罗马帝国的崩溃。但是我们发现，早在罗马帝国崩溃之前，秦汉王朝就已率先陷入了内忧外患的困境之中。

东汉被三国所替代，后来三国归晋，再后来，死灰复燃的匈奴卷土重来，灭掉了积弱不振的晋朝，在黄河以北建立了胡人政权。继匈奴之后，鲜卑人、羯人、羌人、氐人也纷至沓来，像走马灯似的变换着政权形式，促成了民族大融合局面。而汉人则在黄河以南建立了南朝政权，形成了南北朝对峙的格局。这就是游牧世界对农耕世界的第二次大入侵在中国所造成的局势。

在这第二次大入侵浪潮中，匈奴的入侵和日耳曼人的迁徙，导致了秦汉王朝和罗马帝国等第二代文明的瓦解，在这次大入侵的雄壮尾声中，崛起的阿拉伯人又摧毁了奄奄一息的波斯萨珊王朝。至此，人类的第二代文明纷纷瓦解，通过形态嬗变产生出第三代文明。而那过早地确立了高级宗教价值系统的古代印度文明，则提前进入第三代文明形态，即宗教时代的文明形态中，成为一个例外。

由此可见，游牧世界对农耕世界的第二次大入侵和大融合，导致了英雄时代的三个强大文明即罗马帝国、波斯帝国和秦汉王朝的解体，它们通过形态嬗变产生出三个新的文明形态，即西方的基督教文明、西亚和中亚的伊斯兰教文明，以及中国隋唐以降的儒家文明，再加上印度南亚次大陆已经确立的佛教-印度教文明，形成了欧亚大陆的四大文明体系的分野。

宗教时代的四大文明体系

公元 476 年，西罗马帝国在日耳曼人的大举入侵下终于瓦解了，在经历了长达 300 多年的一个"黑暗时代"之后，到了公元 800 年，法兰克国王查理曼称帝，建立查理曼帝国，西方的一些历史学家将此看作一个新文明形态，即基督教文明出现的标志。当然，基督教作为一种宗教，是在 1 世纪产生的，但是它成为一个文明体系，却是从公元 800 年开始的，这是西方史学界的一种观点。由此看来，这个中世纪的基督教文明成为西方继古希腊罗马文明之后的第三代文明形态。

在中东，波斯萨珊王朝被阿拉伯人灭亡以后，在它的基础上，就出现了一个伊斯兰教文明，它的国家形态就是阿拉伯帝国。伊斯兰教文明在传播宗教的过程中，它的国家也在扩张，在阿拔斯王朝时期达到了极盛状态,其势力范围从西亚、中亚,一直扩展到埃及、北非、西班牙和南亚。这个在中世纪一直对基督教欧洲形成咄咄逼人之势的伊斯兰教文明,可以称得上是中东地区继波斯文明之后的第三代文明。

在南亚次大陆,到了4世纪以后,随着印度教的产生,印度的高级宗教价值系统最终确立。印度教在印度深入人心,产生了非常大的影响,印度也因此自然而然地进入第三代文明形态,即佛教-印度教文明。

而中国在秦汉灭亡以后,经历了魏晋南北朝几百年的动乱时期,到了7世纪隋唐以后,儒家伦理成为人们普遍自觉奉行的安身立命之道。这样就形成了中国的第三代文明形态,即儒家文明。由于儒家伦理不是一种宗教信仰,儒家也不同于宗教,它首先是一种伦理思想,所以我们把它叫作儒家文明。当然有人会问,儒家的思想在春秋战国时期就产生了,到了西汉时,汉武帝就采取了董仲舒的观点,"罢黜百家,独尊儒术",为什么到隋唐它才成为一种文明形态呢?这个问题,与基督教在1世纪就产生了,但是一直到公元800年以后才成为一种文明形态是一样的道理。儒家思想虽然产生于先秦时期,在汉武帝时又被定于一尊,但是它从最初的萌芽状态到受到官方的扶持,再到被平民百姓自觉地信奉,是需要非常漫长的时间的。我认为,儒家思想成为一种深入人心的主流意识形态,就是在隋唐以后。从汉代到魏晋南北朝,中国人的思想还是比较混杂的,佛教、道教、儒家思想,各种信仰都有。到了隋唐以后,儒家思想才定于一尊。到了宋代,儒家思想的统治地位才最终确立。

到了7—8世纪以后,在欧亚大陆上,几乎所有文明国家和地区都被这四大宗教-伦理价值系统所囊括,从而形成了宗教时代的文明的基本格局。到了这时,把不同地区的人联系起来的基本单位就不再是一个自然群落或者一个政治国家,而是一个信奉既定的宗教-伦理价值系统的文明体系。欧亚大陆的人们彼此认同的最终根据是某种共同的宗教信仰或伦理规范,而不同的宗教信仰本身就成为人们彼此之间隔阂和敌对的充足理由。一个基督徒与一个穆斯林之间天然就有一条不可逾越的鸿沟。在西方,宗教信仰的排他性和不宽容性导致了旷日持久的暴力冲突和残酷杀戮,那个时代所埋下的文化仇恨和戒备心理,直到今天仍然在起着不可低估的负面作用。

7—8世纪以后出现的第三代文明形态,最显著的文化特点在于,各大文明体系已经开始有了自己的高级宗教-伦理价值系统。用我在前文的话来说,这个时候欧亚大陆的几个文明体系已经成熟了,已经树立起自己的永远不折的精神砥柱。在这样的情况下,无论是通过暴力入侵,还是通过经济渗透,这些文明体系已不易被别的文明所融合,更不可能从根本上改变它们的文化特性。其赖以确立的高级宗教-伦理价值系统已经基本定型。正因如此,我把第三代文明叫作宗教时代的文明。

在宗教时代,欧亚大陆形成了以不同的高级宗教-伦理价值系统为基本依托的四大文明体系,彼此之间出现了文明的对垒和冲突,这种对垒和冲突的主要原因不像英雄时代那样是出于经济和政治方面的抵牾,而是出于精神文化方面的差异。不同文明体系中的人由于宗教信仰的不同而彼此仇杀,这一点尤其明显地表现在欧亚大陆的西部。在西欧基督教文明与伊斯兰教文明之间,历史的宿怨由于宗教信仰的对立而进一步被激化,从而在整个中世纪,在这两个文明体系的人民之间不断地激起心理仇恨和暴力冲突。

从7世纪开始,随着伊斯兰教的创立、传播和阿拉伯帝国的崛起,穆斯林对西方基督教社会发动了来势汹汹的西征,从正面威逼君士坦丁堡，从侧翼越过直布罗陀海峡，占领了西班牙，对欧洲形成了一种钳形攻势。从7世纪阿拉伯帝国的西征开始，直到1683年奥斯曼土耳其人最后一次围攻维也纳，在这约一千年的时间里，欧亚大陆西部的这两个文明之间始终是一种你死我活的关系。这段时间的基本趋势，是东风压倒西风，即穆斯林主动攻击西方基督教社会，而西方的基督教徒在大多数时间里只有招架之功，没有还手之力。在穆斯林的压倒性优势下，基督教世界偶尔也组织过一些反攻，其中最著名的就是十字军东征。从11世纪开始，基督教世界先后进行了8次十字军东征，但是除了第一次取得了暂时性的军事胜利，其他几次不是中途流产，就是演变成荒唐的闹剧。例如，曾有一次，西欧天主教徒组成的十字军本来是为了帮助君士坦丁堡的东正教兄弟攻打穆斯林，结果却演变为对后者的大抢劫，从此加深了西欧天主教与东欧东正教之间的矛盾。还有一次，西欧基督教社会组织了一支"儿童十字军"，由一个大约12岁的法兰西少年牵头，参加者都是十来岁的少年。这支童子军浩浩荡荡地前往东方去讨伐穆斯林，但他们还没有走到地中海，就被几个人贩子给卖了，成为一场令人啼笑皆非的闹剧。

我在前文已提到欧亚大陆西部的两个文明之间的三次历史冲突，即特洛伊战争时古希腊人的东征、希波战争时波斯人的西侵，以及从亚历山大大帝到罗马人的再度东征。到了宗教时代，穆斯林的西征构成了这两个文明之间的第四次大冲突，这一次又轮到东方的穆斯林主动地去攻打西方的基督徒了。这场东风压倒西风的文明冲突一直持续到17世纪下半叶，18世纪以后，迅速崛起的西方工业文明开始对仍然停留在农耕状态中的伊斯兰教文明和东方其他古老文明发起了全面进攻，从而掀起了一场全球性的殖民化和西方化浪潮。

与欧亚大陆西部打得不可开交的紧张格局形成鲜明对照的是，在欧亚大陆的东部，在素来以阴柔忍让为文化基调的佛教-印度教文明与奉行中庸之道的中国儒家文明之间，却保持着一种相对和平的关系，这是由这两个文明体系所信奉的宗教-伦理价值系统的基本特点所决定的。佛教与世无争、隐忍为怀，印度教也主张不以暴力抗恶，而中国儒家伦理，素来讲究仁义道德、和合为贵。因此，在这两个文明之间，没有发生暴力冲突，基本上保持着一种和平交往的友好关系。在这两个文明的交往过程中，最著名的当数佛教在中国的传播了。

自东汉以来，印度的很多高僧来到中国讲学，中国的一些僧人，如唐玄奘则到西域去取经，双方进行了许多友好的文化交流。印度佛教在传入中国的过程中，也被中国人加以伦理化改造，变成具有中国文化特点的佛教，产生了禅宗、净土宗、华严宗、天台宗、法相宗等八个具有中国特色的大乘宗。由此可见，中国文化在古代就具有融合外域文化的巨大能力。同样，印度文化也具有很强的融合能力，当它受异族的武力统治时更是如此。

总的来说，在宗教时代，欧亚大陆东部的情况基本上是和平的，佛教-印度教文明与中国儒家文明之间相互交流、相互借鉴，吸取对方的东西来发展壮大自己的固有文化。至于在欧亚大陆中部，在伊斯兰教文明与佛教-印度教文明之间，这一强一弱，一个主动攻击、一个隐忍为怀的状况必然导致弱肉强食的结果。因此，在相当长的时间里，以佛教-印度教为安身立命之本的南亚次大陆一直处于穆斯林的征服和统治之下。这就是宗教时代欧亚大陆各大文明体系之间的基本格局。

游牧世界对农耕世界的第三次大入侵

到了 12 世纪以后,当信奉四大宗教-伦理价值系统的人们各自封闭局限在自己的文化体系中时,在欧亚草原上,又有一些不安定的因素开始躁动。这些因素就是蒙古高原上的蒙古人和中亚草原上的突厥人,他们对南部农耕文明地区的进攻构成了游牧世界对农耕世界的第三次大入侵浪潮。这次大入侵导致了一些国家的灭亡,但是它并没有从根本上改变四大宗教-伦理价值系统的文化特性和欧亚大陆文明体系的基本格局。原因在前文已提到,四大文明体系在有了自己的高级宗教-伦理价值系统以后,就很难从根本上被改变了,也很难再像神话时代和英雄时代的文明那样,发生形态嬗变了。

从 13 世纪开始,蒙古人的金戈铁马横扫了几乎整个欧亚大陆,并在南部的那些农耕文明地区建立了四大汗国和元朝。但是,蒙古人的统治并没有改变已经确立起来的四大宗教-伦理价值系统,许多征服中亚和西亚的蒙古人皈依了伊斯兰教,逐渐融入当地的文明体系中。另一些蒙古人拒绝接受被征服地区的高级宗教-伦理价值系统,试图以一种野蛮的方式管理当地的人民,结果很快就被赶走了。到了 14—16 世纪,四大汗国和元朝都像骄阳下的冰雪一样迅速地瓦解和衰落了,征服结束以后,四大文明体系依然如故,彼此对峙,并没有因为蒙古人的短暂入侵而发生任何实质性的改变。蒙古帝国衰落之后,一支伊斯兰教化的突厥人又迅速崛起,这就是奥斯曼土耳其人。他们在小亚细亚建立了一个奥斯曼帝国,并且迅猛地进行军事扩张,吞并了西亚、北非和东欧的大片疆域,并且在 1453 年攻陷了屹立千年之久的君士坦丁堡,对基督教欧洲形成了极大的威胁。这些在伊斯兰教化的过程中很快就接受了文明教化的奥斯曼土耳其人，标志着三千年以来不断冲击农耕世界的游牧民族入侵浪潮的最后一个狂澜，他们既是对广阔的农耕世界发起最后一次入侵的牧羊人，也是近千年来向西方基督教文明发起尾声攻击的穆斯林战士。

与蒙古人的征服活动一样，奥斯曼土耳其人的征服浪潮也没有改变欧亚大陆的文明体系，但是它却刺激了西方基督教文明的内在变革。1453年君士坦丁堡陷落以后，西方基督教社会就开始了一系列的文化变革，如文艺复兴、宗教改革和启蒙运动。接着，在文化变革的基础上又开始进行政治层面上的变革，资产阶级取得了政权，宪政体制和民主政治取代了封建制度。最后，又在资本原始积累的基础上进行了工业革命或产业革命，完成了西欧社会的经济体制转型。

到了18世纪中叶以后，一个新兴的西方工业文明开始崛起于欧亚大陆的西北隅。与这一系列的内部变革活动相呼应的是，早在15世纪的时候，西欧就开始进行航海活动，通过地理大发现和海外贸易、海外扩张，逐渐建立起全球性的殖民体系。航海活动开辟了海外市场，使得西欧资本主义的发展具备了必要的前提条件。资本主义是一种世界现象，它一旦出现，就必然要把商品销售的触角伸向全世界，伸向地球上一切有人居住的地区，资本主义是不可能仅在一个地区、一个国家的范围内发展壮大的。正是在经历了这样的内部改革和外部扩张之后，曾经在中世纪积弱不振的西欧社会才迅猛地发展起来，从农耕世界的广阔背景中脱颖而出，率先完成了社会形态的转型，以一种崭新的资本主义工业文明的面貌出现在世界舞台上。从18世纪开始，这个新兴的西方工业文明就取代了几乎已经没有立锥之地的游牧世界，成为农耕世界的强劲对手。

殖民化浪潮的消退与文明分野的前景

15—16世纪构成了人类文明演进过程中的一个重要分水岭，从那个时候开始，游牧世界与农耕世界之间的冲突和融合就结束了，三千年来推动人类文明发展演变的这个宏大主题也结束了。一个新的时代主题开始出现，即新兴的西方工业文明与传统的农耕文明之间的对峙和冲突。在两百多年的时间里，这种对峙和冲突以西方工业文明的全面胜利而告终，其表现形态就是从18世纪开始的全球性殖民化浪潮。这个殖民化浪潮使得世界上几乎所有非西方地区都相继沦为西方的殖民地和半殖民地，并且在武力征服、经济渗透和文化引导的多重作用下，让这些传统文明地区的人们自觉或不自觉地接受了西方的制度规范和价值观念。

到了20世纪，特别是二战后，非西方世界在经历了一二百年的殖民化或半殖民化的苦难历程之后，终于获得了政治上的独立。在21世纪初，一方面，整个世界在经济上越来越走向全球化或一体化；另一方面，随着政治上的独立和经济上的发展，许多非西方国家迫切地感觉到文化重建的重要性，这样就必然会在弘扬传统文化的呼声下，形成一种文化多元化甚至文化保守主义的趋向。特别是到了20世纪末，随着苏联解体、东欧剧变、两大政治阵营对垒的结束和冷战时代的结束，在传统的四大文明地区，似乎又出现了一种重振固有的宗教-伦理价值系统的趋势。

在20世纪，特别是在冷战时代，宗教-伦理价值系统之间的文化差异完全被政治意识形态之间的对立所掩盖，全世界人民都是根据姓"资"还是姓"社"这种政治意识形态的区分方式对其他国家形成心理认同的。但是，在冷战时代结束以后，两大政治阵营的对垒不复存在，人们也不再按照政治意识形态的区分进行认同了，而是重新以传统的宗教-伦理价值系统作为心理认同的标准。非西方世界的人们纷纷转向了自己的文化根源，试图从中发掘出建设现代化的精神支柱。如何把自己的传统文化资源与现代化事业有机地结合起来，是放在所有非西方国家和地区面前的一个重大问题。面对这个时代性的问题，我国领导人提出了建设有中国特色社会主义的理论。海峡两岸暨香港、澳门的人民在文化认同的基础上达成了一种共识，那就是大家都是中华子民，都是中国文化的传人。儒家伦理思想也一度出现了复兴的迹象。同样地，我们看到近几届的印度领导人也在大声疾呼，要用印度教的精神建设一个现代化的印度。至于伊斯兰世界，这种文化认同的强烈程度就更不用说了，许多穆斯林都对西方基督教徒有一种情感上的隔阂和冷漠。这样一种历史的宿怨，是未来世界可能发生文明冲突的重要原因。即使是在西方基督教世界中，近二十年来也出现了一种保守主义的潮流，在经历了两百多年的启蒙和世俗化的过程之后，西方世界同样表现出某种再神圣化的要求。以基督教信仰作为文化认同的根本纽带，似乎已经成为西方人的一种心照不宣的潜规则。

总而言之，随着政治意识形态对垒的结束和冷战时代的终结，当今世界上确实出现了几大传统宗教-伦理价值系统复苏的趋势。对于这种趋势，我不想做任何价值判断，不想评价它到底是好是坏，我只想强调，它是一个毋庸置疑的事实。任何一个有现实责任感的人，都不应该忽视这个事实。时至今日，我们可以看到，以传统宗教-伦理价值系统为主要纽带的文化认同，已经日益代替了政治意识形态的认同。在这个意义上，我认为，使用"文明的冲突"这个词或许不太确切，因为它具有太明显的暴力隐患。以"文明的分野"一词来取代"文明的冲突"，似乎更准确地表达了21世纪的一个基本事实，因为"分野"是一个中性概念，它只是表示了一种彼此区别的客观状态。这种"文明的分野"既可能导致不同文明之间的暴力冲突,也为不同文明之间的平等对话提供了一个人道主义的平台。因为只有在彼此承认对方文明存在的独立价值的前提下,在承认不同文明之间的文化差异的前提下,才有可能进行真正平等的对话。否则就会像在全球殖民化时代中那样,只是"主人"与"仆人"之间的一种不平等的对话。

在追溯了人类文明的基本发展历程后,我认为,长期以来被全球性西方化浪潮和政治意识形态冲突所掩盖的四大宗教-伦理价值系统之间的差异,将会在21世纪重现,成为一个值得关注的重要问题。非西方世界的那些传统的宗教-伦理价值系统,在经历了西方化的洗礼以后,将会以一种自我更新的方式生长出适应时代要求的新文明形态,就像西方在经历了1453年的那场浩劫之后,所发展出的新文明形态一样。因此,未来世界仍然将会以这些宗教-伦理价值系统作为基本的心理认同纽带,以四大文明体系作为基本的文化归属。但是,这四大文明体系已经与西方化之前的情况不尽相同了,已然正在经历着一个自我更新的过程。从这个意义上来说,亨廷顿关于文明冲突的观点,还是有一些合理之处的,尽管我更愿用"文明的分野"一词来取代"文明的冲突"这个概念。这就是我基于历史考察而对未来所做的一个基本判断。

曾有读者与我探讨,整个文明的发展历程好像都充斥着一种血腥、暴力和战争的色彩,但是,在文明的发展过程中,还存在着一种文明之间的融合,那么,除了我在前文所提到的强势文明对弱势文明的侵略及其所导致的被动融合,在历史上是否也有弱势文明与强势文明在一个平等地位上的自发性融合?如果有过的话,在未来文明发展的历史过程中,究竟是文明的冲突,还是文明的融合将成为这个世界发展的主潮流?

针对这个问题，我认为，在历史上，文明与文明、文明与野蛮之间的关系，似乎确实主要以暴力冲突为主，但是其间有没有和平交往呢？我当然不否认这种存在，而且我认为是非常多的。但是，从大尺度的关系上来看，暴力冲突是一种显性的关系，而和平交往则主要是一种隐性的关系。在古代历史中，不同文明体系、不同国家、不同地区之间的商业交往和文化交流活动几乎无时不在，但是，这些每天都在悄无声息地发生的和平交往活动，远远不如一次暴力冲突或征服活动那样引人注目。尤其是游牧世界对农耕世界的那种大规模的冲击和入侵活动，对文明形态的嬗变产生了极其深远的影响。

至于强势文明和弱势文明在一个平等地位上进行自发性融合的可能性，坦率地说，我对此表示怀疑。如果我们已经把两种文明界定为强势文明和弱势文明，那么，所谓强势文明，一定会表现出一种以势凌人的姿态和文化中心主义的偏见，在这样的情况下，平等的对话和文化融合都是不可能真正发生的。比如，在西方殖民化的浪潮中，处于强势地位的西方人认为，殖民化过程本身就是把全世界人民都带入西方文明所示范的那种普适幸福的前景之中，当时非西方世界中的许多知识精英也接受了这种观点。但是，恰如汤因比所指出的："采纳世俗的西方文明恰好是陷入了始料未及的 20 世纪西方精神危机。西方真诚地对世界开了一个无意的玩笑。西方在向世界兜售它的文明时，买卖双方都相信它是货真价实的，结果却不然。由于这一不幸，20 世纪的精神危机使西方化的人类多数，比少数西方人更为苦恼；这种苦恼可能导致苦难。"[1] 一方面，自己的

---

[1] [英]阿诺德·汤因比：《一个历史学家的宗教观》，晏可佳、张龙华译，刘建荣校，上海人民出版社 2016 年版，第 128 页。

文化传统在底下拉着你，另一方面，西方的价值观念又把你往上拽。你原来以为自己的文化传统就像蜥蜴的尾巴一样，可以轻易地丢掉，但是随着与西方文化的进一步接触，你会发现自己是不可能完全摆脱固有的文化传统的，正如你不可能拔着自己的头发把自己拉到天上一样。这种认识就会使你陷入一种"精神分裂"的苦恼之中。总而言之，盲目地接受西方的价值观，会导致一种可怕的效应，这种效应被汤因比称为"文化溶血"现象，就好像给一个A型血的人输了B型血一样，它会引起全身性的严重反应。事实上，在一些第三世界国家中，这种"文化溶血"现象明显地存在，它使这些国家的现代化进程呈现出畸形发展的趋势。这样一种深刻的认识，是非西方世界的知识精英在经历了一个多世纪的痛苦反思以后，才逐渐地意识到的。

在当今的非西方世界里，越来越多的知识分子意识到，完全接受西方的文化模式，或者采取"全盘西化"的方式是不可能真正解决本国的现代化问题的，一个民族要想强盛，老是跟在别人后面亦步亦趋是没有出息的。如何走一条现代化而不西方化的道路，是摆在非西方世界的知识分子面前的一个时代性的重大问题。

我们应该防止两种相反的倾向：一是做井底之蛙，夜郎自大，关起门来孤芳自赏，那只能是死路一条；二是妄自菲薄、数典忘祖，完全抛弃自己的文化传统，在一种文化奴性主义的基础上发展自己的现代化，这同样是没有前途的。所以从这种意义上说，一方面我们要从自己的文化本根中发掘出一些宝贵的资源，以此作为中国现代化进程的精神本根；另一方面则要广泛吸收西方文化的精华，作为中国现代化进程的重要促进力量。总之，在改革开放的基础上走一条有中国特色的现代化道路，这是中国文明在未来时代的唯一振兴之路。20世纪有一位著名的美国历史学家斯塔夫里阿诺斯，写了著名的《全球通史：从史前史到21世纪》，此后又写了同样大部头的著作《全球分裂：第三世界的历史进程》。他认为，在20世纪出现了一种全球分裂的现象，主要是指，虽然当今世界的经济一体化程度越来越高，在经济生活方面整个世界变得越来越像一个休戚与共的"地球村"，但是与19世纪末叶相比，今天的世界在文化方面却越来越显现出多元化的趋势，全球在文化上的分裂已经成为一个不争的事实。在19世纪末叶的时候，已经基本建立起全球殖民体系的西方人，以及受西方文化影响的许多东方人，似乎都有充分的理由相信，全球不仅将在经济上和政治上，而且也将在文化上，实现以西方为楷模的一体化过程。但是，时至今日，无论是东方人还是西方人，都不得不承认，20世纪的世界在文化方面发生了分裂，各种曾经似乎已经消失了的传统文化和宗教信仰出现了复兴之势。在这种情况下，一个新的时代性课题就摆在了我们面前，这就是经济一体化与文化多元化的张力问题。这一对矛盾构成了我们在21世纪必须面对的一个基本问题，希望大家能一起来思考这个问题。

第三节　中西文化的精神差异

中国文化和西方文化都源远流长。中国文化从夏代起，至今已有 4 000 多年的历史。同样地，西方文化如果从克里特文化算起，至今也有 4 000 年以上的历史。我们谈到中国文化和西方文化，当然是把它当作一个统一的文化来理解的。两者在历史长河中都积累了很多渊源传统，这些不同的渊源传统，在长期的历史磨合中逐渐形成了呈现在我们面前的中国文化和西方文化。

本文要讲的第一个小问题，就是中西文化的源流传统问题。

中西文化的源流传统

首先，从中国文化切入。自秦汉以来，中国就形成了一种以儒家思想为主导地位的伦理文化。而西方，自 1 世纪以后就开始出现基督教文化，基督教文化构成了西方文化的主脉，正如儒家的伦理文化构成了中国文化的主脉一样。这两个文化并不是无源之水、无本之木，它们本身也有一个不断聚合、发展、成形和壮大的过程。我讲的第一个问题，主要是想从这个方面来追溯一下，中国文化与西方文化有哪些渊源或传统。

中国自古以来便有"夏夷之分"，而中国文化在几千年的发展过程中，在不同的文化源流之间形成了一个基本的关系模式，就是"以夏变夷"，即以中原的文化来改变、融合蛮夷的文化。中国文明的发源地黄河流域中下游形成了中原文化圈，四周则为蛮夷居住的化外之地，东边称为夷，西边称为戎，北方称为狄，南方称为蛮。夷、戎、狄、蛮均为贬义词，与生番、虫豸相通。中国文化自夏商周三代以来就形成了根深蒂固的"夏夷之分"的二元对立观念，中国文化也基本上是循着一条所谓"以夏变夷"的路线发展下来的。

秦汉以后，各种异质文化在中国的主体文化即儒家文化面前不是被融合，就是被排拒，从而使儒家文化始终能够保持一种唯我独尊的纯粹性。从商周的鬼方、鬼戎、昆夷、玁狁、犬戎，到秦汉魏晋的匈奴、鲜卑、羯、氐、羌，再到唐宋元明清的回纥、吐蕃、党项、契丹、女真、蒙古、满人，每次少数民族攻入中原的结果都是征服者反过来被中原文化所融合。早在商代，西北游牧民族就不断地袭扰黄河流域的中原农耕文明。尽管西周广置烽火台作为一种防御手段，仍然毁于少数民族的进攻，周幽王本人也被杀死于骊山之下。秦汉时期的匈奴更是成为中原政权的一大边患，所谓"秦时明月汉时关，万里长征人未还"，说的就是匈奴与中原文化之间的紧张关系。南北朝时曾一度形成了多民族混战的混乱局面，匈奴、鲜卑、羌、羯、氐等少数民族占据了半壁江山。唐宋以降又有契丹、女真、蒙古人的征服和满人入关，分别建立了辽国、金国、元朝和清朝。然而，时至今日，这些一度入主中原的游牧民族都融入了中原文化之中。几千年的历史证明，在古代中国，外来民族或外来文化要想在中国站稳脚跟，就必须以中原文化或儒家文化为精神支柱，必须在潜移默化的历史过程中脱胎换骨，融入以儒家文化为主体的中原文化中。同样，佛教、伊斯兰教、基督教等外来宗教入华的结果也是如此，虽然这些异域的宗教是以和平渗透而非暴力入侵的方式进入中国的，但是它们要想在中国生根发芽，首先就必须接受儒家文化的改造。这种"以夏变夷"的基本模式，导致了中国文化形态的超稳定结构，培育了一种协调的现实精神。

因此，我们可以说，中国文化具有很强的融合异域文化的能力。这种文化特点，借用生物学上的一个概念，叫作"米亚德现象"，即两个亲本杂交以后，在它们的子代身上，往往只表现出一个亲本的性状，而另一个亲本的性状却几乎得不到体现。中国文化的发展过程，就比较典型地表现了这种"米亚德现象"。不仅是游牧民族和中原政权之间的这种冲突如此，就连异域的一些文化，如佛教、伊斯兰教、基督教等进入中原以后，同样也面临着这样的命运。

比如，佛教在印度是不讲忠孝的，但是中国人自古就以忠孝为本，儒家伦理始终把忠孝作为最高的理念。在这样的情况下，佛教进入中原以后，就逐渐地把忠孝的思想吸收进来，形成了有中国特色的中国佛教，如禅宗、净土宗、华严宗等。在中国僧人翻译佛经，以及对佛学的一些义理进行诠释的过程中，就潜移默化地把儒家的思想援引到佛教的教理之中。中国古代信仰佛教的知识分子，往往把佛陀比作孔老（孔子、老子）或周孔（周公、孔子）。佛教最初入华的时候，曾经依托老子的名义，有所谓"老子化胡"之说，认为老子西出函谷关后变成了佛陀。这种说法无非是为了让佛教更容易被中国人接受。

在长期的历史改造过程中，像忠孝之类的思想，被引入中国的佛教教理，最终形成了有中国特色的八个大乘宗，其中净土宗和知识分子信仰的禅宗最为普及。净土宗和禅宗，尽管一个重称念，一个重顿悟；一个认为口念阿弥陀佛每日万遍乃至十万遍，就可立地成佛，另一个强调不立文字直指人心，劈柴担水皆是妙道，但是这两者都与印度佛教所讲究的苦修苦行、弃绝红尘的基本精神迥然不同。而且更重要的是，佛教传入中国以后，在很大程度上被中国人变成了一种关注现实生活的宗教，反而对超越性的彼岸理想不太关心了。乃至我们今天到中国的寺庙里去看看，老百姓烧香磕头、求神拜佛的目的是什么？他们所求的绝不是一种无他无我、六根净绝的涅槃境界，而是祈求子孙满堂、祛病免灾、荣华富贵、升官发财，这些祈求全部都是入世的或现世性的。从中国文化对佛教的改造中，我们可以明显地看到，中国文化所具有的强大融合能力。

西方文化也有很多源流传统，但是我们发现，西方文化的各种传统之间的关系，和我们中国这种"夏夷之分"以及"以夏变夷"的基本模式是完全不同的。西方文化至少可以说有三种传统，一种是古希腊的，一种是古罗马的，还有一种是基督教的。这三种源流传统之间的差异非常大。古希腊文化带有一种和谐的特点，它就像一个人的童年时代，具有一种天然的和谐性。在灵与肉、彼岸与现世、理想与现实之间，它力求达到一种和谐。所以古希腊文化是非常美的，它表现了一种童年时代的文化。（对古希腊文化的特色介绍，请见本书第二章。）

再看古罗马文化，我们发现它走向了一个极端，一头扎进了功利主义、物欲主义的浑浊潮流里，其结果就导致了古罗马社会的那些骇人听闻的堕落行径。当然，古罗马文化也一度推动了世俗生活的发展，导致了帝国的膨胀和繁荣，缔造了比较健全的法律体系，确立了较为规范的财产法权关系。

到了基督教时代，西方文化又发生了一个180度的大转折，如果说古罗马文化是物质主义的，那么基督教文化就是唯灵主义的。基督教文化教导人们抬头向上盯着天国，这样就导致了中世纪西欧社会的一种普遍的人性异化。这种人性的异化，使得人们都把感性的现实生活当作一种邪恶的东西加以唾弃，人性的一切正常欲望都被视为魔鬼的诱惑，每个虔诚的基督教徒都死死地盯着那个虚无缥缈的天国。这样就必然造成了中世纪西欧社会的经济落后和文化愚昧。而且更重要的是，当人将关注点投向天国的时候，他的内心深处还是多多少少地存有一些物欲的渴望、一些"邪恶的念头"，这样就导致了基督教文化内部的一种可怕的现象，即理论与实践、理想与现实的二元分裂。基督教的理想是崇高圣洁的，然而中世纪很多基督徒的行为是卑劣龌龊的。这种崇高的精神和卑污的现实之间的分裂，最终导致了中世纪基督教社会的普遍虚伪。这种普遍虚伪的现象，大家在薄伽丘的《十日谈》、拉伯雷的《巨人传》，以及文艺复兴时期的其他大师的著作里都可以读到，它也构成了引发西欧社会一系列重大变革的导火索。

到了近现代，西方文化又出现了一个融合，它把古希腊、古罗马和基督教的文化因素都尽量地融合到自身之中，因此在西方近现代文化中，既有古希腊文化的那种对人性的尊重、对知识的追求，又有古罗马文化的那种对功利的向往、对世俗国家的热爱，同时也有基督教文化的那种对现实生活的批判和对理想主义的向往。各种传统中的一些相互对立的东西，在西方近现代文化中都融合到了一起。因此我们说，西方文化的这些不同的渊源传统之间，呈现出一种与中国"以夏变夷"的"米亚德现象"完全不同的模式，这是一种融合更新的模式，其结果导致了文化上的"杂交优势"。

从我所讲的第一个问题来看，在西方文化和中国文化的源流传统方面，我们可以看到两种完全不同的模式，一种是"以夏变夷"，其结果导致了一种文化上的超稳定结构，形成了一种协调的现实精神；另一种则是融合更新的模式，其特点就是通过不同文化的"杂交"和相互否定而产生出新的文化性状，最终的结果导致了整个社会和历史文化的不断变迁和自我超越，从而形成了一种超越的浪漫精神。

中西文化都是源远流长的，当我们追溯这些源流的时候，可以发现它们包含着很多文化因素。我们在前文中梳理历史线索的时候，会发现这些文化因素之间是互相碰撞、互相激荡的。那么，为什么这些碰撞和激荡偏偏产生了现在我们所看到的这样一种结果，即具有不同文化精神的中西文化之间的巨大差异？也就是说，在历史的发展和文化的演进过程中，是不是有一种必然性在其中，使得这些文化因素通过互相冲突，最终产生出这样一种结果？如果说确实有这种必然性的话，其产生的机制又是什么？从原来大同小异的原始文化，到后来形成了某种迥然而异的精神内核的中西文化，这样一个进程的主要机制和必然性究竟是什么？这便要从"轴心时代"的文化变革谈起。

"轴心时代"的文化变革

这是一个比较大的问题，也是一个比较复杂的问题。在20世纪上半叶，德国著名哲学家雅斯贝斯提出一个重要的文化学概念，叫"轴心时代"。在《历史的起源与目标》一书中，雅斯贝斯具体解释了什么叫轴心时代。他说在公元前8世纪至公元前2世纪，人类几大文明不约而同地发生了一次根本性的变革，他将这一变革叫作两大历史时代之间的一次"深呼吸"。这场变革导致了三大世界性宗教，即儒教（儒家学派）、佛教和基督教的产生。（当然他把儒家的思想也称为宗教，这个说法可能是不妥的。）他认为，这个时代所产生的重大的精神变革，它所产生的精神资源，直到今天仍然是我们生活中的重要精神根基。在轴心时代以前，中西文化都具有一种浓郁的迷信色彩，鬼神崇拜是它们的共同特点。而它们之间的差别与它们的共性相比是很小的。但是，经历了轴心时代以后，中西文化开始向着两个完全不同的方向发展。

　　先来看看中国文化。中国文化在轴心时代经历了一个很重要的变革，我可以把它分为两步来讲解。第一步，是从殷商时代的"事鬼敬神"的巫觋精神向周代的"尊礼敬德"的宗法精神的转化。"巫"是指女巫，"觋"则指男巫，巫觋精神可以说是整个殷商时代非常浓郁的一种主流精神，其特点就是鬼神崇拜。其他民族在文明的初期大凡也是如此。从殷商时代"事鬼敬神"的巫觋精神向周代"尊礼敬德"的宗法精神的转换，是中国文化精神的第一次大变革，它使人们开始把注意力从天上转向人间，从祭祀占卜转向宗法礼仪。第二步，就是从周代"尊礼敬德"的宗法精神向春秋战国时期的"内在自觉"的伦理精神转换，这个转换过程从孔子的"仁"和子思的"至诚"，到孟子的"四端之心"，可以说是基本上达至完成。

　　下面我简单谈谈这两个过程。在殷商时代，人们崇拜的对象非常多，从日月星辰、山川河流到先祖先妣，人们求神问卜，事鬼敬神，迷信精神非常浓郁。孔子后来也明确指出，殷商文化的特点就是事鬼敬神，把神鬼的意志看得非常重要，诸事均须先卜而后行。到了周人那里，就开始表现出所谓的"敬鬼神而远之"的人文精神，"以德配天"的思想被大力宣扬，这种态度的转变是非常重要的。周人取代了殷商的政权以后，他们不仅进行了一次政治权力的转换，更重要的是进行了一场宗教革命，其实质就是把殷商时代的"帝"和先祖先妣这样一些带有血缘崇拜和自然崇拜色彩的鬼神，转变为与人德直接相关的一些外在礼法规范。比如，西周初期的时候，取代"帝"的一个很重要的概念就是"天"，周人非常崇拜"天"，崇拜"天命"。

"天"最初在甲骨文里,只是一个表示方位的词,表示"高"或"上",并没有道德方面的含义。后来,周人的"天"逐渐被赋予了道德方面的内容,和所谓的"天命"相结合,成为一种高高在上的、威慑人的道德主宰,一种抽象的道德力量。抽象的"天"或"天命"取决于人德,即"以德配天""皇天无亲,惟德是辅"等。而人德又表现为具体而严苛的礼法制度,因此"尊礼敬德"就可以"膺受大命",而"不敬厥德"则会"早坠厥命"。到了春秋时代,面对着周王朝"礼崩乐坏"的混乱局面,孔子又用内在的"仁"来充实和改造外在的"礼",并将"仁"解释为内在于人性之中的爱人之心和忠恕之道。孟子则进一步将与生俱来的人性善端作为安身立命之本,将向内发掘仁义礼智等善端作为实现人生价值和社会理想的基本根据,从而将周代"尊礼敬德"的宗法精神改造成儒家"内在自觉"的伦理精神。对于儒家来说,人与天命的关系,或者天人合一的理想,只是一个从内向外的道德修养过程,人们只需要从内心和本性上去下功夫,就可以"成己成物""内圣外王"。在《孟子·离娄上》里非常清楚地强调:"天下之本在国,国之本在家,家之本在身。"因此,一个人只需要修身养性,就可以齐家治国平天下。先秦儒家开创了这样一条道德内敛的进路,从此以后,中国文化就专注于对人的内在道德良知的发掘,也就是专注于人的道德修养。几千年来,中国儒家文化基本上就沿着这样一条道路前进,并由此而形成了中国文化的主体精神或基本精神。这种基本精神是一种伦理精神,即从内在心性的道德修养入手,由内向外去驰求,通过"修齐治平"之道,最终实现"内圣外王"的大同理想,实现天人合一的人生鹄的。所以,一个人从小就开始进行道德的修养,三十而立,四十而不惑,五十而知天命,六十而耳顺,到了七十岁就可以从心所欲而不逾矩了。这样一个从内向外的修养过程，就是中国儒家文化的基本路向。而由商周外在的鬼神崇拜和宗法礼仪向儒家内在的道德心性的敛聚过程，则是中国文化在轴心时代所发生的重大变革。

再来谈谈西方文化。西方文化在同样的时间里，也发生了一次非常重要的变化。但这个变化是一个外在超越的过程，而不是一个内在敛聚的过程。简单地说，就是从自然崇拜的希腊多神教以及律法主义的犹太教向唯灵主义的基督教的转化。希腊多神教是非常可爱的，充满了感性的、活泼的、欢快明朗的色彩。当人们看到诸如宙斯、阿波罗、阿芙洛狄忒、雅典娜等众神时，往往会由衷地感到高兴，因为他们是与人同形同性的，具有人的形体，而且往往比人更健壮、更美丽。同时，他们也具有人的七情六欲，像人一样有优点和弱点。正因如此，我们才觉得他们可亲可爱，具有鲜明的美感。就此而言，希腊诸神是童年时代的神，具有儿童的一切和谐与唯美的特点。我相信殷商时代的人相信的那些先祖先妣和"帝"，大概也会具有这样一些特点。这是一种自然崇拜的宗教。

除古希腊文化外，还有一个希伯来文化，当然它不能算作严格的西方文化，但是它构成了基督教文化的重要渊源。希伯来文化主要表现为一种宗教，即犹太教。犹太教也是一个比较原始的宗教，但不同于古希腊宗教，它是一种律法主义的宗教。希伯来宗教与古希腊宗教之间的差别，我想很可能是由于这两个民族自身命运所致。古希腊民族是一个自由的民族，无忧无虑地生活在爱琴海畔，这个民族的自由天性也表现在他们的神话中。因此，古希腊的神给我们一种欢快明朗、无忧无虑的感觉。但是，犹太民族自公元前15世纪来到迦南以后，先是被埃及人统治，后来则相继被一个又一个的其他民族（如亚述人、新巴比伦人、波斯人、亚历山大时代和塞琉西王国的希腊人，以及罗马人等）先后统治。由于犹太民族长期处在异族的统治之下，他们产生了一种非常强烈的不幸意识。这种不幸意识是犹太人在反思自己民族的不幸命运时产生的。由于犹太民族长期受到外族统治，他们的反抗始终是徒劳的，因此他们就把这种不幸的根源归结于自己的不洁净和不虔诚（即对上帝的不虔诚），所以就导致了一种深重的罪孽感，一种罪孽意识。那么，犹太人如何才能克服自己对神的不虔诚呢？只有一个办法，就是严守各种外在的律法，因此犹太教充满了律法主义色彩。这种律法主义，特别强调那些严苛的条文与规定。犹太教的禁忌非常之多，除了"摩西十诫"，还有数百条律法禁忌。

在轴心时代，西方文化发生了一个根本性的转化，其转化过程就是从明朗欢快的自然崇拜的希腊多神教和外在刻板的律法主义的犹太教，向鄙视现实生活、崇尚天国理想和灵魂超越的基督教的转化。这个转化是西方文化在轴心时代完成的重大变化。这个过程使得西方文化（即基督教文化），具有了一种形而上的特点。从古希腊的有血有肉的、神人同形的多神教，向贬抑肉体、超越现实的唯灵主义的基督教转化，其结果，使得人们不再关心现世，不再关心肉体，不再关心物质生活，而把注意力投向天国，这样就导致了基督教文化的一种基本精神，即一种超越的浪漫精神。在《圣经·新约·约翰福音》中，耶稣明确地表示："我的国不属这世界。"犹太民族的罪孽意识泛化为一种普遍的"原罪"意识，苦难深重的罪孽只有依靠上帝的救赎才能解除，而上帝的救恩只是针对灵魂而言的，灵魂也只有在彼岸世界才能得到彻底的解脱。因此现世生活就成为一种罪恶的象征，它和充满了人性欲望的肉体一样构成了魔鬼的采邑，人们只有彻底唾弃它，才有希望进入光辉澄明的彼岸乐园。基督教的这种基本观念导致了人与现实世界的分裂，造成了中世纪基督教文化的一种普遍的人性异化现象。

现在，让我们来归纳一下。在轴心时代，中国文化经过了两个阶段的转化，最后导致了一种关注现世的道德修养的人生态度，一种协调的现实精神，这是中国文化的主体精神。同样，在与此基本相同的时间里，西方文化完成了从自然主义的古希腊宗教和律法主义的犹太教向唯灵主义的基督教的转化，导致人们都更关注天国理想和上帝的救恩，而对现实的物质生活，采取一种（至少在表面上是）鄙夷的态度，这样就导致了一种超越的浪漫精神。这就是在轴心时代中西文化所发生的根本性变革，一个是向内敛聚，一个是向外超越。

　　有人向我提出两个问题：第一，谈到中国文化的内敛过程，中国的传统社会，从民间到官方，尤其是官方的主要代表——皇帝，经常会举行祭祀天地和封禅的活动，而且民间还有祭祖的活动和祭拜孔子的活动，这些活动是不是可以理解为，中国文化经过内敛之后，依然有一种求助于外在信仰对象的需要？我在前文中谈到内敛的过程，主要是指发掘自身的道德心，但是，中国传统知识分子的最大愿望并不是独善其身，而是兼济天下，正心诚意并不是他们的最终目标，修齐治平才是。那么，我们是不是可以说，在这种内敛之后，还有一个外在的投射过程？第二，关于西方文化的超越性问题，我在前文中强调，基督教文化具有一种超越的浪漫精神，但是我们在薄伽丘的《十日谈》和拉伯雷的《巨人传》等著作中，却看到了中世纪基督教神职人员的许多非超越性的卑劣行径。虽然在基督教社会中出现了像奥古斯丁这样的圣徒，但是当我们将眼光转向中世纪的教会时，看到的更多却是一些并不崇高和并不体面的东西，在某种意义上可以说，中世纪天主教会日益堕落为一个藏污纳垢的罪恶渊薮，一个追逐物质享受而不是灵魂净化的教会。那么，为什么基督教文化所体现的这种超越的浪漫精神，却偏偏不能超越对自身物质和肉体的欲求？我将在下文回答这两个问题。

中西文化的基本精神

这两个问题涉及中西文化最基本的东西，即中西文化的基本精神。我在前文中讲的第二点，即轴心时代的文化变革，无非是要引出中国文化和西方文化的两种主体精神。这两种主体精神，一种叫作协调的现实精神，另一种叫作超越的浪漫精神。或者按照现在学术界的观点来说，一种叫作伦理文化，另一种叫作宗教文化。或者说，一种是注重内在的道德修为的文化，另一种是注重人和上帝之间的超越关系的文化。强调了这种差别之后，下面我就来回答前面两个问题。

第一个问题，我们先要对中西文化做一个理论上的分析，看看中国文化、西方文化的基本精神各是怎样的一种精神，以及这两种精神对中西传统社会（注意我说的是传统社会）产生了怎样的重大影响。

首先来谈谈中国，中国文化自古以来，官方和皇帝都要进行祭天、封禅、拜祖、祭孔等重大活动，西方人甚至认为，这也是一种宗教。但实际上，大多数儒家知识分子（因为中国文化的主体精神主要体现为儒家文化的精神）的心中都非常清楚，祭天、拜祖、敬奉鬼神，说到底都是为了教化百姓。从周公开始，他们就有这种清醒的实用理性精神，《周易》中就有一句话，叫作"圣人以神道设教，而天下服矣"。所谓"神道设教"，就是说，我们相信鬼神，无非只是为了劝勉大家从善，是为了教化众人。不是为了信仰而讲道德，而是为了道德的需要，我们才拉出了一些鬼神，用鬼神作为幌子来吓唬老百姓。对于这个道理，中国的儒家知识分子一直是很清楚。因此，真正的儒家知识分子，大凡都是不信鬼神的。即使他们谈鬼神，也只不过是说给老百姓听的，老百姓没什么文化，当然就容易相信这些东西。而且他们往往把鬼神之事描述为一种令人感到恐怖的景象，比如，"一个人死了以后，善有善报，恶有恶报"，"此生此世不修善德，死后就要沦入十八层地狱，上刀山、下火海"等。这种恐怖的景象，对于一个人的现世道德行为，是具有很重要的儆戒作用的。由于大家都害怕这种死后的恐怖景象，生前当然就尽可能地向善了。这就是所谓的"神道设教"。因此，从这种意义上说，中国传统文化基本上是一种无神论的文化。

众所周知，孔子本人就是一个无神论者。所谓"子不语怪力乱神""六合之外，圣人存而不论""天道远，人道迩""务民之义，敬鬼神而远之""未知生，焉知死""未能事人，焉能事鬼"等，都表明孔子和先秦儒家对鬼神之事的淡漠。据《论语·述而》记载，有一次孔子生病了，子路请孔子祈祷神灵，孔子回答说："丘之祷久矣。"言中之意是：祈祷无济于事。还有一次子贡问孔子，人死后有无知觉，孔子回答道："吾欲言死者有知也，恐孝子顺孙，妨生以送死也；欲言无知，恐不孝子孙，弃不葬也。赐欲知死人有知，将无知也，死徐自知之，犹未晚也。"这话说得极其聪明，死人究竟有无知觉，要看其是否有助于现世的道德教化。汉代王充一语道破，他认为孔子其实是深知死后无知觉这一事实，但是孔子为什么不明言呢？只是怕开不孝之源，以免不孝子孙因为死后无知觉而对死去的父母弃而不葬。由此可见，中国儒家知识分子对鬼神的基本态度，即"神道设教"，是信奉鬼神只是为了道德教化。

接下来，就是关于内敛的问题，它同时也有一个向外的要求。中国人真正的功夫，虽然看起来是正心诚意，但是实际上放在了修齐治平上。这并不矛盾。因为我在前文讲的那个内敛过程，是指中国整个先秦文化，从殷商到周代，再到儒家是如何转化的。而这个转化过程完成之后，在中国文化的基本精神形成以后，即那种自觉的、内在的伦理道德意识形成以后，每个人就只需要向自己内心中去发掘了。那么，在这个时候我们就可以说，只要从我们的内心做起，从身边的事情做起，从我们的日常事件和现实生活做起，一个人就可以由小到大，由平凡之事入手来成就伟大功业。因此最现实、最直接的事情，无非就是每个人自身的道德修养，首先是正心、诚意，然后是格物、致知，继而修身、齐家，最后是治国、平天下。这就是朱熹所总结的八条目，质言之，一切惊天动地的伟大事业都必须落实到平凡的道德修养之中，都必须从正心诚意做起。当年朱熹在评价周敦颐的玄奥高深的"太极""无极"之说时总结道："其高极乎无极太极之妙，而其实不离乎日用之间。其幽探乎阴阳五行造化之赜，而其实不离乎仁义礼智刚柔善恶之际。"因此，所有玄之又玄的东西，说到底，不过是以仁义道德和日常修养作为根基。

因此，从这种意义上说，中国人既然把眼光都关注于内在的道德修养和现实的经世致用活动上，他就无暇去顾及那些六合之外的鬼神。这样一来，在整个中国传统文化中，人们就不会因过分的宗教信仰而走向迷狂。所以在中国封建社会，固然有很多糟粕的东西，也有很多摧残人性的东西（这主要是从宋明理学以后，由于越来越多地强调四维八德、三纲五常这些东西，把内在的道德变成了一些外在的刻板规范，这和先秦儒家的本意是有出入的），但是总的来说，由于人们关注现实，关注道德，而且儒家知识分子有非常强烈的入世精神，即所谓"忧患意识"，"居庙堂之高则忧其民，处江湖之远则忧其君"，所以在中国传统社会里，儒家知识分子能够投身于现实社会，投身于经世致用的实践活动中，从而缔造了中国封建社会文化的繁荣昌盛。当然，它也缺乏一种强烈的向前追求的欲望，正如梁漱溟先生在《东西文化及其哲学》里所说："中国人……很安分知足,享受他眼前所有的那一点,而不作新的奢望……而西洋人风驰电掣的向前追求。"[1] 中国人容易满足,墨守成规,所以中国的文化虽然在封建时代曾经繁盛,但是到了近代以后就开始衰落,尤其是当西方迅速地发展的时候,我们就相形见绌了,而且是每况愈下。所以,儒家文化精神,或者说,专注于现世道德修养的中国文化主体精神,既对中国封建文化的繁盛起到了积极的促进作用,同时也应该为中国文化在近代的落伍承担主要的责任。

再来看看西方文化。西方文化与中国文化恰恰相反,它走向了另一个维度,即超越的维度。基督教文化使人们对现世采取一种鄙夷的态度,人们将所有注意力都投向天国,这样就导致了一种宗教迷狂。这种宗教迷狂到了中世纪的中后期,达到了无以复加的地步。但是,人毕竟是血肉之躯。在早期,当基督教作为一种受罗马帝国摧残和迫害的宗教时,确实有一些道德高尚的圣徒,能够洁身自好,成为道德楷模,这并不足为奇。但是,当基督教成为一种占统治地位的普遍意识形态的时候,如果仍然要求所有的基督徒,都像早年的那些修道士和圣徒一样洁身自好,不食人间烟火,那是不可能的。维克多·雨果有一句话,我特别喜欢,他说:"人的两只耳朵,一只听到上帝的声音,一只听到魔鬼的声音。"人生实际上就是处于"上帝与魔鬼的声音"之间的一个撕扯的过程。法国雕塑艺术家罗丹创作过一尊著名的雕塑,是一个人正从动物身体中挣脱出来的样子,这是对人的最好的写照。人一半是动物性的,另一半是神性的,神性的力量把我们往上拽,动物性的力量把我们往下扯,人一生的过程就在这种痛苦的撕扯中挣扎,这就是我们的现世人生。

---

[1] 梁漱溟:《东西文化及其哲学》,中华书局 2018 年版。

既然人是这样一种状况，我们就不可能像神那样，完全超脱于物质世界，超脱于肉体。在这样的情况下，基督教的理想固然崇高典雅，却不近人情，不合人性。所以，当它成为一种普遍的社会意识形态以后，如果每个人都认为，只有彻底抛弃现实世界，灵魂才能升入天堂，并且都这样做，是不现实的。在这种情况下，由于基督教的理想过分高尚和纯洁，人们不可能完全达到这种理想。由于人实际上处于一种向上的力量和向下的力量的双重撕扯之中，这种普遍的痛苦状态，最后就导致了一种权宜之计，所以在中世纪的中后期，我们就看到了基督教世界的堕落、腐化和普遍的虚伪。天主教的某些神父和修士，满口讲的都是崇高理想，实际上却在从事蝇营狗苟的勾当。从理论上说，基督教会本来是上帝设在人间的一个机构，是引导人的灵魂升到天堂的一个阶梯，然而事实上，基督教会却蜕化为一扇引导人们通向地狱的大门，其自身也成为最腐朽、黑暗的场所，用14世纪著名的文艺复兴大师彼特拉克的话来说，基督教会成为"全世界的臭水沟"，世界上所有污秽肮脏的东西，莫不出于基督教会。所以在这种情况下，基督教既然在理想和现实之间出现了明显的二元分裂，陷入了这样一种自相矛盾的绝望境界，就只能面临一种命运，即从根本上改变自身。中世纪末期，这种改变通过两个不同的途径实现：要么抛弃那些虚无缥缈的崇高理想，理直气壮地追求物质利益和感性生活，公开喊出罗马人的那句诗文："我是人，人所具有的我都具有。"这也是彼特拉克当时接过来的一面人性解放的旗帜，这种人性解放的要求就促成了近代西方的文艺复兴和人文主义。要么就真诚地信仰基督教的核心精神，这种信仰不是虚假的，而是真诚的，无须拘泥于那些外在的刻板戒律，而是正视人的基本需求和正当欲望，尽可能地把纯正的信仰与道德的生活结合起来，这种倾向就引发了宗教改革。这两场重大的文化运动——文艺复兴和宗教改革，构成了西方文化从中世纪向现代转化的一个重要枢纽。（关于西方文化的发展历程，请见本书第三章。）

有人向我提问，中世纪晚期的西方是非常愚昧和黑暗的，但是，西方的现代化历程是从1453年奥斯曼土耳其人攻下君士坦丁堡以后开始的，当时的一批希腊逃亡者，促成了西方的文艺复兴，那么是否可以说，西方的文艺复兴（包括西方的现代化历程），最初都只是一种历史的偶然呢？另外，中国文化是一种内敛的文化，那么，这样一种内敛的文化，如何才能实现西方的那种超越性的现代化呢？我将在下文回答这两个问题。

中西文化的现代化历程

我们不能说西方的文艺复兴完全是君士坦丁堡的希腊逃亡者带来的一份厚重礼物，文艺复兴是一种综合力量的结果，君士坦丁堡的希腊逃亡者充其量只是促进了文艺复兴，而不是直接促成了文艺复兴。实际上，但丁、彼特拉克这些伟大的人文主义者，都生活在13—14世纪，那时候君士坦丁堡还没陷落。当然，关于文艺复兴出现的原因，西方学术界有各种不同的说法，但是绝不能简单地把它说成是一种历史的偶然、由于君士坦丁堡的陷落而导致的一个奇迹。另外，针对后来西方现代文化的崛起，我个人的观点是，宗教改革起到的作用要比文艺复兴更加重要。这是一个学理方面的问题，我在这里暂不展开。但是，我们仅从一个基本事实来看，就可以看到宗教改革的重大历史作用。这个基本事实就是，在宗教改革运动之前，欧洲的情况是南部经济发达、文化繁盛，北部经济落后、文化愚昧，但是北部欧洲各国在进行了宗教改革之后，迅速地成长为新兴的资本主义强国,而顽强抵制宗教改革运动的南部欧洲却在17世纪以后明显地失去了经济、政治和文化上的优势地位,成为资本主义世界中的二流角色。在15—16世纪这个被汤因比称为"世界历史上的重要分水岭"的时代,在南部欧洲发生了一场文艺复兴运动,在北部欧洲发生了一场宗教改革运动。这两场不同的运动对欧洲社会的文化转型产生了不同的影响,尽管它们都把矛头指向罗马天主教和中世纪陈腐愚昧的神性文化,但是其历史影响迥然不同。文艺复兴的革新意义主要局限在文学艺术领域和狭义的文化领域,而宗教改革则促进了欧洲社会(尤其是北部欧洲)在思想、政治和经济等方面的普遍变革。

宗教改革运动的重要历史作用,可以归结为如下三点,它们分别由新教的三大主流教派表现出来。

首先是马丁·路德的改革,这种改革是对天主教的虚假形式的反抗,以及对天主教会的道德堕落的愤慨,其结果是形成了一种注重自由精神的新教,即路德教,又称信义宗。这种宗教强调"因信称义",强调个人的精神自由,每个人都可以通过自己的信仰与上帝直接交往,而不再需要教士、教阶制度以及繁缛的教会仪式来作为中介。路德的宗教改革打破了罗马天主教会一统天下的格局,导致了教会的分裂,从而为信仰的精神自由和教会的民族化奠定了基础。马克思认为,路德的新教破除了对权威的信仰,恢复了信仰的权威,从而把宗教笃诚变成了人的内在世界。[①] 每个人凭着自己内在的坚定信仰,就可以与上帝直接交往,这样就把一种精神的自由赋予每个信仰者,这种精神自由成为宗教宽容和政治民主化的思想

---

① 中共中央马克思恩格斯列宁斯大林著作编译局编译:《马克思恩格斯选集(第1卷)》,人民出版社2012年版,第10页。

前提。

其次是英国的宗教改革，这个改革使主张英国国王拥有至尊权力的安立甘宗得以产生。安立甘宗又称英国国教会、圣公会，它强调国王的权力具有至高无上的神圣性，强调世俗权力高于教会权力，从而促使民族国家的成长。民族国家构成了资本主义发展的社会前提，如果没有近代民族国家的形成，资本主义是不可能发展起来的。而民族国家要发展，其前提就是国王的权力必须超越教皇的权力，恺撒的权力必须高于上帝的权力，否则民族国家就不可能摆脱罗马教会的控制，独立发展也就无从谈起。如果像中世纪那样，所有的世俗国家都处于罗马教会和教皇的一统之下，那么资本主义是不可能发展起来的。

第三是加尔文教，它最初产生于瑞士的日内瓦，很快就扩展到北欧诸国，最终成为一种世界性的宗教。加尔文教的一个最重要的历史意义，就在于它为资本主义的经济发展提供了一种重要的合理主义根据，关于这一点，马克斯·韦伯在他的《新教伦理与资本主义精神》一书中做了充分的阐述。加尔文教所倡导的那种世俗性的禁欲主义，它所推崇的勤奋节俭的生活态度，以及为了增加上帝的荣耀而发财致富的新教伦理，成为推动资本主义经济发展的巨大精神杠杆。

新教的这三大主流教派对西方的精神自由、民族国家的发展以及资本主义经济的成长，起到了至关重要的推动作用。而且宗教改革打破了天主教一统天下的专制格局，使得信仰成为个人的事情，每个人都可以用自己的方式与上帝直接沟通，这样就没有必要由一个强有力的教会组织来维护宗教信仰的所谓正统性了。这样一来，世俗生活逐渐受到人们的普遍重视，世俗生活和职业劳动也获得了一种神圣性，从而使人们形成了一种与中世纪的唯灵主义和彼岸精神相反的生活态度。西方内部的这一系列文化变革，即文艺复兴、宗教改革以及稍晚一些的启蒙运动，促成了资产阶级的政治革命，新兴的资产阶级开始在政治领域中逐渐取代封建贵族的统治。在政治变革基本完成之后，又出现了经济领域中的变革高潮，也就是工业革命和产业革命。在完成了文化领域的、政治领域的和产业领域的三场变革后，到了18世纪下半叶，一个崭新的西方工业文明开始崛起于欧洲西北部。接下来的历史，就是西方工业文明在不断扩张的过程中、在殖民化和西方化的过程中，如何把东方一些传统的农业文明逐个从地图上抹掉的故事。

中国文化，如同世界上其他国家和地区的文化一样，从这个时候起就开始面临来自西方的威胁。中国文化在中世纪非常繁荣，但是随着西方工业文明的崛起，中国文化就相形见绌了。西方文化对中国的渗透，早在利玛窦等传教士来华传教时就已经开始，但是大规模的和正面的中西文化碰撞是在鸦片战争以后。鸦片战争不仅攻破了中国闭锁了数百年的国门，而且也极大地冲击了清政府夜郎自大、唯我独尊的保守心理。作为对西方文化挑战的第一个回应，魏源提出"师夷长技以制夷"的思想，这种思想促成了洋务运动的开展。从恭亲王奕䜣到李鸿章、左宗棠、张之洞等人学习西方的坚船利炮，大办实业，开煤矿、建工厂、组建北洋水师，提出"旧学为体，新学为用"，即后来人们常说的"中体西用"的主张。然而，甲午战争一役，洋务派按照西方模式组建起来的北洋水师全军覆灭，进一步觉悟的中国人发现问题的症结不在于器物，而在于制度，于是就有了康梁变法，试图用西方的君主立宪制取代中国的君主专制。但是，百日维新以失败而告终，继而爆发了辛亥革命，有识之士们主张学习西方的民主政治来改变中国的封建体制。辛亥革命虽然推翻了清朝的封建政权，但是革命的果实很快就被袁世凯篡夺，中国不仅没有摆脱贫穷落后的状态，而且社会危机更加深重。在这种情况下，中国先进的知识分子经过进一步的反思得出结论，中国最根本的问题，既不在于器物，也不在于制度，而在于中国人的思想观念，在于国民性，要想富国强民，首先必须对国民性进行根本性的改革。这样一种反思，这样一种更加深入的认识，就促成了中国近代史上最蔚为壮观的文化变革运动，即"五四运动"，以及相伴随的"新文化运动"。在新文化运动中，激进的中国知识分子认为，中国在各方面都不如西方，不仅器物不如人，制度不如人，而且道德也不如人，从而提出了彻底批判中国文化，全盘接受西方文化的主张。这种"全盘西化"的思想带有矫枉过正的明显痕迹，但是在当时，它对于中国封建文化的冲击是非常猛烈的。

然而，正当中国的启蒙运动轰轰烈烈地开展时，中国的殖民化程度却在日益加深，特别是"九一八事变"爆发之后，亡国亡种的现实威胁成为压倒一切的首要问题。中国人不得不放弃文化上孰优孰劣的争论，同仇敌忾地投身于抗日图存的斗争中。经过十四年抗战和四年内战，随着民族主义意识日益高涨，中国人对西方文化的态度发生了一种微妙的变化。一方面我们承认，西方文化中有很多东西比中国更先进；另一方面，面对西方列强对中国的殖民侵略，中国人深切地感受到一种国格上的和民族尊严方面的屈辱。这种矛盾心理因二战后政治意识形态对立和两大阵营对垒的国际格局而进一步加深，以至到了中华人民共和国成立之后，中国人对西方文化的态度就由盲目崇拜转向了彻底否定。"全盘西化"的价值取向一度转变为"全盘苏化"，到20世纪60年代初期，又由于中苏意识形态方面的冲突陷入困境，既反"美帝"，又反"苏修"，中国人再一次陷入了封闭半封闭的心态中。到了改革开放以后，这种自我封闭的状态才被打破，在短短的二十多年时间里，中国似乎又重复了一次近代以来先学习西方的器物文化，再学习西方的制度文化，最后学习西方的精神文化的过程。在这个过程中，中国人也再一次受到了"全盘西化"和文化保守主义这两个相互对立的"幽灵"的撕扯，直到后来很长一段时间，我们还在艰苦地探寻着一条有中国特色的现代化道路。

毋庸置疑，中国要想发达，要想强盛，必须广泛吸收和学习西方的先进文化。但是同时，我们通过改革开放后的多年经验，得出一个教训，那就是如果我们亦步亦趋地跟在西方文化后面走，就永远都只能是一个跑龙套的二流角色。一个民族要想强盛，固然不可夜郎自大，但是同样也不可妄自菲薄，这两种极端都是应该避免的。在这样的情况下，我们中国人经过长期的文化反思，经过近代以来惨痛的经验教训，终于悟出了一条道理，那就是未来的中国文化，其发展必须首先以自己优秀的文化传统作为基本的思想资源，作为坚实的精神根基。在这个基础上，广泛地吸收西方的各种先进文化，吸取其精华，通过"和而不同"的文化互补和融合更新，以实现中国文化的现代化转型。只有这样，中国文化才能立于不败之地，才能跻身世界民族之林，使源远流长的中国文化得以发扬光大、活力长存。

第二章

西方文化之源

古希腊神话、史诗与悲剧

第四节　奥林匹克竞技会

在当今世界的各种体育运动盛事之中，还没有哪一个的影响力能够与奥林匹克运动会相匹敌。

然而，奥林匹克运动会对古希腊人而言，并不仅仅是一场体育的盛会。在 2004 年雅典奥林匹克运动会开幕式上，希腊人以极其巧妙的构思和表现形式，将希腊文明的发展过程一幕幕展现在观众面前，充满了寓意和哲理。从开幕式表演到最后点燃圣火，古希腊神话传说再次成为人们表达理想和追求的重要载体。那么，奥林匹克运动会在古希腊究竟经历了怎样的演变？它又与古希腊的神话、传说有着怎样的渊源？古希腊神话的魅力在哪里？现代奥林匹克运动会承继下来的古代奥运元素又是什么？

古代奥林匹克竞技会的起源

现代的奥林匹克运动会，起源于古希腊的奥林匹克竞技会。据历史记载，这个竞技活动是从公元前 776 年开始的，中间曾经有过一千多年的中断，而我们的现代奥林匹克运动会，是在 1896 年才重新恢复的。因此，我们就从现代奥林匹克运动会，回溯到古希腊的奥林匹克竞技会，看看它的起源，以及它与古希腊的神话传说有什么联系。

关于古希腊奥林匹克竞技会的起源，有很多说法，我们很难弄清楚到底哪些是真实历史，哪些是神话传说。有一种比较流行的说法是，竞技会的最早起源与古希腊的一位英雄密切相关，这位英雄名叫珀罗普斯。珀罗普斯爱上了厄利斯国王的女儿希波达弥亚，想娶她为妻。但是这个国王得到了一个神谕（启示），如果他的女儿嫁出去了，他很快就会丧命。于是，国王千方百计地阻挠他的女儿出嫁。由于国王是驾驭马车的高手，于是他想出一个办法，想向他女儿求婚的任何人，都要与他进行一次赛车（四匹马拉双人车）比赛。如果求婚者在比赛中输了，那么不仅不能娶国王的女儿为妻，还要付出生命作为代价。国王是赛车的高手，在珀罗普斯之前已经有 13 位求婚者都以失败而告终，而第 14 位就是珀罗普斯。

珀罗普斯也是一个赛车高手，但是就实力而言，他还不是国王的对手。于是，珀罗普斯就用了一个小伎俩：他买通了国王的驭手。当时的赛车需要两个人，一个是参赛者，另一个是驾驭马车的驭手。这位驭手把国王的车轴给拧松了。后来在赛车的过程中，由于车轴松动，国王的车跑着跑着辁辘掉下来，国王也被摔死了。因此，珀罗普斯取得了胜利，并且娶了国王的女儿为妻。

正是由于这样一个故事，古希腊人对这种竞赛活动产生了兴趣，赛车运动也就在古希腊流行起来。珀罗普斯的这个传说，已经反映了早期古希腊人用和平的方式进行竞争的情况。后来，当珀罗普斯去世的时候，为了悼念这位伟大的英雄，伯罗奔尼撒的人们为他举办了一场非常隆重的葬礼，并且在葬礼上举行了包括赛车在内的竞技活动，这些竞技活动据说就成了古希腊奥林匹克竞技会的起源。但是，在远古的希腊，这些竞技活动并没有什么固定的时间规定，只是偶尔举行。据说，另一位传说中的古希腊大英雄赫拉克勒斯一度恢复了纪念珀罗普斯的竞技会，以此作为奉献给众神之王宙斯的祭礼。但是，一直到公元前 776 年，才开始有了四年一次的奥林匹克竞技会。

珀罗普斯的故事只是关于古代奥林匹克竞技会起源的传说之一，除此之外还有一些类似的传说。这些传说虽然在内容上不尽相同，但是有一点是共同的，那就是古希腊的奥林匹克竞技会都与崇拜神灵的活动有关。在古希腊诸多的运动会中，在奥林匹亚城举行的竞技活动是奉献给宙斯的，因此成为古希腊影响最大的竞技盛会。在这种带有祭祀性质的竞技活动中，人们以身体运动作为献给神灵的一种表演。由此可见，奥林匹克竞技会一开始就是与崇拜神灵的宗教活动联系在一起的。

在公元前8世纪，古希腊的伊利斯城邦遭遇了自然灾难，按照古希腊人的宗教传统，在遇到天灾人祸时，人们都要到供奉神的神殿去听取神的旨意，实际上是去听取掌管神殿的祭司们借神的名义而发布的神谕。这一次，当伊利斯城邦的人们到太阳神阿波罗的神庙去求取神谕时，他们从祭司那里得到了这样的神谕：由于伊利斯城邦的人们忽视了对奥林匹斯山上诸神的祭祀活动，引起了宙斯的愤怒，这场灾难就是宙斯向他们发出的一个警示。只有当人们重新恢复对奥林匹斯山上诸神的祭典时，宙斯才会给这个城邦带来幸福和安宁。在这个神谕的启示下，伊利斯城邦的国王与斯巴达城邦的国王达成了一个协议，决定恢复对奥林匹斯山上诸神的宗教祭典活动，每四年一次，并且在宗教祭典的时候举办竞技活动。因此，从公元前776年开始，真正意义上的古代奥林匹克竞技会拉开了序幕。

我们所讲的古希腊和今天的希腊不一样，古希腊是个大希腊的概念，它不限于今天的希腊本土，还包括小亚细亚、西亚、南意大利，甚至西班牙比利牛斯半岛的一些地区，在这些地方都建有古希腊的殖民地。同时，古希腊包含广布于整个地中海沿岸的那些城邦，它的地域范围要比今天的希腊大得多，主要是爱琴海周围地区。当奥林匹克竞技会召开的时候，所有的古希腊城邦，包括古希腊在小亚细亚、西亚和沿地中海地区的各个殖民城邦，都可以派代表参加，因此是一个非常隆重的体育盛会。到了公元前5世纪的时候，奥林匹克竞技会已经达到了鼎盛状态，那个时候不仅有体育竞技，也在奥林匹克竞技会期间举行悲剧和喜剧演出，以及其他的文娱活动，此外也有经济贸易活动，如买东西、做生意等，实际上就是我们今天所说的文化搭台，经济唱戏。当时的古希腊人就已经把经济活动和文化活动融为一体了。

由于奥林匹克竞技会是全希腊世界各城邦四年一届的一个盛会，所以在很早的时候就制定了"神圣休战"原则，这个原则是所有的城邦都共同遵守的。什么叫作"神圣休战"原则呢？那就是，奥林匹克竞技会召开期间，那些正处于激烈战争状态中的城邦都必须停战，大家放下武器，一起到奥林匹亚的竞技场上来进行和平角逐，而且每个城邦还有义务为敌国的运动员前往奥林匹亚城参加竞技活动提供安全通道。尽管大家在战场上打得你死我活，但是在奥林匹克竞技会上，大家却只能以一种和平友好的方式进行竞赛。这是一项非常崇高的原则，它反映了古希腊人的一种人文主义精神。我们今天经常讲奥林匹克精神，它首先就是一种和平精神。其真正的意义在于，把我们人类不同种族、不同阶级、不同宗派之间的各种矛盾和冲突，尽可能地从流血战争转变为竞技场上的和平竞赛。我们今天宣扬奥林匹克精神，宣扬人文奥运，实际上就是宣扬在人与人之间，在不同的宗教、不同的种族、不同的国家之间，都应该有一种彼此友爱的精神，因为我们生活在同一个地球之上，头顶着同一片蓝天，大家都是同一个物种，彼此之间不应该有什么解不开的仇恨。

古代奥林匹克竞技会的发展演化

最早的希腊奥林匹克竞技会在运动项目方面非常简单，只有一项运动，那就是赛跑。最初的赛跑是运动场有多长就跑多长，这叫单程赛跑。在公元前776年召开的第一届奥林匹克竞技会上，只有单程赛跑这一个项目。到了第十四届奥林匹克竞技会，就增加了双程赛跑，就是在一条跑道上跑过去再跑回来。到了第十五届，又增加了长跑，就是在跑道上来回跑12次。到了第二十五届时，竞赛项目就增加到5项，分别是赛跑（包括长跑和短跑）、跳高、掷铁饼、投标枪和摔跤。再往后，角斗也加进来了，战车赛也加进来了，全副武装赛跑也加进来了，项目越来越多。总之，在奥林匹克竞技会上，人们通过各种竞赛项目而展现人体的速度、力量和灵敏性，奥林匹亚城的竞技场也成为把流血的战争转变为一种展现力量和获得锦标的和平竞争场所。

奥林匹克竞技会从公元前776年在两个城邦之间举行的竞技活动，发展成为整个古希腊的体育盛事，四年一届，"定期举行"。它在古希腊人的生活中具有极其重要的意义，早期的古希腊人甚至以召开奥林匹克竞技会的届数来进行纪年。比如，某人生于第几届奥林匹克竞技会的第几年，死于第几届奥林匹克竞技会的第几年；或者说某人的鼎盛年（40岁左右）是在第几届奥林匹克竞技会举办时。历史学家甚至把公元前776年作为古希腊城邦文明的纪元开端，因为在此之前，关于古希腊的历史是缺乏可靠的编年记录的。奥林匹克竞技会从公元前776年的希腊城邦开始，一直延续到罗马帝国时期，一共举行了293届，到公元394年被废止。延续了千年之久的奥林匹克竞技会为什么会由盛而衰呢？导致它中断的原因又是什么呢？

在公元前 2 世纪，古希腊就被穷兵黩武的古罗马所吞并，成为罗马帝国的一个行省。罗马人征服了古希腊，从水平更高的古希腊文化中吸取了许多东西，比如古希腊的神话传说、悲剧、喜剧、艺术和哲学，当然也把古希腊的奥林匹克竞技会延续了下来。

到了 4 世纪，罗马帝国逐渐由强盛走向衰落，进入了日薄西山的状态。就在这时，罗马帝国境内发生了一件很重要的事情，那就是基督教在罗马帝国的合法化。基督教从 1 世纪上半叶传入罗马帝国之后，一直受到官方的迫害。但是，随着罗马帝国的日益衰落，基督教却越来越壮大。到了 313 年，罗马帝国皇帝君士坦丁一世颁布了《米兰敕令》，承认了基督教在罗马帝国的合法性。到了 392 年，另一位罗马皇帝狄奥多西一世宣布基督教为罗马国教，用它取代了罗马人信奉了千年之久的古希腊罗马多神教。

既然基督教已经成为罗马帝国的国教，那么所有古希腊罗马的东西都要被视为异教文化，一概加以摒绝。古希腊罗马的神庙一概被拆除，古希腊罗马多神教的偶像崇拜也被禁止。（古罗马原先的宗教是对古希腊人的多神教进行模仿而来，只不过把希腊神的名字换成了拉丁名字而已。）现在，古希腊罗马多神教遭到了禁绝，罗马帝国只许信仰一个神，即基督教的上帝。在这种情况下，崇拜古希腊神灵的奥林匹克竞技会当然也就不能存在了。所以在 394 年，也就是基督教成为罗马国教后的第三年，奥林匹克竞技会就被罗马帝国皇帝狄奥多西一世下令取缔了。

奥林匹克竞技会与古希腊神话

奥林匹克竞技会虽然在历史上消失了，却给人类社会留下了一笔宝贵的文化财富。我们可以从史料中了解到,古希腊的奥林匹克竞技活动都是以裸体的形式进行的,这种裸体运动与古希腊人的宗教信仰、生活观念和世界观密切相关。古希腊人崇尚自然,率性而为,没有太多繁缛的道德禁忌。他们以裸体为荣,以健美发达的躯体为荣,不喜欢矫揉造作的虚饰。正因如此,至今人们仍然对古希腊人的神话传说和生活世界充满了好奇之心和痴迷之情。

奥林匹克竞技会一般都是在6月22日前后,也就是北半球的夏至以后的第一个望日(即月圆之日)举行。一般为期五天,第一天是崇拜神灵的活动,主要是祭拜奥林匹斯山上的宙斯。从第二天开始,才进行一连四天的体育竞技活动。

宙斯是奥林匹斯山的主神,因此受到全希腊各城邦人民的共同崇拜。除了宙斯,古希腊的不同城邦还崇拜不同的神灵,其中有一些大家比较熟悉的神,比如,宙斯的兄长大海之神波塞冬、宙斯的儿子太阳神阿波罗、宙斯的女儿智慧之神雅典娜(她也是雅典城邦的保护者)、美神阿芙洛狄忒、战神阿瑞斯、宙斯的妻子赫拉等。这些神在后来的罗马宗教或神话中换了一个拉丁语名字,比如宙斯在罗马那里被叫作朱庇特,雅典娜被叫作密涅瓦,阿芙洛狄忒被叫作维纳斯。那个著名的雕塑"断臂的维纳斯"就是古希腊神话中的阿芙洛狄忒。古希腊人所崇拜的神灵,其职责彼此不同,分别象征着某种自然现象或者社会现象,如宙斯是雷电之神、阿波罗是太阳神、阿瑞斯是战争之神、阿芙洛狄忒是美神,等等。但是他们与其他民族的神灵相比,有一个非常显著的特点,那就是他们具有人的一般形体和性情,与人非常相像。所以我们在讲到古希腊神话的时候,通常会指出其中最显著的一个特点。这就是"神人同形同性"。就同形而言,古希腊的神和我们人长得一样,在某种意义上比人长得更加漂亮、健壮、魁梧。男神之所以是男神,主要是因为他比男

第二章　西方文化之源

人更像男人；而女神之所以是女神，也是因为她比女人更像女人。他们是典型的男人和女人。在一些留存至今的古希腊艺术作品中，诸神形象如宙斯，通常被描绘成一个身材魁梧的男人。同样，古希腊的一些女神，如"断臂的维纳斯"，即古希腊神话中的阿芙洛狄忒，她的美几乎具有无法超越的典范意义。古希腊人之所以有这么美的艺术作品，实际上是与古希腊神话的这种"神人同形同性"的特点有关，正是由于古希腊神话把神等同于理想化的人，所以他们才充满了迷人的魅力。古希腊人所崇拜的神灵说到底就是美丽的人体，古希腊神话就是对理想化的人体的一种崇拜。

这个特点与其他国家/民族的神话相比就显得非常突出。比如，中国也有古老的神话，有三皇五帝等传说中的神话人物。而这些神话人物，基本上都是威风凛凛的政治领袖或道德圣贤，他们做了很多为老百姓排忧解难的事，创建了很多伟绩。在中国神话中，宣扬的都是这些英明领袖的崇高道德，侧重于道德教化的功能。因此，中国的神之所以为神，在于他的道德品质非常高尚，与他的身材是否健美、相貌是否美丽没有关系。当然，其实中国神话与古希腊神话是有着许多相似之处的，只是后来被历代史官不断地修订，逐渐把一部充满感性魅力的神话雕琢成一部枯燥的道德教化史。这是中国神话与古希腊神话的一个很大的不同之处。

正是由于对人的自然形态的崇拜，所以在古希腊的奥林匹克竞技会上，大家都裸体进行竞技活动。古希腊人以裸体为荣，因为他们觉得裸体就是我们的自然形态，是我们的本性之显现。人就是从大自然中来的，人出生时是一丝不挂的，所以人在展现自己身体的魅力时，也要尽可能地与大自然融合在一起。古希腊人直接展现自己身体魅力的这种做法，本身就表现了他们对大自然的一种热爱。因为对于人来说，最直接的"大自然"就是人的身体。

古希腊神话中的神不仅与人的形体相同，而且也与人的性情相同。神之为神，不仅是因为他具有人的形体，也是因为他与人一样，有着正常的七情六欲，既有人的优点，也有人的弱点。比如，在古希腊神话故事中，奥林匹斯山上的诸神经常跑到人间惹是生非、拈花惹草。那些风流成性的男神一旦看中了人间美貌的女子，就要想方设法与之来往。女神的情况也是如此。而神与人相结合的结果，往往是生下一些半神半人的孩子，这些具有一半神的血统的后代在古希腊被叫作半神，即"Hero"，也就是"英雄"的意思。所以我们所讲的一些英雄人物，如珀罗普斯、赫拉克勒斯等，他们之所以是英雄，只是因为他们本人或者他们的父亲是神与人相结合的结果。这些神与人相结合的神话故事，恰恰说明了这样一个事实，即古希腊神话是没有什么太多的道德观念的，或者说是超越道德观念的。正因如此，古希腊神话中的人物才显得可爱，他们表现出了一种童年时代的梦幻，是西方文化童年时代的一个魅力长存的梦幻，这种梦幻就像我们小时候所听到的那些美丽的童谣一样，我们都是在这些童谣的萦回之下长大的。古希腊神话给人一种美的感受，因为它所表达的东西与我们的自然人性非常切近。这也是古希腊奥林匹克竞技会崇尚裸体运动的一个原因，古希腊人率性而为，尽情地表现人的本性，没有那些繁缛虚饰的道德观念。当他们把祭拜神灵的宗教活动与展现自己身体的力量、速度和敏捷性的竞技活动结合在一起时，是以一种童稚之情来表达对大自然的热爱。他们认为，在展现自己的身体和能力的过程中，也起到了崇拜神灵的作用。所以从这个意义上说，古希腊人对神的祭祀和崇拜，是与他们对自己身体的热爱完全融为一体的。当然，现代奥林匹克运动会提出的"更快、更高、更强——更团结"的口号也有这样一层含义，但是与古希腊人的自然融洽、天人合一相比，就略显单薄了。

就真正的人与自然融为一体、人与神融为一体而言，古希腊的奥林匹克竞技会已经成为不可超越的典范。正是因为这样，它成为我们永远可望而不可即的一个梦幻，成为令我们永远痴迷的一个精神家园。直到现在，西方人一谈起古希腊，总觉得那是他们的精神故乡，是他们的文化摇篮，他们最初就是听着古希腊神话的传说长大的。这就是古希腊奥林匹克竞技会与古希腊神话之间的内在联系。

奥林匹克竞技会的仪式

对裸体运动的崇尚在现代奥运会中早已不复存在。但是，相较于古希腊人每逢奥运会年，都要派出使者，手持节杖前往各城邦宣告奥运会即将举行的做法，现代人确实是在推陈出新，发明了传递圣火的仪式。传递圣火是现代奥林匹克运动会的一个不可缺少的重要仪式，那么，为什么历届奥运会的圣火都是从希腊点燃并开始传递的？千里迢迢传递圣火有什么样的象征意义？它的起源是否也和古希腊神话有着密不可分的联系？

可以肯定地说，传递圣火的仪式确实与古希腊神话有密切的联系。关于奥运圣火的来源，也有一个广为流传的神话故事，这个故事与古希腊神话中的一位伟大的神普罗米修斯有关。普罗米修斯属于提坦神族，"普罗米修斯"这个词在希腊语里表示"先知"，他知道过去和未来的一切事情。据古希腊神话的说法，在普罗米修斯的时代，人间没有火和光明，人们过着茹毛饮血的生活。宙斯把火种保留在天上，不把它交给人类。在这种情况下，普罗米修斯为人类做了一件好事：他盗出了天上的圣火，把它交给人类，给人间带来了光明。因此，后来的人们就把火种保留在奥林匹亚城，并且在每届奥运会开幕时，由运动员把火种传播到世界各地，以纪念这位伟大的、史诗般的神。

由于盗天火给人间带来了光明，以及其他一些事情触怒了宙斯，普罗米修斯受到了宙斯的惩罚。他被绑在高加索的山崖上，宙斯每天都会让一只神鹰来啄食他的肝脏，被神鹰啄伤的内脏到了晚上就会长好，第二天神鹰再来啄食。宙斯之所以这样残酷地折磨普罗米修斯，不仅仅是因为盗取天火这件事，而且还另有隐情。那么，究竟是什么原因让宙斯这样做呢？

前文说过，普罗米修斯是希腊诸神中的先知，他知道过去、未来的各种事情，包括一个天大的秘密，即谁将取代宙斯的统治。在奥林匹斯山上的诸神中，只有普罗米修斯知道这个秘密。所以宙斯折磨他，试图逼迫他说出这个秘密。普罗米修斯起初坚贞不屈，拒绝告知。但是，后来他向宙斯妥协，把这个秘密说了出来：如果宙斯与海洋女神忒提斯结婚，他们所生的孩子将会取代宙斯的统治。于是，宙斯避免了这场可怕的婚姻，并把忒提斯强行嫁给了一位人间英雄珀琉斯。忒提斯与珀琉斯结合，他们所生的儿子就是特洛伊战争的主角阿喀琉斯。阿喀琉斯是一位顶天立地的大英雄，但是由于他不是神，也就威胁不到宙斯的统治。

除了传递圣火，奥林匹克运动会还有一个非常重要的仪式，那就是为获得冠军、亚军和季军的运动员颁奖，这是在所有的竞赛活动中都必不可少的一个仪式。今天的奥林匹克运动会不仅要向优胜者颁发奖金和奖牌，还会给他们戴上一顶橄榄枝桂冠。那么，这个作为锦标的桂冠为什么要用橄榄枝编成呢？

用橄榄枝桂冠作为锦标对竞赛优胜者进行奖励的做法，同样起源于古希腊的奥林匹克竞技会。桂冠不是用普通的橄榄枝编成的，而是用一种叫作圣橄榄树的树枝编成。编制桂冠的是一些符合特定要求的男孩，这些要求包括：首先，他们的父母必须是希腊人；其次，他们的父母必须是自由人；最后，他们的父母必须都健在。男孩们用金刀从圣橄榄树上砍下树枝，编成橄榄桂冠，发给优胜者。

在奥林匹克竞技会中，竞赛优胜者既没有金钱方面的奖励，也不颁发奖牌，只是给他戴上一顶橄榄枝桂冠。这顶桂冠也许不值一文，但是它包含着一种特殊的文化意义，象征着一种极高的荣誉，凡是能够获得这顶桂冠的人，都会受到人们的普遍尊重和崇拜。在古希腊，奥林匹克竞技会的参加者都要受到一些限制，他必须是一个自由人，而且没有犯过罪。由此可见，古希腊的奥林匹克竞技会是一个非常圣洁的体育盛会，只有品德高尚的人才有资格参加。同样，给竞技优胜者颁发橄榄桂冠的仪式也是一个非常庄严崇高的仪式，它既有世俗的含义，也有神圣的含义。就世俗的意义而言，戴上橄榄枝桂冠就表示一个人在体育竞技中获得了锦标，他的速度、力量或敏捷性受到了人们的敬仰。就神圣的意义而言，获得这个桂冠就意味着他是被神所喜欢的人，甚至他本人也被提高到神一般的尊荣地位。橄榄桂冠的获得者回到自己的城邦后，要把桂冠恭敬地献给这个城邦所崇拜的神灵，那是一个很隆重的仪式，而他本人也会被这个城邦的人民当作神灵一样加以崇拜，并且往往会被终身免予所有的劳役。在这个城邦所举行的各种重大庆典活动中，他所享有的地位都是非常显赫的，甚至连他的父兄和儿女也都会因此而沾光。

古希腊文化是西方文化的摇篮，奥林匹克竞技会是古希腊文化的一个重要缩影。我们要想了解古希腊文化，就应该了解奥林匹克竞技会，而要想了解奥林匹克竞技会，又必须先了解古希腊神话。

第五节　特洛伊战争与英雄史诗

当人们说到古希腊，一般都会联想起古希腊神话与传说。这两者既可以相提并论，又有一定区别。一般来说，神话是以神为主角，而传说则以英雄为主角。这样看来，神话与传说有着明确的差别，但是在古希腊的神话与传说中，二者又相互联系，英雄的故事与神的故事很难完全分开。因为在古希腊人的观念里，神与神相结合生的是神，人与人相结合生的是人，而神与人相结合，生下的无一例外都是英雄（半神）。因此，英雄与神的差别，就在于血统的纯度不同。当然，除此之外，从行为方式上来看，二者也有一定的差异。一般来说，在古希腊神话与传说中，内容最丰富或者说最能够令我们后人感动的，往往不是神话所记载的神的事迹，而是传说所记载的英雄事迹。与神的行为相比，英雄的故事似乎更加可歌可泣、慷慨激昂。正是由于这种差别，在人类后代的印象中，英雄显得比神更加崇高。

特洛伊战争的真实性

古希腊的神话与传说同古希腊人的现实生活是紧密相关的。在古希腊人看来，神和英雄就生活在他们周围。生活在公元前5世纪的古希腊历史学家希罗多德在《历史》一书中表示，荷马和赫西俄德这两位古代的游吟诗人，离他自己生活的年代不会早过400年。照此推算，这两位游吟诗人都是公元前9—前8世纪的人物。西方人把希罗多德称为"历史之父",他写的那本《历史》被看作西方历史学的开山之作。这是一本非常严肃的历史书,但是在这本书里,他常常会谈到古希腊的神话与传说。可以说,希罗多德是把神话传说与古希腊人的历史,以及古希腊人与波斯人的战争(这是该书的主题)融合在了一起。可见,即使是在这样一部以严肃著称的信史中,我们仍然可以看到很多神话传说的故事。这恰恰说明了古希腊人对其神话传说中的内容深信不疑,他们往往自觉或不自觉地就会把神话传说的内容与其真实生活混杂在一起。

对西方文化来说,古希腊文化是摇篮。谈起古希腊文化,就不得不提到气势恢宏的英雄史诗,其中的典范就是著名的游吟诗人荷马所留下的两部史诗:《伊利亚特》和《奥德修纪》(也译为《奥德赛》)。

荷马大约生活在公元前9—前8世纪。他四处流浪,弹着竖琴,唱着古代英雄的颂歌,讲述着一些动人的故事。《伊利亚特》和《奥德修纪》据说就是通过他的吟唱才得以流传千古的。这两部史诗既是古希腊艺术史上的两颗明珠,也是全人类共同的艺术瑰宝,反映了公元前12—前9世纪的古希腊历史,这段时期也因此被称为"荷马时代"。

创作于公元前9世纪的荷马史诗《伊利亚特》是古希腊人关于特洛伊战争的最早的、唯一的古代史料。这部神话与历史相融合的作品,描述了特洛伊战争的具体内容和惊天地、泣鬼神的英雄事迹,给世人留下了永难磨灭的深刻印象。久远的历史年代和美丽的神话传说给这场战争套上了一层虚幻的外衣,让它变得扑朔迷离、真假难辨。那么,《伊利亚特》到底是真实的历史记载,还是游吟诗人虚构的千年传说?打了十年的特洛伊战争真的是因一位美丽的女人而起吗?特洛伊战争所反映的难道就是当时古希腊社会的真实情况吗？对于这些问题，各种答案众说纷纭，莫衷一是，我们今天也很难考证其中的真伪。但是，荷马史诗反映了当时的一种文化精神，这一点是可以肯定的。

荷马史诗讲述的都是迈锡尼时代的故事，在这些故事中，难免有许多不可靠的神话传说，但是它们也确实反映了一些真实的东西。所以这些史诗中的记载真假混杂，很难说到底哪些是真，哪些是假。但它们所反映的那个时代的一些基本特点，以及那个时代的精神氛围，是可以给我们一些重要启示的。迈锡尼时代是一个充满战乱和征服的时代，那个时代的人们总是在打仗，不断地游徙和征战，充满了暴力和血腥的色彩。这就是《伊利亚特》和《奥德修纪》这两部史诗所反映的大体情况。

我们来看看特洛伊战争是如何发生的，它的来龙去脉，以及一些相关的问题。首先，我们来考证一下特洛伊战争是不是一场真实发生过的战争。这个问题在历史学界和考古学界也曾引起很大的争议。在古希腊城邦时代，包括希罗多德在内的几乎所有古希腊人，都对特洛伊战争的真实性深信不疑。他们认为荷马史诗中所记载的内容是真实可靠的，特洛伊战争确有其事，因为荷马就生活在离他们不远的时代，他所传颂的东西绝不可能是子虚乌有。这样一种信念一直持续到亚里士多德的时代，由于有古希腊文化的支撑，所以这种信念是非常坚定的。到了古罗马时代，古罗马的文化大体上是对古希腊文化的一种沿袭和模仿，因此对于荷马史诗的真实性，也没有人质疑。但是到了中世纪，随着基督教文化的崛起，古希腊罗马文化遭到了贬抑，逐渐退出了历史舞台。在这种情况下，基督徒就很少去谈论荷马史诗了，古希腊神话和传说也被当作异教文化一概加以禁绝。到了文艺复兴时期，古希腊罗马文化在欧洲复兴，人们再一次表现出对荷马史诗的兴趣，同时也相信史诗中所记载的故事具有历史的真实性。但是，到了18世纪以后，随着理性主义的崛起，以及启蒙运动的开展，一些具有理性批判精神的思想家开始对这种真实性表示怀疑，他们认为关于特洛伊战争之类的传说，都是古代人杜撰出来的故事，缺乏历史可靠性。由于这种理性精神和启蒙思想的影响，越来越多的西方人倾向于把特洛伊战争看作一种诗意的虚构，一种模糊不清的神话传奇，学者们甚至怀疑有没有荷马这个人。直到19世纪一位传奇人物的出现，人们的认识才发生了改变，这位驱散千年迷雾的传奇人物就是德国考古学家谢里曼。

谢里曼从小就喜爱荷马史诗，可以说他是读着荷马史诗长大的。因此他坚信荷马史诗里所描写的任何一个细节都是真实的。由于他早年经商赚了大钱，到了后半生，他就准备去干一件惊天动地的事情，那就是证实荷马史诗所讲故事的真实性。谢里曼对荷马史诗的痴迷达到了几乎疯狂的程度，以至他发誓一定要娶一个能够把荷马史诗倒背如流的希腊女子为妻，作为他宏伟事业的得力助手。后来，他果然找到了这样一位希腊女子，他们结婚以后，就根据荷马史诗所描述的地理位置，一起来到了土耳其境内，雇了一大批当地人，开始了艰难的发掘工作。由于那个地方属于土耳其政府管辖，土耳其官方对这件事情不感兴趣，因此不同意谢里曼发掘。而且那个时候，考古学还没有被承认为一门正式的学科，谢里曼的发掘工作带有尝试性。但他财力雄厚，可以雇许多当地人为他干活儿，所以发掘工作就悄悄地开展了起来。经过艰苦的发掘，他们挖出了一个古代城市的遗迹，以及大量的古物珍品。谢里曼相信，他已经找到了荷马史诗所记载的古代特洛伊城的遗迹。

当然，后来进一步的考古研究证明，谢里曼所挖出来的遗迹并非特洛伊城，而是比特洛伊战争发生的时代更早一些的一个古老城市。谢里曼当时还宣称，他挖出了荷马史诗中明确描写过的一些东西，比如，当时古希腊联军统帅阿伽门农的一个金面具，以及一位古希腊英雄喝酒所用的雕有饰物的杯子等。但是，后来的研究证明，谢里曼的这些说法也是不可靠的。尽管如此，谢里曼的这些发掘成果仍具有十分重要的考古价值，他本人也因此而大发横财，因为这些出土的金银饰物都是无价之宝。这个结果也许是谢里曼始料未及的，他本来倾其资产到土耳其来进行发掘工作，目的只是证明荷马史诗的真实性，没想到却找到了一些无价之宝。他后来让妻子将这些发掘出来的东西带走保存，并且拍下了一些资料照片。

谢里曼虽然不是一个专业的考古学家，但是他的这种尝试却使考古学成为一门科学，所以他被看作现代考古学的开拓者之一。由于谢里曼的示范作用，很多西方人纷纷来到小亚细亚、希腊、克里特和迈锡尼，掀起了一场对古希腊神话传说中的古代遗址进行探索发掘的热潮。

特洛伊战争的原因

后来的考古学证明，谢里曼发掘出来的城市遗址形成于公元前2500—前2200年，比传说中的特洛伊战争还要早1 000年，被考古学家命名为"特洛伊Ⅱ"，而之后被认为最接近荷马史诗中的特洛伊城的是该址的"特洛伊Ⅶ"。虽然谢里曼之后又主持了几次对特洛伊的发掘，但是一直到1890年病逝，他也不知道自己发现的是另一个不为人所知的、比荷马史诗中的特洛伊城还要古老得多的文明遗址。尽管如此，特洛伊的传奇仍然不能与谢里曼的名字分开，正是这个醉心于荷马史诗的传奇人物，为我们找到湮没于几千年尘土之下的、充满神话传奇色彩的城市特洛伊提供重要线索。

在地图上，土耳其境内一个叫作希沙立克的小镇就是古代特洛伊城的所在地。它向人们展示了数千年前的繁荣和衰落。特洛伊无疑是远古时代的一个强盛的城邦，它雄居于海岬之上，俯视着欧亚之间的贸易通道。特洛伊因此而繁荣富强，也因此极易卷入战争并受到攻击。这种类型的冲突可能为许多世纪的人所记忆，代代相传，从而给荷马的传奇故事增添了更多的迷人色彩。

谢里曼的故事是一个真实的考古故事，下面我们要从这个真实的考古故事转向关于特洛伊战争的传说。特洛伊城位于亚洲的小亚细亚，但正如我在前文说的，古希腊是一个大希腊的概念，整个爱琴海周围地区都叫作希腊。关于特洛伊的故事是这样的，据说特洛伊城有一位国王，名叫普里阿摩斯，他有一位妻子叫赫卡柏。有一次，赫卡柏怀胎十月，临盆的头一天晚上做了一个噩梦，梦见自己生下一团火，这团火把整个特洛伊城烧为灰烬。第二天早上，赫卡柏生下了一个男孩。古代的希腊人很迷信，他们非常相信征兆，认为征兆是神的一种示警，凡是有预兆的事情一定都会发生。因此国王普里阿摩斯就认为这孩子是个不祥之兆，会给特洛伊城邦带来灾难，于是他派了一个仆人把这个孩子扔到山上去喂狼。但是神明保佑了这个孩子，一只母熊用乳汁喂养了他。后来这个孩子又被一位牧人收养，牧人给他取了个名字叫帕里斯，帕里斯后来就跟着收养他的牧人在山上放牧。这位帕里斯就是特洛伊战争的祸根，正是他导致了十年艰苦的特洛伊战争。

这件事的起因要从一个盛大的婚礼讲起。在希腊一个叫忒萨利亚的地方，有一位英雄珀琉斯娶了海洋女神忒提斯为妻。忒提斯由于命中注定要生一个比父亲更强大的儿子，不能与宙斯结合，所以被宙斯强行嫁给了一个凡人，以免自己的统治受到威胁。在珀琉斯与忒提斯的婚礼上，他们请来了奥林匹斯山上的诸神，可是偏偏忘记了邀请掌管争执的女神厄里斯。于是争执女神怒气冲冲，不请自来，把一个金苹果扔在宴席上，金苹果上面刻着一行字："属于最美者"。这个金苹果马上就在出席宴会的各位女神之间引起了一场风波，特别是天后赫拉、智慧女神雅典娜和美神阿芙洛狄忒彼此争吵得最厉害。她们找到宙斯来裁决，宙斯则让女神们到特洛伊去，找正在山上放牧的牧童帕里斯来评判。为了得到金苹果，天后赫拉答应将来使帕里斯成为最强大的城邦的国王，智慧女神雅典娜保证使他成为世上最聪明的人，而美神阿芙洛狄忒发誓将来要让全希腊最美丽的女人嫁给他为妻。在这三种诱惑之中，帕里斯最终还是选择了阿芙洛狄忒的，评判她是最美丽的女神。我常常说，希腊人是一个爱美的民族，所以从这个意义上说，帕里斯选择了美神，这一点儿也不奇怪，这就是典型的希腊人的选择。如果帕里斯是一个罗马人，他很可能选择权力，但是希腊人不一样。这个选择在之后酿成了特洛伊城的悲剧。

金苹果之争最后以阿芙洛狄忒的胜利而告终，因此她必须履行自己的诺言。多年以后，帕里斯已经长成一个孔武有力的青年，也参加过奥林匹克竞技会，获得过锦标。而且他也终于与父母相认，并且得到了他们的承认，回到特洛伊城当了王子。这时，阿芙洛狄忒就来履行自己许下的诺言，她引导帕里斯乘船来到希腊本土的斯巴达城邦，当时斯巴达国王墨涅拉俄斯的妻子名叫海伦，她就是全希腊最美丽的女人。在阿芙洛狄忒这位女神的帮助之下，特洛伊城的王子帕里斯引诱了斯巴达的王后海伦，并且把她带回了特洛伊城。等墨涅拉俄斯回到家里时，发现自己的妻子海伦已经被特洛伊城的王子帕里斯拐走了，于是，他找到了自己的哥哥，也就是当时古希腊最强大的城邦的国王阿伽门农,请他为其做主。阿伽门农在古希腊各城邦中号召力很强,他实际上相当于一个军事同盟的领袖。因此,在阿伽门农的号召之下,古希腊各城邦共同组成一支强大的军队,跟随阿伽门农浩浩荡荡地开过了爱琴海,杀向小亚细亚的特洛伊城邦,由此开始了十年艰苦卓绝的特洛伊战争。在这场战争中,希腊联军和特洛伊双方都有许多英雄参战,因此这场战争可以说是一场惊天动地的战争,各位英雄也在这场战争中充分展现了他们的力量和智慧。

在这场持续了十年的战争中,可谓英雄辈出,而其中的核心人物是希腊联军的阿喀琉斯和特洛伊城的赫克托耳。赫克托耳是特洛伊城国王普里阿摩斯的长子,他勇猛善战,为人正直。虽然他痛恨弟弟帕里斯的无耻行为,但是面对将要入侵的敌人,他勇敢地挑起了保家卫国的重担。而希腊联军的阿喀琉斯,他出生之后,曾被母亲海洋女神忒提斯倒提双脚在冥河中泡过,因此浑身上下刀枪不入。只有踵部由于被母亲提着,未能泡进冥河中,成为他的致命弱点。由于他刀枪不入,便成为希腊联军中所向无敌的英雄。正是由于有了这些顶天立地的英雄参战,特洛伊战争才成为一场惊天地、泣鬼神的战争,而描写这场战争的荷马史诗《伊利亚特》也因此成为一部真正意义上的英雄史诗。那么,双方英雄相互厮杀的结果如何呢?

"阿喀琉斯的愤怒"与特洛伊城的命运

我在前文所讲的这些背景情况,都是对特洛伊战争的一些铺垫。而荷马史诗《伊利亚特》并没有从这些背景开始讲起,而是从这场战争的第十年开始。在此之前,双方已经打了九年,结果棋逢对手,难分高下。具体地说,《伊利亚特》是从第十年发生的一个小插曲开始的,这个小插曲在西方文学史上,被称为"阿喀琉斯的愤怒"。那么,阿喀琉斯为什么要愤怒呢?希腊联军的统帅阿伽门农在战争中将阿波罗的祭司克律塞斯之女掳为女奴。克律塞斯欲赎回女儿,却被阿伽门农拒绝了。因此,克律塞斯祈求阿波罗对希腊联军降下瘟疫。在众将领的劝说下,阿伽门农被迫将女奴交还其父,却执意要夺走阿喀琉斯的女奴布里塞伊斯作为补偿。面对阿伽门农的无理要求,阿喀琉斯当然不满。阿喀琉斯抗议说,这个女奴明明是我的战利品,我的锦标,凭什么要让给你呢?双方发生了激烈的争执,谁也不肯让步。最后,阿伽门农还是仗着自己是全军统帅的特权地位,硬把这个女奴从阿喀琉斯那里夺了过来。阿喀琉斯愤怒了,不再愿意参加对特洛伊人的战斗。这就是荷马史诗中著名的"阿喀琉斯的愤怒"。其实,阿喀琉斯参战本来就是出于对阿伽门农的尊重,他本人与特洛伊人并无矛盾,因此他退出战斗的理由也十分清楚。正如他所说:"我本来没有义务参加这场战斗,因为这场战斗的起因就是你的弟媳海伦被特洛伊王子诱拐了,我们大家都是来给你帮忙的。而现在你不讲道理,把我获得的战利品给夺去了,我何必还要继续为你卖命呢?"

  阿喀琉斯一退出战斗,整个战场的态势就发生了重大的变化。由于阿喀琉斯是希腊联军中最伟大、最勇猛的英雄,所以他刚一退出,希腊联军就在特洛伊人面前居于下风,很难抵御特洛伊人的反攻了。尤其是特洛伊王子赫克托耳也是一位大英雄,阿喀琉斯退出战斗之后,希腊联军里已没有人是他的对手。这样一来,赫克托耳就带领特洛伊人把希腊联军一直打到了海边。在这种危急的情况下,阿伽门农才意识到阿喀琉斯的重要性,没有阿喀琉斯参战,希腊人是不可能取胜的。于是，他向阿喀琉斯示好，希望与他和解，但是阿喀琉斯坚决不愿意与其讲和。阿喀琉斯有一位战友，名叫帕特洛克罗斯，为了挽救希腊联军的命运，他挺身而出，借来了阿喀琉斯的盔甲，穿戴在身，冒充阿喀琉斯与赫克托耳打了一仗。但是，他毕竟不是阿喀琉斯，最后还是被赫克托耳杀死了。在这样的情况下，阿喀琉斯为自己的朋友之死再次愤怒，于是重新投入战斗。

早在阿喀琉斯被邀请来参加对特洛伊人的战争时，他就从他的母亲海洋女神忒提斯那里知道了一个秘密，那就是一旦他在战场上杀死了赫克托耳，自己的死期就要来临。为此他的母亲曾千方百计地阻挠他参战，只是碍于民族大义和朋友的盛情邀请，阿喀琉斯才加入希腊联军。在以往的战斗中，阿喀琉斯也极力避免与赫克托耳发生正面交锋。现在，面对自己从小一起长大的好友被杀，阿喀琉斯再也无法冷静下来了。他无视母亲的一再告诫，为了替好友报仇，将自己的生死置之度外。在荷马史诗里，阿喀琉斯表示，哪怕他自己因为杀死赫克托耳而死去，为了他的朋友，为了他的荣誉，他也虽死无憾。于是他勇敢地出征，而且公开向赫克托耳索战。在战斗中，他果然杀死了赫克托耳，并将其尸体拉在马车后面，在特洛伊城前来回奔驰，以此炫耀。在荷马的《伊利亚特》中，并没有交代特洛伊战争的结果和阿喀琉斯的命运，只是描写了特洛伊城邦的老王普里阿摩斯在深夜只身一人来到了希腊联军的帐篷里，请求阿喀琉斯归还赫克托耳的尸体，最终他用真挚的父子之情打动了阿喀琉斯。《伊利亚特》最后写到了普里阿摩斯在特洛伊城中为自己心爱的儿子举行了一场盛大的葬礼，整部史诗到此结束。

后来发生的故事是从另一些古代叙事诗的片段中呈现的。正如帕里斯终将成为特洛伊城的祸根一样，命运的安排让赫克托耳难逃阿喀琉斯之手，同样，等待阿喀琉斯的也是一个悲剧式的结局——帕里斯借助神的力量，用暗箭射中了阿喀琉斯致命的脚跟，使这位天下无敌的大英雄命赴黄泉。虽然赫克托耳、阿喀琉斯等大英雄都相继死去了，但是特洛伊战争依然在继续着。那么，战局将朝着什么方向变化呢？谁又将最后赢得这场打了十年之久的战争？

赫克托耳死后，希腊联军继续攻打特洛伊城，但此时特洛伊人坚守不出。由于特洛伊的城墙非常坚固，希腊人久攻不下，特洛伊人又闭门不出，所以弄得希腊人束手无策。这时候，希腊联军中有一位最聪明、最有智慧的大英雄，叫奥德修斯。他想了一个办法，叫人做了一个很大的木马，把这个木马的肚子做成中空的，让一些希腊勇士藏在木马里。然后，希腊人假装撤退，撤退时故意把这个巨大的木马抛弃在海滩上，并乘船而走。特洛伊人在城墙上看到希腊人撤退了，便打开城门，来到海边，发现了这个被遗弃的木马。他们以为这是希腊人无法带走的东西，于是将其当作战利品搬回了特洛伊城。到了夜深人静的时候，特洛伊人都休息了，藏在木马肚子里的希腊勇士打开机关，纷纷从木马中跳出，再打开特洛伊城的城门，里应外合，帮助希腊军队攻入特洛伊城。希腊人在屠城和劫掠之后，一把火将特洛伊城烧成了灰烬，果真应验了特洛伊王后赫卡柏在分娩帕里斯的前夜所做的那个梦，即一团火把整个特洛伊城烧成了灰烬。这个结局反映了希腊人对命运的迷信态度，他们认为凡是有预兆的事情，就一定会成真。

这场战争的结果是希腊人大获全胜。当然，希腊人也夺回了海伦，在夺回海伦的故事里，有一个情节非常有意思。当希腊人把海伦带回到战船上时，他们并没有责怪她。虽然这场艰苦卓绝的战争是由于海伦与帕里斯的私奔而引起的，无数的希腊勇士以及他们的敌人（特洛伊人）都献出了生命，但当那些希腊战士在战船上看到海伦是如此美丽的一位女人时，他们都认为，为了这样一个美丽的锦标，打上十年艰苦卓绝的仗是完全值得的。同样，海伦的丈夫墨涅拉俄斯也没有因为自己的妻子跟别人私奔而对她进行报复，而是很快就原谅了她，带着美丽的妻子高兴地回斯巴达去了。

在中国历史上，夏、商、周据说都是因为女人而失国的。夏代据说是灭于妹喜，商代则是毁于妲己，而西周的末代国王周幽王，由于宠爱美女褒姒，为了博得美人的千金一笑，不惜点燃千里烽火台，烽火戏诸侯，最后招致了杀身之祸。在中国历史上，女人总是被描写成红颜祸水，甚至连李自成的兵败最后也怪罪到陈圆圆身上。从这个意义上来说，古希腊史诗中对女性的那种尊重和宽容态度，确实是与中国古代传说乃至正史中对待妇女的态度截然不同，二者所反映出来的价值取向也是完全不一样的。

在古希腊传说和荷马史诗中，我们可以看到许多可歌可泣的英雄事迹。除前面所讲的阿喀琉斯的故事外，还有许多其他的英雄传说也非常著名和感人。总的来说，古希腊传说中所歌颂的这些英雄，与古希腊神话中所描述的那些神相比，在道德境界方面明显要高出一筹。这一点，也是古希腊宗教（它由古希腊神话与传说共同构成）与后来的基督教不同的地方，与其他民族的宗教似乎也不太一样。在古希腊神话与传说里，神固然比英雄具有更大的能耐，能力更强，而且神是不死的，皮肉受了伤很快就会痊愈，英雄却是要死的，但是我们发现，神在道德水平上往往比不上英雄。神往往显得心胸狭窄、斤斤计较、钩心斗角，虽然他不会死，但是怕疼，皮肉受了伤就会喊叫。而我们看到，英雄往往表现出一种更高的道德水准，他们为了自己的朋友，为了自己的城邦，或者为了一种荣誉，可以赴汤蹈火，甚至大义凛然地死去。阿喀琉斯就是其中的一个典范。

古希腊人的生活观

荷马的另一部史诗《奥德修纪》，主要讲述了希腊联军中最聪明的那位英雄奥德修斯在特洛伊战争结束之后如何经历千辛万苦回到家园的故事。特洛伊战争结束后，各位希腊英雄把特洛伊城劫掠一空，满载而归。奥德修斯在返回家乡的过程中，经历了各种奇特的遭遇，吃了许多苦头，最终回到了自己的家乡，并且惩罚了家乡中那些觊觎他的妻子和财产的纨绔贵族。

在荷马的《奥德修纪》中，神话传说与异域风情融合在一起，表现出魅力十足的奇思异想和引人入胜的异国情调。其中有一个环节表现了古希腊人的生活态度。有一次，奥德修斯阴差阳错地来到阴间，遇见了已经死去的阿喀琉斯。他发现阿喀琉斯正在阴间里威风凛凛地统率着所有的鬼魂。奥德修斯与阿喀琉斯生前是非常要好的朋友，这一次两人在阴间里不期而遇，便交谈起来，正是这段对话典型地反映了古希腊人的生活态度。奥德修斯首先安慰阿喀琉斯说，阿喀琉斯，当你活着的时候，你是我们全希腊人中最勇敢的战士，大家都仰慕你。你现在死了，又在这里威风凛凛地统率着鬼魂，因此你虽死无忧。听了奥德修斯的这段话，阿喀琉斯沮丧地回答道，奥德修斯，我已经死了，你何必还要嘲笑我！我宁愿活在世界上，给一个财产最少的主人当仆人，也不愿意在这儿统率着鬼魂。这段话的意思非常清楚，简单地说，就是好死不如赖活着。从这里，我们可以看出古希腊人对待生活的一个基本态度。

不仅是在《奥德修纪》中的对话里，而且在整个古希腊神话与传说中，都表现了这种现世主义和感觉主义的生活态度。古希腊神话与传说给我们留下的最深刻的印象就是，古希腊人对现实生活的热爱，对肉体的热爱，对大自然的热爱。古希腊人是从来不去设想一个人活在世上是有罪的,从来不具有用现世的苦难去换取彼岸的幸福这样一种观念。所以,古希腊人的宗教与基督教是格格不入的、截然对立的。虽然古希腊人也相信命运,但是他们对生活的态度是感性的、乐观的和欢快的。

在早期的古希腊文化中,除了神话与传说,还有一个非常精彩的部分,那就是悲剧。在古希腊悲剧里,命运构成了一个非常重要的主题,几乎所有的古希腊悲剧都表现了命运的巨大力量。古希腊人面对着自然界和人类社会中的各种未知力量,把那些在背后起作用的东西一概称为"命运",其实古希腊人所谓的命运就是我们现在经常所说的客观规律。古希腊人在面对命运时,常常感到惶惑不解,常常会表现得束手无策。但是,尽管如此,他们仍然热爱生活,他们始终以一种坦然的态度来对待命运。在古希腊人看来,大凡命运注定了的事情总是会发生,我们自己虽然无法控制命运,但是该发生的事就让它发生吧。至于生活,总是要过下去,而且还应该快快乐乐地过下去。所以古希腊人对待命运、对待悲剧的态度,反倒是一种喜剧式的态度。因为在古希腊悲剧中,悲剧的结局总是与命运的注定联系在一起,正因为命运总是与一种不可逃避的苦难、罪恶和悲惨相连,所以古希腊人面对命运和悲剧的态度,往往不是逃避,而是欣然接受。古希腊人从来不因为生活中有悲剧,从来不因头顶上悬着命运的"达摩克利斯之剑",就对生活采取一种悲观的、失望的、消极的态度。古希腊人全心全意地热爱现世生活,这一点正是使古希腊文化充满迷人魅力与和谐之美的重要原因。

在古希腊神话与传说中,我们可以看到一种极美的童年时代的梦幻情趣,古希腊人把此岸与彼岸、现实与理想、肉体与灵魂等一系列对立的东西融为一体。古希腊文化的美就体现在,它是一种和谐之美，一切矛盾都还没有显露出来，都在一种天真童稚的状态中焕发出感性的魅力。所以，如果你看到了古希腊时代的东西，无论是艺术品、雕塑、绘画，还是悲剧、诗歌、史诗，如果你感觉到它们非常美，而又不知道为什么美，你可以体会其中是否蕴含着一种对立又和谐的东西。这也是我们常常留恋童年时代的原因，因为那个时代的我们不仅是天真的，而且是和谐的，正是这种和谐之美成为童年时代的魅力所在。同样，古希腊文化也是如此，对大自然的热爱就体现为对自己肉体的热爱，对神的热爱就体现为对人的热爱，对理想的热爱就体现为对现实生活的热爱，因为自然就是自身，神就是人，理想就是现实，在二者之间并没有截然对立的区分。这便是充满魅力的古希腊文化。

正如我们每个人都要走出自己的童年时代一样，古希腊文化作为西方文化的一个童年时代，同样蕴含着一种走出自身的冲动。因此，正是在这个意义上，古希腊文化就像其神话与传说一样，永远都是西方文化乃至我们全人类文化的一个永恒的梦幻。

第六节　古希腊的神话传说与悲剧

西方人"言必称希腊",西方文化的摇篮是古希腊文化,而希腊文化的摇篮就是其神话传说、史诗、悲剧等。我们从西方的渊源开始讲,有助于大家进一步了解古希腊文化,及其后的古罗马文化、基督教文化,以及西方的近现代文化。

古希腊神话的基本特点——神人同形同性

如果把古希腊的神与基督教中的神做比较,就可以看出这两种宗教代表了完全不同的文化风格。基督教的神就是上帝,当然上帝可以以"三位一体"的形式出现,即"圣父""圣子""圣灵"。"圣父"是作为创世主的上帝,"圣子"就是基督耶稣,"圣灵"则是一种精神性的东西。我们把这两种不同的神做比较,便立刻会感觉到,古希腊的神带给我们的是一种感性的感觉,而基督教的上帝给我们更多的是一种道德和精神上的抽象概念。换言之,一般来说,人们在基督教的上帝面前更多感受到的是一种敬畏之情,而在古希腊神的面前更多感受到的是一种愉悦之情。总之,在面对西方文化的时候,人们首先会感受到这两种文化给我们的感觉是不一样的。

正如我在前文提到的,古希腊神话有两个基本特点:神人同形和同性。所谓"同形"就是神和我们一样,有着人的形态和肉体。19世纪的一位著名的美学家丹纳在其《艺术哲学》一书中写道:"希腊人竭力以美丽的人体为模范,结果竟将其奉为偶像,在地上颂之为英雄，在天上敬之如神明。"因此，无论是古希腊神话中的神明，还是传说中的英雄，都具有人的形体，甚至比人更像人。正是由于古希腊诸神在肉体上具有楷模性、典范性的特点，所以才被人们所崇尚。

但是，基督教的上帝却不是这样，耶稣也不是这样，大家都看过基督教最典型的象征，就是被钉上十字架的耶稣。耶稣之所以使人们景仰，并不是由于他的肉体之美。首先，他的肉体不是完全袒露的，而古希腊的神总是裸体的。其次，被钉死在十字架上的耶稣，也没有发达的肉体，透过他的衣袍，我们可以看到他是羸弱的，是枯槁的。而且他的整个肉体也是痛苦的，不像古希腊神始终给我们一种健美欢愉的感觉。所以从这个意义上说，两者给我们的感觉是完全不一样的。当我们看到古希腊神的时候，首先会被他们那种直接的感性力量所打动，我们感觉到的只有美。这个并不是没有理由的，我们通过自己的眼睛就感觉到了这一点。但是，当我们看到耶稣被钉死在十字架上的圣像时，更多的是在反思，而不是感觉。耶稣打动我们的是一种抽象的精神。当我们久久凝视着十字架时，会感到一种为了全人类的苦难而舍己救人的崇高精神。这种崇高精神实际上便是一种精神性的美，需要我们通过反思才能感受到，它并不直接。

"同性"就是说神和人一样，有着人的喜怒哀乐。神之所以为神，之所以美，之所以受到古希腊人的敬仰，也是因为他有着人的七情六欲。他也会像人一样，有肉体的需求，有欲望，而且他也会犯错误。古希腊的神经常犯错误，有些神还很愚蠢，比如宙斯就经常犯错误，也经常受到别的神甚至是凡人的捉弄。然而，正因如此，他才显得可爱。而基督教的上帝则是全知、全能、全善的，他从来不犯错误，也正因如此，他让我们感到敬畏。他是另一种存在，和我们人没有关系。

所谓"古希腊神话",严格地说,应该是古希腊神话与传说,神话是讲神的故事,传说是讲英雄的故事。前文讲过,英雄是"半神",即有一半是神的血统。英雄本身在某种意义上就是神不道德的结果。但是正因为神的不道德,才有了一批英雄的茁壮成长,而这批英雄恰恰成为古希腊神话传说中更重要的主角。事实上,在古希腊神话传说中,英雄往往表现得比神更加令人敬佩。例如,英雄往往在面对危难时表现得更加勇敢,更加视死如归,更加重视朋友之间的友谊,更加讲究对国家的忠诚。而神总是在奥林匹斯山上饮酒作乐,或是到人间来惹是生非,一旦遇到危险就大喊大叫、惊惶失措。从这个意义上说,神在英雄面前并不光彩,而英雄恰恰又是神思凡的结果。所以说,正是因为有"同性"的特点,古希腊的神灵才更令人感到亲切。本节内容的很多问题都是循着"神人同形同性"这个特点往下讲的。

古希腊神谱的启示

在讲古希腊神话以前,首先我们要大概了解一下古希腊神谱,以知晓各个神的来龙去脉。做神话研究的人,一般都要研究中西文化的源头,即中国神话和古希腊神话。我发现这两个源头相比,古希腊神话有一个显著的特征是中国神话所没有的,那就是前者具有"谱系分明"的特点,因此先简单地梳理一下其神谱。我们可以从神谱里看出许多问题,它表现了一种文化特征。之后我们再转向古希腊悲剧。

古希腊神谱是怎样产生的呢?公元前9世纪前后,有一位与荷马同时期的古希腊游吟诗人赫西俄德，他编纂了一部《神谱》。古希腊的神有成千上万。尤其是随着其文化的不断发展，很多的神，乃至小亚细亚、埃及等地的神都混在一起。在本文中，我只讲神谱的一个主干。

根据《神谱》，最早出现的神是卡俄斯（Chaos），"Chaos"这个词在英文中是"混沌"的意思。我们知道，任何一个民族的神话最初都是从"混沌"开始的，都有一个开天辟地的故事。中国有盘古开天地的神话。基督教也是这样，上帝在六天之内创造了万物。古希腊神话亦如此，从卡俄斯，即混沌开始。卡俄斯作为最初的神，是一个没有人形的、非人格化的神。然后，从卡俄斯中诞生了最初的一批具人格化特点的神，最重要的一位是女神盖娅（大地女神），还有黑暗之神、黑夜女神等。然后盖娅又未与任何人结合，自己生出了天神乌拉诺斯。实际上，我觉得古希腊神谱是古希腊人在前科学时代对自然界的理解，很多观点和我们现在用科学来理解的结果是非常吻合的。

然后，盖娅和自己所生的乌拉诺斯相结合，生了一批神，一共12个。这种乱婚的婚姻方式也是我们人类在进化过程中曾经经历过的。这一批神叫"提坦神族"，我们熟悉的电影《泰坦尼克号》，其中"泰坦尼克"一词就是"提坦"，不过是译音不同罢了。"提坦"意为"巨大"，这个神族中的神都是顶天立地的巨人神，其中最小的一个叫克洛诺斯，他的姐姐叫瑞亚。其他的我们暂且不提。

当这些提坦神出生的时候，乌拉诺斯就知道了在他所生的这些孩子中，将会有一位取代他的统治。为了避免大权旁落，他就把自己和盖娅所生的孩子，一出生就打入地底深处。在这里，古希腊神话和中国神话又体现了差异，在中国神话典籍中，如《山海经》《淮南子》，中国的神固然可以活很多年，但终有一死，古希腊的神却是永远不死的。所以乌拉诺斯只能把他们打入地底。而最小的儿子克洛诺斯在母亲盖娅的保护下幸免于难，于是克洛诺斯长大后就和他父亲进行了一场惊心动魄的战斗。战斗的结果当然是后来者居上，克洛诺斯战胜并阉割了自己的父亲乌拉诺斯。古代的原始部落就是这样，很多父亲被儿子杀掉，原因就是他的地位被儿子取代了，儿子成为部落的新统治者。用心理学家弗洛伊德的观点来说，儿子成为新的王，他重新垄断了整个部落的妇女。这就表现了一种生殖崇拜。

当克洛诺斯取代了他的父亲，成为新一代天神后，就把他的兄弟姐妹都从地底解放了出来。然后，他又和自己的姐姐瑞亚相结合，这里表现了婚姻形式的进化。他们生了一批神，也就是我们要讲的主角：奥林匹斯神族，他们生活在奥林匹斯山上。这个"奥林匹斯神族"由两代神组成。瑞亚和克洛诺斯有六个孩子，三男三女，分别是：婚姻女神赫拉、农业女神得墨忒耳、炉灶女神赫斯提亚、海神波塞冬、冥神哈迪斯、雷电之神宙斯。这六个神再加上宙斯和其他女神相结合所生的神，如太阳神阿波罗、战神阿瑞斯、锻造之神赫菲斯托斯、智慧女神雅典娜、美神阿芙洛狄忒、文艺女神缪斯、狩猎之神阿耳忒弥斯等，共同组成了奥林匹斯神族。同样，当克洛诺斯和他姐姐瑞亚生下那么多孩子时，他知道必定会有一个孩子取代他的统治。为了防止悲剧重演，克洛诺斯采取了一个更绝的做法：这些孩子一生下来，就会被他吞食掉，只有最后的小儿子宙斯在母亲的保护下幸免于难。宙斯长大后也和克洛诺斯打了一仗，也是战胜并且阉割了自己的父亲。于是宙斯成了新的王，他逼着克洛诺斯把自己的兄弟姐妹全都吐了出来，并带领他们共同管理着人界和神界。

神谱讲到这里，很多西方的哲学家、思想家对此进行评论，比如 19 世纪的哲学家黑格尔就指出，这段演变恰恰体现了由专制向民主的过渡。因为像乌拉诺斯、克洛诺斯都是专制的，而宙斯却没有这样做。虽然宙斯也知道，在他的孩子中也会有一个取代他，但他不像他祖父和父亲那样对孩子们采取一种专制暴虐的做法。因此，黑格尔认为，这点恰恰表现了古希腊整个原则从专制向民主的过渡，也就是说宙斯的形象从一种专制君主的形象变成了一个有权威的元老院的领袖形象。那么，宙斯又将会面临谁的威胁呢？当时所有的神，包括宙斯自己也不知道。所以这里又可以看出，古希腊文化和基督教的一个差别。基督教的上帝是全知全能全善的，什么都知道。但是在古希腊神话中，即使是众神之王宙斯，智力也是有限的，他也有自己不能控制的地方，也有自己无法了解的命运，也会对自己的命运惶惑不解。但在所有神中，只有普罗米修斯知道未来之事。

前文提过，普罗米修斯曾盗天火给人间，是一个史诗般的英雄。古希腊的悲剧之父埃斯库罗斯曾写有"普罗米修斯三部曲"，后两部已遗失，第一部《被缚的普罗米修斯》保留了下来。里面记载了赫耳墨斯和普罗米修斯之间的对话。当时这位使者威胁普罗米修斯说出谁将取代宙斯的统治。普罗米修斯说："任凭宙斯把各种各样的痛苦像暴风雪一样加在我身上，但是技艺的力量无论如何也胜不过定数。"最后一句非常精彩，也就是说命中注定的事，宙斯也逃脱不了。这在古希腊神话中表现为一种超出当时希腊人所能把握的神力。虽然三部曲中的后两部遗失了，但是后来人们根据传述知道，在最后一部中，普罗米修斯妥协了，把这个秘密告诉了宙斯。我认为，这种妥协实际上并不是普罗米修斯的妥协，而是作者埃斯库罗斯的妥协。因为埃斯库罗斯刚好生活在雅典民主制的鼎盛时期，他觉得这个社会太好了，因此，在写作悲剧的时候，他就不希望神话故事再发展下去了。我总觉得埃斯库罗斯的这种做法颇有点像歌德笔下的浮士德最后看到人们围海造田时的那种感觉："真美啊,请停一停!"这个我们可以理解。

前文提到,宙斯不仅没有与海洋女神忒提斯结婚,还强迫她嫁给了一个凡人,即古希腊一个城邦的国王,名叫珀琉斯。阿喀琉斯是他们的儿子,也是全希腊最伟大的英雄。古希腊神谱至少表现了两点很有意义的思想:第一点是,表现了古希腊人还处在前科学的思维水平中。因为那个时候还没有成熟的科学和哲学,神话是最早的文化形态。所以古希腊神谱的演化恰恰是古希腊人所理解的自然演化和宇宙发展的轨迹。古老的神都是自然现象的代表,而新一代神中则出现了社会现象的代表。这恰恰表现了自然界是如何从混沌中产生,开天辟地,怎样出现世界万物的过程。第二点是,我们发现在古希腊神话中还有一个始终不出场的东西。这些神,像乌拉诺斯、克洛诺斯之流,曾经不可一世,但我们发现,这些神在某种意义上都相当于傀儡,他们背后的一个东西才是真正意义上的"神",它连神都能操纵。这个东西是什么呢?古希腊人把它叫作"命运"。这个东西非常厉害,它决定着诸神的兴衰泰否。当然,在后来比较成熟的古希腊神话里,也出现了三个司命运的女神,这三个女神被描述成满脸皱纹的老太婆,一个负责编织生命之线,一个负责丈量生命之线,还有一个负责剪断生命之线。这是比较形象的描述,但这个形象化的"命运"并不能取代不出场的真正的"命运"。正如乌拉诺斯,尽管知道有人会取代他的统治,也采取了措施,却仍然摆脱不了命运,其子克洛诺斯亦是如此。而对于宙斯,虽然因普罗米修斯妥协而得知了预言,但这其实本质上是作者埃斯库罗斯的妥协。"命运"就是不以人的意志为转移的自然规律和社会规律。从哲学的角度来说,就是发展为西方哲学孜孜以求的所谓"本质"的东西。再进一步，到基督教产生后，它就成了上帝。上帝自己是不出场的，他以耶稣的肉体形式出场。这样我们就发现，古希腊神话又有一点是中国神话所欠缺的，就是古希腊神话已经朦胧地表现出了一种"背后的东西"的理念。中国神话强调"眼见为实"，而在古希腊神话中则是"眼见为虚"，背后的东西才为实。这种追求事物背后的本质，而不是仅仅停留在事物表面的思想，恰恰构成了西方思维方式的主流。

古希腊哲学、西方哲学，乃至西方科学总是在追寻后面的东西，而不是停留在表面。当然，这样也可能会走弯路。比如，中世纪一千多年，人们总是在追问背后的东西，追问到了上帝，因此产生了神学。但是，这种不断追问背后的东西的做法在近代却产生了科学，不管是神学还是科学，都是在追求根本的东西。中国哲学也曾谈到这方面的东西，《周易》里就有这么一句话："形而上者谓之道，形而下者谓之器。""道"指一种超越了经验层面的东西，"器"则是指经验意义上的器物。"道"是说不清道不明的，所以老子说："道可道，非常道。"西方思想总是在追问这个"道"本身，而中国人却喜欢把它落实到经验生活中。这就是我们从古希腊神谱中得出的两个重要思想。

关于第二点，罗素指出，在古希腊宗教和神话里，真正具有宗教意味的并不是宙斯、克洛诺斯之类的神，而是命运。前文提到，这命运发展到基督教，就是上帝。基督教是一种高级宗教，古希腊宗教是一种低级宗教。低级宗教就是一种自然崇拜，高级宗教则是把人的本质力量投射到客观世界，然后再来崇拜它。19世纪的哲学家费尔巴哈认为，自然宗教就是把非人的力量人格化。古希腊神话就是这样，而"高级宗教则是把人的本质力量非人化"。上帝就是人的本质力量，即人的精神本质。所以费尔巴哈的唯物主义认为

第二章　西方文化之源

不是上帝创造人，而是人创造了上帝。上帝的全知、全能、全善表现了人在精神上所渴望的一种理想，人达不到，所以把这种理想投射出来，加以客观化，把人的精神力量非人化，再对它顶礼膜拜，实际上是人创造了上帝。所以高级宗教是一种精神宗教。

以上就是神谱给我们的启示。

古希腊悲剧与命运主题

悲剧和神话传说是不可分开的。如前文所说，从血缘关系上看，传说和悲剧的主角都是英雄，而英雄都是人神结合的产物，如海洋女神忒提斯和凡人珀琉斯结合所生的英雄阿喀琉斯。可见悲剧与神话也是密不可分的。古希腊的悲剧是很美的，而且从某种意义上，古希腊悲剧所蕴含的深刻意义甚至超过了近代悲剧。"最质朴的往往也是最深刻的。"其实，我们人生最复杂、最难解、最深刻的问题恰恰是我们童年时代用幼稚的口吻提出的问题，有些也是永远都无法解决的问题。例如，关于生死的问题、人到底是什么的问题等，都是我们终其一生也无法给出确定性答案的问题。同样，古希腊悲剧虽然出现得很早，但它所蕴含的深刻意义却超过了近代悲剧。当然，它是以朴素的、非自觉的方式表现出来的。古希腊人自己都不知道其中有这么深刻的含义。几十年过去了，你才发现当初那些问题是最深刻的。古希腊悲剧就是这样。古希腊有三位著名的悲剧家：埃斯库罗斯、索福克勒斯和欧里庇得斯，他们都写了一些寓意深刻的悲剧。为了说明这种深刻的意蕴，下面我就来讲一讲这些悲剧发生的背景以及具体内容。

古希腊悲剧有个特点，那就是它往往反映了一个家族的悲剧。当然，古希腊悲剧和古希腊神话一样，里面的支配者都是命运。因此，古希腊悲剧通常又叫命运悲剧。而近代的悲剧则叫道德悲剧，是好人和坏人的斗争，而不是人与命运的冲突。

古希腊悲剧表现了一些家族的苦难和兴衰，用亚里士多德和马克思的观点来说，其恰恰反映了一个剧烈变化的时代中一些古老家族的没落，以及新兴家族的崛起。人们对此感到惶惑不解，于是就用一种悲剧的形式把它表现出来。其实悲剧背后的根源就是社会的剧变。在古希腊城邦崛起之前，还有一个迈锡尼文明。迈锡尼文明在公元前1100年前后被一批来自北方的游牧民族多利安人摧毁后，古希腊就进入了长达三百多年的黑暗时代。直到公元前8世纪才有一个崭新的城邦文明开始崛起。而我们讲的古希腊悲剧就是指城邦时期的故事。所以，在经过了社会的大动荡后，人们对很多家族的兴衰感到惶惑不解，这样的思想就反映到悲剧中。这就是总的背景，下面我讲三个著名的悲剧故事。

第一个悲剧故事讲的是伯罗奔尼撒家族。古希腊有一片大平原叫伯罗奔尼撒平原，平原上有两个大的城邦：迈锡尼和斯巴达。斯巴达人就是勇敢军人的象征，在希波战争中，斯巴达国王列奥尼达带领约三百名斯巴达勇士在德摩比利隘口抵抗了号称大军百万的波斯人，最后全部壮烈牺牲。而在古希腊城邦崛起前，曾经有一个迈锡尼文明，阿伽门农是迈锡尼的国王。迈锡尼是古希腊当时最大的城邦，而当时各城邦间有一种进入文明之前的军事同盟制的关系。伯罗奔尼撒家族的故事非常错综复杂。这个家族最早的先人叫坦塔罗斯，是宙斯和凡人结合所生的。由于他有一半神的血统，而且聪明伶俐，神特别喜欢他，就允许他住在奥林匹斯山上，可以参加神的宴会，享受这种殊荣。于是，坦塔罗斯就骄傲起来了，他数次捉弄宙斯（一说是阿波罗），但这些雕虫小技都被神看破，并惩罚了他。一天，他萌生出一个可怕的想法，即把自己的儿子珀罗普斯杀了剁成碎块，做成一道菜送给神，看神能否发现。这其实是原始人的一种"杀子献祭"的风俗。神果真看出来了，盛怒之下惩罚他去受一种苦役。

在古希腊，曾有两个凡人由于得罪神而受过苦役：一个是西西弗斯，他因得罪阿波罗，被罚每天推石头上山，石头推到山顶就会滚落下来，于是他只得重新向上推，就此日复一日地干这种事。法国荒诞派作家加缪就写过关于西西弗斯的故事。另一位就是坦塔罗斯，他被神捆绑在河中，当他口渴低头想喝水时，水面就下降，因此他永远喝不到水。坦塔罗斯受惩罚后，他的王国无人管理。于是，神又令其儿子珀罗普斯复活，并让其成为统治者。但珀罗普斯也犯了个错误，他看上了邻国国王美丽的女儿，并觊觎邻国肥沃的土地。于是，他就找到神的使者赫耳墨斯的儿子说："你如果帮我取得邻国的土地并让我娶到国王的女儿，我就把国土分你一半。"于是，赫耳墨斯的儿子就帮他实现了心愿。但珀罗普斯却没有履行诺言，还把赫耳墨斯的儿子从高山上推到大海里。于是，神的诅咒就降到了这个家族身上，这个家族的命运就非常悲惨了。

珀罗普斯生有阿特柔斯、提俄斯特斯、克律西波斯等孩子。珀罗普斯死后，阿特柔斯和提俄斯特斯就为争夺伯罗奔尼撒的统治权而发生了矛盾，这中间就出现了杀亲、乱伦等可怕的事情。例如，阿特柔斯把提俄斯特斯的儿子杀了并做成肉酱给提俄斯特斯吃，提俄斯特斯非常愤怒，刺杀阿特柔斯却没有成功，只好逃亡。后来，阿特柔斯后悔了，就去寻找自己的同胞弟弟，途中又邂逅了一位女子珀罗庇亚，对其一见钟情，娶其为王后，而这位女子其实是他的亲侄女。更为糟糕的是，这位女子在与阿特柔斯结婚之前，曾和自己的父亲提俄斯特斯结合过。后来，珀罗庇亚生下了实际上是她和她父亲乱伦结果的儿子埃癸斯托斯，她以为这孩子是自己与阿特柔斯所生。许多年以后，阿特柔斯又派长大了的埃癸斯托斯去刺杀提俄斯特斯，即他的生父。机缘巧合下，埃癸斯托斯终于得知真相：他的真正父亲不是阿特柔斯，而是提俄斯特斯，而后者同时也是他的外祖父。于是，珀罗庇亚羞愧难当而自尽，埃癸斯托斯则与提俄斯特斯一起杀了阿特柔斯，夺取了他的国家。但是阿特柔斯还有两个亲生儿子，这两个儿子非常有名，一个是阿伽门农，另一个是后来的斯巴达国王墨涅拉俄斯，他的妻子就是全希腊最美的女子海伦。前文提过，就是因为海伦被特洛伊的王子帕里斯诱拐，她丈夫和阿伽门农才组织了希腊联军，浩浩荡荡打到了小亚细亚，展开十年艰苦卓绝的战斗。这两个兄弟可不是好惹的，所以当他们的父亲被谋害后，兄弟俩就联手把提俄斯特斯杀了，赶走了埃癸斯托斯。此后，兄弟俩共同统治伯罗奔尼撒，一个统治迈锡尼，另一个统治斯巴达。由此可见，在这个家族中充满了兄弟相残、手足相侵、乱伦杀亲之类的故事，这就是命运所致。

　　以上只是这个家族悲剧故事的上半段，下半段就更加悲惨了。当阿伽门农率领希腊联军去攻打特洛伊时，就在他们准备渡过爱琴海向小亚细亚进发时却发现，由于没有风，战船无法出海，只能停留在爱琴海西岸。于是，阿伽门农就派人去求太阳神阿波罗。阿波罗的祭司告诉来人，因为阿伽门农曾经射杀了狩猎女神的一只鹿，只有把自己的女儿敬祭给狩猎女神，她才会刮起西风让战船出海。阿伽门农出于军事上的考虑只好这样做，即拿亲生女儿献祭。这样，阿伽门农就得罪了自己的妻子，这时候，埃癸斯托斯也乘阿伽门农出征之机卷土重来，并与阿伽门农的妻子勾搭成奸，控制了迈锡尼王国。十年之后，当阿伽门农凯旋，便遭到了这两人的合谋毒害。阿伽门农死后，他的儿子俄瑞斯忒斯逃亡在外，并于长大后回国报仇，不仅杀死了埃癸斯托斯，还杀死了自己的生母，因此，他遭到了复仇三女神的索命。之后，他逃到了阿波罗神庙里，向阿波罗寻求保护。阿波罗给他指了一条路，就是去雅典城郊战神山上的长老法庭接受审判。这个法庭由12位长老组成，而审判长就是雅典城邦保护者、智慧女神雅典娜。于是，在战神山上展开了一场著名的审判。审判中双方各执一词，都有自己的道理。复仇女神站在母系氏族社会的立场上，认为俄瑞斯忒斯杀死自己的生母是犯了不可饶恕的大罪。而俄瑞斯忒斯和阿波罗则站在父权主义的立场上，认为杀母替父报仇是义不容辞的责任，毫无罪过可言。12位长老审判的结果是6∶6，关键的一票就在审判长雅典娜手上。雅典娜虽然是一位女神，但她没有母亲，是从父亲宙斯的头脑中跃出的，一出生就浑身穿着铠甲，所以既是智慧女神，也是女战神。她站在男性的立场上，把这关键的一票投给了俄瑞斯忒斯。有学者对此评价说，这个悲剧反映了从母系社会向父权社会的过渡，反映了父权社会的原则战胜了母系社会的原则，从此人类社会从原始状态进入文明状态。这种评价非常精辟，这个审判结果典型地反映了从一个以血缘关系为纽带的母系社会向一个以财产关系为纽带的父权社会的过渡。这样，伯罗奔尼撒家族的悲剧最后以俄瑞斯忒斯的罪得赦免而结束。于是，俄瑞斯忒斯成为新的迈锡尼城邦统治者，把国家治理得一派太平。从这个悲剧中我们可以看到，伯罗奔尼撒家族之所以出现那么多乱伦杀亲、手足相残的罪恶，都是命运注定的。

第二个悲剧是俄狄浦斯的故事，故事虽短，却比伯罗奔尼撒家族的故事更清晰地反映出古希腊命运悲剧的特点。俄狄浦斯是古希腊忒拜城邦的国王拉伊俄斯的儿子。拉伊俄斯早年也有过罪恶，神的诅咒就降临到他的家族上。拉伊俄斯到了老年仍然膝下无子，于是，他到德尔斐神庙祈求阿波罗赐给他一个儿子。阿波罗通过他的女祭司用模棱两可的口吻告诉他，拉伊俄斯将会有一个儿子，但是这个儿子将会杀父娶母。果然不久，他妻子就生下了一个儿子。出于对神谕的畏惧，拉伊俄斯叫仆人用铁链把这个孩子的脚锁住，扔到河里淹死。但这个仆人没这么做，而是把孩子放在木箱里，任其顺流而下，自生自灭。结果这孩子大难不死，漂到了下游的一个城邦，被人捞起，并被献给了该城国王。恰好该国王也没有孩子，于是将其收养，视同己出。这个孩子的脚由于套着铁链，都肿了，国王就给他取名为俄狄浦斯，也就是"肿脚的"意思。俄狄浦斯长大成人后，成为一位英雄。通过一个偶然的机缘，他得知自己会杀父娶母。因为他一直以为收养他的国王和王后就是自己的亲生父母，为了避免悲剧发生，他便远走他乡。流浪途中，他碰见一位长者和三个仆人，双方为了争道而起了口角并动起手来，俄狄浦斯打死了这位长者和两个仆人，另一个仆人跑了。没想到这位长者就是他的生父拉伊俄斯。俄狄浦斯继续前行，来到了忒拜城，刚好忒拜城正遭受灾难。有一个狮身人面的怪物斯芬克司盘踞在忒拜城门口，向所有出入者提出一个奇怪的问题："什么东西，早上四只脚，中午两只脚，晚上三只脚？"所有回答不出来的人都会被它吃掉。但是，俄狄浦斯说出了答案，这就是人。于是，斯芬克司羞愧交加，跳海自尽了。这样，俄狄浦斯就为忒拜人民立了一个大功。刚好忒拜城的老国王拉伊俄斯不久前在外被人杀死（忒拜人民也不知道是谁杀死了拉伊俄斯），于是大家拥立俄狄浦斯为忒拜城的新国王。按照当时的习惯，新国王往往会娶老国王的妻子为妻，因此俄狄浦斯就娶了自己的生母。这样，"杀父娶母"的预言果然成为现实。俄狄浦斯统治有方，国泰民安。但之后，一场血红色的灾难降临了，庄稼歉收，牛羊瘟死，妇女不孕。俄狄浦斯派人去求太阳神阿波罗，阿波罗的女祭司告诉他：除非你们找到杀害拉伊俄斯的真凶，否则灾难永远不会结束。于是，俄狄浦斯带人四处寻找杀死拉伊俄斯的真凶。后来，当年跑掉的那个仆人道出了真相，同时因为这个仆人恰好又是当年奉命把他扔到河里的那个人，他认出了俄狄浦斯脚上的伤痕。于是，一切真相都揭开了，俄狄浦斯彻底崩溃了。这一切他想避免却无法避免。这些事情看似偶然，其实有很深刻的含义。上升到哲学层面说，俄狄浦斯自由地为自己掘了一个陷阱，他自由地实践着某种决定论，而自由背后隐藏着一种必然的命运。古希腊人已经朦胧地感受到那种至高无上、人力无可奈何的命运，并通过悲剧形象地把它揭示了出来。俄狄浦斯的悲剧是一个非常典型的命运悲剧，古希腊的第二大悲剧家索福克勒斯在《俄狄浦斯王》中讲的就是这个命运悲剧。

最后，则是前文提过的讲述特洛伊城以及特洛伊战争的原因的悲剧，在这里我不再赘述。

从这三个悲剧故事中，我们可以很清楚地看到，里面都反映了一个"命运"的主题。尤其是俄狄浦斯的悲剧，另两个悲剧也是一样。悲剧主人公都是在自掘陷阱，用自由意志为命运的决定论开道。如果我们将其与近代的悲剧作对照，如莎士比亚的悲剧，就可以明显地看出二者之间的差别。在莎翁的悲剧中，好人和坏人一出场观众便能知道。哈姆雷特和他母亲都是好人，尽管哈姆雷特在性格上有些延宕，他的母亲有些脆弱，但是他们从根本上是好人。而哈姆雷特的叔叔克劳狄斯是个坏人，阴险恶毒。可见，剧中主人公一出场就善恶分明。悲剧之所以是悲剧，只是因为邪恶的力量泯灭了善良的力量，尽管邪恶可能也与善良同归于尽了。用鲁迅先生的话说："悲剧就是把美好的东西毁灭给人看。"而美好的东西之所以被毁灭，只是出于邪恶之手。这就是近代的悲剧，即道德悲剧，悲剧的根本原因是坏人陷害好人。然而，在古希腊悲剧中既没有好人，也没有坏人。俄狄浦斯之所以杀父娶母，不是由于坏人的阴谋诡计，而是由于一个从来不出场的"命运"在暗中操纵。在俄狄浦斯的悲剧中根本就没有邪恶的力量，他是自己在给自己挖陷阱。悲剧的根源也不是善、恶这两种对立力量之间的外在冲突，而是同一个主体的自由意志与隐藏在背后的必然性之间的斗争。这种自由与必然性之间的斗争比善恶之间的冲突更加深刻，它更加深刻地揭示了人生悲剧的根源。

悲剧主人公与命运之间的冲突，说到底，就是我们今天所说的客观规律与每个人的自由意志之间的矛盾。想一想，我们人生中的悲剧，其根源到底在于我们自身的性格弱点，还是在于我们的自由个性与客观环境之间的矛盾，还是在于有坏人老在处心积虑地要害我们？我们的悲剧更多的是俄狄浦斯式的，还是哈姆雷特式的？所以，当我们的人生出现悲剧时，应该好好反省一下，问题的根源到底在哪里。如果我们认识到悲剧的产生主要不是因坏人的陷害，而是因不以我们意志为转移的客观规律所造成的，那么，我们至少可以像古希腊人一样以一种乐观主义的态度来对待悲剧。每个人的生活中都会有悲剧，没有悲剧的人生是一种缺少精彩的乏味人生，就像一个无梦的长夜一样乏味。我们在面对悲剧时应该像古希腊人那样，以一种乐观的态度和平静的心情来对待，这样会轻松得多。或者像贝多芬所说的那样："我要紧紧地扼住命运的咽喉。"作为一个音乐家竟然失聪，这对贝多芬来说就像剥夺了他的生命一样残酷，但他却在与命运的搏斗中取得了巨大的成就。因此，关键问题不在于悲剧本身，悲剧总是要发生的，而在于我们如何面对悲剧。黑格尔曾认为，古希腊民族对待死亡就像对待生活一样，而基督教徒对待生活就像对待死亡一样。古希腊人把死亡看成一场美丽的梦幻，所以他们在对待悲剧时总能泰然处之。古希腊悲剧给我们的启示是非常深刻的，而其悲剧中所烘托出来的"命运"意象，在后来古希腊民族的智力发展过程中，逐渐以一种更加抽象的方式表现出来。在古希腊哲学中，"命运"变成了潜藏在现象世界背后并决定着现象世界的逻各斯、理念、形式、实体等形而上学的本质，再往后则演变为基督教的上帝、唯心主义的精神实体，以及唯物主义的客观规律等，这在逻辑上是一脉相承的。我在武汉大学教授"西方哲学史"课程时，总是强调在希腊哲学之前还有一个史前史，也即古希腊的神话传说和悲剧。换句话说，如果想顺利地进入西方哲学史的学习，我们必须从古希腊神话传说和悲剧入手。

第三章

西方文化的发展

宗教、启蒙与社会改革

第七节　古罗马文化与基督教文化

古希腊神话体现的是一种和谐之美。所谓和谐，是指古希腊文化像一个人的童年时期，一切矛盾的东西还没有直接表现为对立，矛盾双方只是以一种差异的形式，最终和谐地统一在一起，这种和谐表现为一种单纯的美。但是，我们发现，当西方历史越过了古希腊文化这个阶段以后，这种童年般单纯的美就遭到了破坏。紧接着古希腊文化出现的是古罗马文化，它们之间有着非常密切的联系，当然差异也是很明显的。古希腊城邦文化和古罗马文化都产生于公元前8世纪，但是两者的发展水平的差别是非常大的。在古希腊，城邦文明从黑暗时代中脱颖而出之后，仅仅经过了两百年的发展，古希腊文化就达到了极其灿烂辉煌的程度，古希腊的戏剧、哲学、雕塑、文学等都达到了极高的水平。然而古罗马文化的发展却非常缓慢，直到公元前3世纪古希腊城邦文明已经衰落之后，才开始迅速地崛起。

古罗马文化的起源与发展

虽然古代罗马人总把自己的历史起源与古希腊文化联系在一起，但是其文化与古希腊文化相比，仍然有着明显的差异。如果说古希腊文化体现了一种和谐之美，那么古罗马文化一开始就表现出一种凝重的力感。从价值层面来讲，这种力感有正反两个方面的含义。从正面来说，它表现为一种气势磅礴的英雄主义——共和国时期的罗马人个个都是战士，个个都是英雄，为了国家的利益和个人的荣誉视死如归；从反面来说，它表现为一种骄奢淫逸的纵欲主义——帝国时期的罗马人一头扎进了声色犬马的享乐和奢靡之中，他们在物欲放纵方面所达到的程度是我们难以想象的，这种穷奢极欲的放纵最终断送了曾经不可一世的罗马帝国。

从政治体制的角度看，古罗马的历史经历了三个阶段。最初是王政时期，到了公元前509年，王政被推翻，古罗马进入了共和国时期，由元老院和执政官执掌政权。到约公元前27年，由于奥古斯都的统治，古罗马实际上就转变成为帝国。到公元476年，西罗马帝国的最后一位皇帝罗慕路斯·奥古斯都路斯被日耳曼雇佣军推翻，古罗马帝国的历史就结束了。

对于早期的王政时代，我们就不多谈了。在罗马共和国时代，古罗马文明的历史就是一部可歌可泣，同时也残酷的英雄史诗。古罗马的公民们为了国家的利益和个人的荣誉而不断战斗，不断征服，把罗马从一个位于台伯河畔七丘之山上的蕞尔小国，迅速地扩张为一个地跨亚、非、欧三大洲，并把地中海变成自己内湖的超级帝国。罗马帝国因此而成为后世历代政治野心家魂牵梦萦的光荣理想。但是到了公元前1世纪以后，随着共和国向帝国的转化，以及版图的日益饱和，罗马人的扩张已经达到了极限。在这样的情况下，在战争中掠夺了巨大财富的罗马人就一头扎进纸醉金迷的温柔乡，开始肆无忌惮地放荡和堕落。古罗马文化的力感至此由英雄主义转化为纵欲主义。毫不夸张地说，罗马人在堕落方面所达到的程度，远远超出了我们所能发挥的想象力，可谓惊世骇俗。我常说，共和国时期的罗马人在战场上表现得多么视死如归和慷慨激昂，帝国时期的罗马人在酒肉场上就同样表现得多么极尽人欲和寡廉鲜耻。不过，罗马人的堕落是公开的堕落、坦然的堕落、理直气壮的堕落，在他们的堕落中也显示出几分豪迈气概。

　　罗马人没有后来基督教文化的那些束缚心灵的道德感，他们认为一个人追求肉体的快乐乃是天经地义的事情，丝毫不必为此而感到羞耻。对于罗马人的公开堕落，我们当然不应该赞许，但是与后来中世纪基督徒的腐败和虚伪相比，至少可以说罗马人是比较坦荡磊落的。公平地说，基督徒的堕落水平远远比不上罗马人，这是因为中世纪的整体经济水平很落后，基督徒所能享受到的物质条件非常有限，他们不像罗马人那样，有极为丰厚的物质条件。但是，即便如此，人们对中世纪基督徒的堕落行径的不耻仍然要远远超过对罗马人的不耻。原因很简单——基督徒的行为与他们所标榜的理想之间出现了巨大的反差，而罗马人则是言行一致的。罗马人推崇功利主义和物质主义，他们公开奉行的人生原则就是纵欲主义，所以当他们堕落时，是表里如一地堕落，这样一种堕落行径反而容易得到人们的谅解。而基督徒的理想是一种一尘不染的唯灵主义，它是如此的玉洁冰清、崇高典雅，因此当基督徒违背这种圣洁理想去堕落时，他们只能偷偷摸摸地干一些蝇营狗苟的勾当，这种言行不一、阳奉阴违的虚伪乃是让人们深恶痛绝的根本原因。正如康德所指出的那样，在人类所有的罪恶中，伪善乃是一种最大的罪恶。

　　接下来介绍一下古罗马文化的基本情况。传说在公元前753年，台伯河畔的七丘之山上，有两个孪生兄弟罗慕路斯和雷慕斯共同草创了罗马城。虽然古罗马民族一开始是一个喜好征战、文化发展程度较低的草莽民族，但是在其不断扩张领土、不断征服其他民族的同时，也囫囵吞枣式地汇集了各个民族优秀的文化成果，特别是古希腊文明的成果，以及古埃及文明和西亚文明的成果。因此，随着领土的不断扩大，古罗马人也逐渐变得文雅起来，开始模仿其他民族，尤其是古希腊人的神话传说来描述自己民族的历史起源。

公元前 2 世纪，罗马人占领了古希腊，开始把古希腊的神话传说、诗歌，以及戏剧等都照搬过来，只是用拉丁语代替了希腊语而已。这样，罗马诗人就仿照古希腊神话传说编造出了古罗马文明起源的故事。

这个在罗马人中广为流传的民族起源故事是这样的。据说在特洛伊战争以后，特洛伊城被古希腊人一把火烧为灰烬，一位幸免于难的特洛伊王子埃涅阿斯带领自己的家族漂洋过海，来到南意大利地区，在那里建立了王国。当王位传到努弥托尔和阿穆利马斯兄弟俩时，弟弟阿穆利马斯使用卑劣的手段篡取了王位。哥哥努弥托尔有一个女儿，阿穆利马斯怕侄女将来生下儿子会威胁自己的政权，便把侄女关在一个与世隔绝的高塔之内。没想到战神玛尔斯化成一阵风，来到塔里和她结合，使她怀孕并且生下了一对孪生子。阿穆利马斯知道这个消息后，命令一位仆人将这两个孩子弄死。但这位仆人比较善良，他把两个孩子装到一个箱子里，并把箱子放到河里，让其顺流而下，结果这一对孩子被下游的一头母狼哺育长大。现在意大利的罗马广场上还矗立着一座青铜雕像——一头母狼哺育着两个孩子，这两个孩子一个叫罗慕路斯，另一个叫雷慕斯，这两个名字的拉丁文词根都与"乳头"这个词相关，表明他们是吃狼乳长大的。两个孩子后来长成了勇猛非凡的青年，他们回到自己的故乡，夺回了王位并归还给外祖父，然后来到当年母狼哺乳他们的地方，重新建立了一个城邦，就是罗马城。

这就是罗马人关于自己民族起源的传说。虽然传说不一定都是真实的，但是通过传说我们还是可以看出一个民族的性格。我们中华民族的传说总是带有一些道德色彩，而罗马人却相信自己的祖先是吃狼奶长大的，因此从一开始罗马人就表现出一种狼的特性，非常具有攻击性，不断地征战、扩张，由最初的一个弹丸之地发展成为一个强大的帝国。据说当初这兄弟俩建城之时,就制定了一条法规:凡是逃亡到罗马城的人,无论以前犯了什么罪行,罗马人也绝不会把他交给追捕者。这样一来,大量流亡者、不法之徒、逃亡的奴隶都蜂拥而至,罗马城很快就强大起来了。古罗马的历史学家李维在他的《罗马史》里写道,罗马是起源于一种垃圾堆状态,由一批逃亡者组成的城邦。由于逃亡来的几乎都是男人,他们就面临传宗接代的严峻问题。罗马人想出了一个点子,他们以举行一个盛大的节庆为由,把毗邻的萨宾部落的男人们邀请到罗马城,把他们灌得酩酊大醉,然后罗马青年趁机冲入萨宾部落去掠劫萨宾人的姐妹和女儿,强行与她们成婚。后来当萨宾人组织人马向罗马人复仇时,这些已经成为罗马人妻子的萨宾妇女们挡在两军阵前,使双方化干戈为玉帛,共同合并成一个民族。这就是关于罗马人起源的故事。

罗马很快就发展起来了,它的发展和强盛靠的就是武力。孟德斯鸠在他的《罗马盛衰原因论》一书中说道:"罗马是一座既无商业也无手工业的城市,劫掠是发财唯一的手段。"[①]这句话一点儿也不假,罗马在短短几百年间从一个弹丸之地就发展成为一个超级大国,靠的就是打仗、征服。在这个发展过程中,罗马人确实表现出孔武有力、能征善战的特点,而且这个民族还具有一个令人畏惧的特点,即无论与谁处于交战状态,都是不战胜绝不罢休的。罗马人的报复心极强,周边民族没有一个敢与罗马人为敌。

有两个例子足以说明罗马人极强的报复心。第一个例子发生在公元前 390 年,法国人的祖先高卢人攻陷和洗劫了罗马,只剩下一个罗马卫城。无奈的罗马人只好与之谈判,答应交出一笔赎金,让

---

① [法]孟德斯鸠:《罗马盛衰原因论》,许明龙译,商务印书馆 2016 年版。

高卢人撤兵。在赎金过磅的时候，罗马人认为高卢人的磅秤不公正，高卢人的首领布伦努斯拔出宝剑扔在磅秤上，说出一句旷世名言："战败的人活该倒霉！"也就是说战败的人是没有资格谈论公正的，一切都由战胜者说了算。罗马人深深记住了这个奇耻大辱，300多年以后，罗马人占领了高卢，恺撒出任山南高卢总督后，又继续向山北高卢扩张，其间成千上万的高卢人被杀，100万高卢人沦为奴隶。这就是高卢人为当年的嚣张所付出的惨痛代价。

第二个例子发生在公元前3—前2世纪，罗马人开始向意大利以外的地区扩张，他们在地中海地区的头号对手就是北非的迦太基人，于是罗马人与迦太基人打了三次布匿战争，前后阶段性地打了100多年。第一次双方打了个平手，第二次迦太基的统帅汉尼拔采取偷袭的战略，从西班牙和高卢越过阿尔卑斯山，从北方袭击了罗马。毫无防备的罗马人阵脚大乱，后来通过拖延战略才迫使汉尼拔退兵。在罗马人的历史中，除高卢人之外还从来没有哪个民族打到其本土上来，因此罗马人深深地记住了这个仇恨，以至当罗马元老院开会时，一位名叫加图的资深元老每次都会在发言之后重复同一句话："迦太基必须灭亡！"带着这刻骨的仇恨，罗马人在公元前149年发动了第三次布匿战争，终于消灭了迦太基。罗马人不仅一把火烧光了迦太基城，还把整个城市的土地翻了一遍，撒上盐，并且诅咒说："谁若在此地重建城市，必遭天谴！"这就是罗马人的性格。对于这样一个民族，没有哪个民族敢与其为敌。

正是凭着这样一种顽强的精神和不屈的斗志，罗马人在统一了意大利以后，从公元前3世纪开始先后征服了迦太基、西西里岛、地中海沿岸地区。不久又发起了三次马其顿战争，兼并了处于分崩离析状态下的古希腊的马其顿王国、西亚的塞琉西王朝和古埃及的托勒密王朝。公元前27年，奥古斯都建立了强大的罗马帝国。到了1世纪末叶，罗马帝国的版图达到了极盛状态，其疆域西起大西洋和不列颠，东至西亚的两河流域和亚美尼亚，北边到了莱茵河和多瑙河，南边则把整个北非都变成了罗马的行省。从这个疆域来看，向西已经到了大西洋，无法前进了；在莱茵河以东、多瑙河以北的广大地区是日耳曼人生活的原始森林和草场，没什么东西可抢了，所以罗马人也停止了向北扩张的步伐；而北非以南的地方是无边无际的撒哈拉大沙漠，也无法再扩张了。只有向东还有扩张的余地，但是当时在西亚有一个强大的东方帝国，即帕提亚王国，罗马人就与帕提亚人在西亚一带陷入了旷日持久的拉锯战，直到数百年以后，双方都被新崛起的阿拉伯帝国给削弱乃至消灭了。

罗马人的腐败与堕落

对外扩张的战争结束后，好战的罗马人便开始了内战，其结果终于使罗马从共和国转向了帝国。到了帝国时期，罗马人已经对战争不感兴趣了。他们在战争中掠夺到两个战利品，一个是财富和土地，另一个是奴隶。罗马人就让奴隶耕作土地，创造财富，而他们自己是从来不劳动的。因此，当没有仗可打的时候，罗马人就开始享受，堕入一种极度奢靡的生活方式之中。

西方有些思想家认为，纵欲主义、官僚主义和帝国主义都是东方人传到西方的，这些东西最初都是由巴比伦人、古埃及人、波斯人发明出来，并在希腊化时期从东方传到西方，被西方人所接受，结果先后毁掉了古希腊和古罗马这两个文明。我们在这里不讨论这种观点是否有根据，但是罗马人确实是在建立了世界帝国之后，才开始走向腐败和堕落的。共和国早期的罗马人是非常朴素的，有着铁一般严明的纪律，罗马公民对国家心怀忠诚，把荣誉看得比自己的生命还要重要。但是当罗马人征服了东方，把古希腊、西亚、小亚细亚和古埃及都变成自己的行省以后，东方的文化就反向地传到了古罗马。巴比伦的纵欲主义举世闻名，它曾经腐蚀了希腊化时代的希腊人，现在又开始来腐蚀罗马人了。同样，帝国主义的政治模式最初也是由波斯人发明的，在希波战争之前，希腊人从来就没有建立一个地大物博、人口众多的政治统一体的要求，希腊人是奉行分离主义和自由主义的民族。但是，波斯人一开始就想建立一个大帝国，屡次侵犯古希腊，希波战争一共打了三次。虽然波斯人最终战败，但是希腊人尝到了帝国主义的甜头。到了亚历山大时代，希腊人就以其人之道还治其人之身，用帝国主义去征服波斯，一下就把波斯灭掉了。所以我们说，虽然帝国主义是从东方传到西方的，但是西方人在运用帝国主义方面却比东方人更加得心应手。至于官僚主义，最初也来自古埃及、波斯等东方国家。为什么这么说呢？因为在古希腊城邦中是没有官僚体制的，许多城邦实行直接选举的民主制度，每个公民都有选举和被选举的权利，没有固定不变的官僚阶层。那种世代相袭的官僚体制确实是从东方一些专制国家传到西方去的。官僚主义和帝国主义逐渐破坏了古希腊的民主制与古罗马的共和制，使罗马人也建立起了幅员辽阔的大帝国和等级森严的官僚体制。

我在前文已提到，到了帝国时期，古罗马的扩张已经达到极限，无法再征服了，于是开始享受奢靡荒淫的生活。古罗马的公民不再愿意当兵了，于是无产者就开始当兵，成为职业军人，谁给他们好处就为谁打仗。再到后来，连无产者也不愿当兵了，于是进入罗马境内的日耳曼人，开始作为雇佣军来到罗马帝国效力，这就为日后他们的大入侵和毁灭罗马帝国埋下了伏笔。罗马共和国时代的最后一个英雄奥古斯都统一了在内战中元气大伤的罗马，实际上创建了罗马帝国，尽管他一直不愿公开称帝，始终把自己称作罗马的"第一公民"。奥古斯都去世之后，他的继承人提比略公开称帝，罗马从此进入帝国时代，同时也进入一个腐败堕落的时代。

罗马公民在罗马帝国中享有特权，有奴隶为他们提供生活必需品，有外省源源不断的资源供他们挥霍，广阔的领土和丰富的物产为罗马人的奢靡生活提供了丰厚的物质基础。在帝国时期，同性恋、斗兽、角斗和各种变态的享乐方式盛行，离婚率非常高，罗马人都不愿意尽家庭义务，以致皇帝不得不制定法律来限制离婚。罗马人在战场上比希腊人要彪悍得多，在享乐方面也远不如希腊人那样有品位。希腊人的娱乐方式往往比较高雅，如参加奥林匹克竞技会、观赏和演出悲剧或喜剧、参加哲学讨论等。但是罗马人的娱乐方式要么是血腥的，如观赏各种形式的角斗（人与人斗、人与兽斗），要么是纯粹物质性和肉欲性的，如胡吃海喝，两性关系混乱等。罗马人从来不会像希腊人那样欣赏悲剧和参加奥林匹克竞技会，1世纪中叶的罗马皇帝尼禄由于热爱希腊戏剧而遭到罗马人的反感，罗马人可以忍受尼禄的各种暴虐酷刑和变态行为，却不能容忍尼禄不顾皇帝的身份去当戏子，元老院最后废黜了这位以艺术家自居的皇帝。

在共和国时期，有身份的罗马人从来都瞧不起文学、艺术、诗歌这些东西，他们觉得一个罗马公民的职责就是打仗，至于文学、艺术活动，那是奴隶干的事情。因此，直到公元前1世纪，古罗马都没有产生过一位诗人和哲学家，其最初的诗人和哲学家都是从古希腊买来的奴隶。黑格尔在《历史哲学》中写道，罗马人占领希腊以后，在希腊的一个叫作提诺的奴隶市场，每天都有一万名左右的希腊奴隶被卖到罗马，这些奴隶就成为罗马的诗人、哲学家和家庭教师。史诗《伊利亚特》最初就是由一位充当罗马家庭教师的希腊奴隶翻译成拉丁文的，也就是说，罗马早期的文学艺术都是由希腊人开创的。

罗马人最初向希腊扩张的时候，瞧不起希腊人，因为希腊化时代的希腊人已经被东方的纵欲主义腐蚀得完全丧失了斗志，罗马人轻而易举就征服了希腊。反过来，希腊人也瞧不起罗马人，因为希腊人非常文雅、有教养、有知识，在他们眼里，罗马人只不过是一群颇为凶悍的乡巴佬。到了1世纪以后，罗马人才逐渐开始模仿希腊人，变得文雅起来了。不过，罗马人始终是在机械地模仿希腊人，希腊人的美好事物，到了罗马人那里就变成冷冰冰的、充满功利的算计。比如，希腊的神话本来充满了自由狂想的色彩，但是到了罗马人那里，就变成了一种冷漠的、理智的产物。罗马人是功利的，因此他们不擅文学、艺术和哲学，但罗马人发展了一样东西，那就是法律。法律是处理人与人之间的经济关系和政治关系的，是关于人们的现实利益和功利关系的，所以罗马人对法律非常重视，罗马法也因此而日臻完善。现在西方的两大法律体系中的大陆法系，就是源于罗马的法律。罗马的建筑水平也很高，但正如罗马人的特点一样，注重实用而轻美感，与后来出现的基督教的建筑风格迥然而异，反映了两种截然相反的文化精神。关于这一点，下文在讨论中世纪基督教的哥特式建筑时再谈。

到了1世纪以后，罗马人也变得文雅了，他们开始模仿希腊的诗歌、艺术和哲学，希腊的神也被搬到了罗马，只是换了一个拉丁名字而已。比如：希腊的宙斯，在罗马叫作朱庇特；希腊的阿芙洛狄忒，在罗马叫作维纳斯；希腊的雅典娜，在罗马叫作密涅瓦；等等。但是，希腊神话中所包含的丰富而浪漫的情调荡然无存，那种自由的狂想色彩消失得无影无踪。黑格尔说，罗马人谈起自己的神灵时，就好像戏园子里报告演员的名字一样，毫无热情可言。他认为，罗马人的宗教是一种完全不含有诗意的，充满了狭隘、权宜和利用的宗教。

前文提到的罗马皇帝尼禄，可以说是罗马人当中少有的一位具有希腊文采的人，但是他同时也极其堕落和残暴。从 1 世纪开始，同性恋在罗马风行，已经演变成一种生活方式了。而尼禄就是一个同性恋者，他阉割了几个奴隶，公开和他们举行婚礼，并带着他的这些同性皇后招摇过市；他杀人无度，却还嫌不够；他有一句名言："我恨不得全罗马的人只有一个脑袋，我一刀就可以把它割下来。"他经常身披兽皮，模仿困兽去攻击缚在木桩上的男人和女人的阴部。就是这么一位血腥的皇帝，却非常喜欢希腊悲剧和文学艺术。最让罗马人无法忍受的是，他经常不顾皇帝的身份上台演戏，甚至还强迫罗马的元老和贵族经年累月地坐在戏院里看他演戏，谁要是不顺从，就会遭到严厉的惩罚。公元 64 年，百无聊赖的尼禄抱怨自己住的宫殿不像是人住的地方，于是派人在罗马城里放火，以便在废墟上重建新宫。这一把火烧得很大，竟然烧毁了罗马城 14 个区中的 3 个，另有 7 个区部分受到影响，仅有 4 个区未受波及。据说当大火熊熊燃烧起来时，尼禄高兴极了，他登上皇宫的屋顶，高声歌颂着特洛伊城的陷落。后来，当罗马人发誓要追查纵火的元凶时，尼禄为了推卸责任，就说是基督徒放的火。愤怒的罗马人将大批基督徒抓起来，用酷刑将他们处死，由此就揭开了罗马人迫害基督徒的序幕。

罗马历史学家塔西陀在《编年史》里记载了尼禄所干的一件最荒唐的事情：有一天，尼禄带着一群剑奴在罗马街头闲逛，突然产生了抢劫的念头，于是他让剑奴们躲在一旁，自己单身一人抢劫了一家商店。商店的主人不知道他的身份，就把他抓住痛殴了一顿。没想到尼禄觉得这件事非常刺激，于是他每天晚上都去抢劫商店或者袭击路人。那些剑奴往往站在一旁观看，只要皇帝没有受到太大的伤害，他们一般是不会动手的。但是，如果皇帝受到了猛烈的反击，他们就会拔出剑来，挺身保护皇帝。更为荒唐的是，由于尼禄的示范作用，这种无聊的抢劫或者袭击活动竟然成为罗马贵族们纷纷效法的一种时尚。在这样的情形下，大家可以想象，当时的罗马城之夜就如同一座已被敌人占领的城市的夜晚一样恐怖。

总而言之，即便你将自己的想象力发挥到极致，也很难想象罗马人在堕落方面所达到的程度。在尼禄等一批暴君之后，罗马帝国虽然在安东尼王朝的几位有为君主的统治下一度中兴，但是从2世纪末开始，罗马帝国无可挽回地衰落下去了。在其后的几个世纪里，罗马人的纵欲主义、物质主义已经达到了无以复加的地步，罗马由当初强盛的大帝国，逐渐在纵欲主义的腐蚀下变成了一盘散沙、一堆朽骨，往昔的光荣已经褪色为回光返照时的一抹红晕。就好像是一棵大树，外表还枝繁叶茂，树干里面却完全被蛀虫掏空了。在这样的情况之下，来自北方的那些彪悍的日耳曼人就如同摧枯拉朽一般，一下子摧毁了罗马帝国。4世纪以后，一批又一批的日耳曼人相继入侵罗马帝国，当时的罗马帝国已经分裂成东西两个帝国，西罗马帝国在476年被日耳曼人毁灭了，东罗马帝国则延续了约1000年，到1453年才被信仰伊斯兰教的奥斯曼土耳其人摧毁。对于西方人来说，西罗马帝国的灭亡标志着一个重要的历史转折点，灿烂辉煌的古典文明从此结束了，在经历了300年之久的黑暗时代之后，一个酝酿已久的基督教文明脱颖而出。

基督教的文化渊源

基督教对西方文化的影响，远比古希腊、古罗马的影响重要得多。下面的内容涉及基督教的文化渊源、发展历程和本质精神，我将从这些方面说明基督教对西方文化的深刻影响。

首先，是关于基督教的文化渊源。学术界里有所谓"两希"起源的说法，这"两希"分别是指古希腊文化和希伯来文化。前者大家都知道，它是西方文化的摇篮。爱琴海地区的美丽神话传说和深邃的哲学思想，构成了基督教文化的一个重要来源。除希腊以外，还有一个来源就是希伯来文化，确切地说就是指犹太人的文化，希伯来人就是犹太人。"希伯来"一词的原义是"从河那边过来的"，最初犹太人越过底格里斯河和幼发拉底河，移民到今天被叫作"巴勒斯坦"的迦南，被当地人称为"希伯来人"，即从河那边过来的人。犹太民族自公元前15世纪来到迦南以后，就不断地遭受苦难，先后经受了很多异族的统治。正是由于长期处在异族的统治之下，这个民族就产生了一种非常浓厚的不幸意识，感到自己生活得很不幸、很苦难。久而久之，这种不幸意识又由于长期无力摆脱异族的统治而转化为一种罪孽意识。犹太人普遍认为，其民族之所以不幸，是由于自己有罪，不敬上帝。只有当彻底地认罪和悔改时，上帝才可能最终来拯救他们。这种不幸意识和罪孽意识使得犹太人苦苦地期盼着一位"救世主"降临，从公元前5世纪开始，在犹太人中出现了一些以"先知"自居的人，他们到处散布上帝将要派一位"复国救主"（弥赛亚）降临的预言。据说这位弥赛亚的到来将会使犹太人获得彻底解放，把犹太民族引领到"流奶与蜜之地"的幸福乐园中去。

从公元前5世纪开始，一直到公元之交的那段时间，400多年过去了，犹太人苦苦期盼的这位弥赛亚或"复国救主"始终没有来临。到了1世纪初叶，在犹太教的一个支派中出现了一个名叫耶稣的人，在他的周围形成了一批追随者，他们把他当作预言中的弥赛亚。但是当时犹太教的上层宗教知识分子法利赛人却不承认耶稣就是弥赛亚，他们陷害耶稣，把他出卖给当时的罗马统治者。当时的犹太人在政治上由罗马帝国的叙利亚行省管辖，于是法利赛人向行省总督彼拉多告发耶稣蛊惑犹太人谋反，耶稣就这样被彼拉多钉死在十字架上。据说耶稣在死后的第三天复活了。他复活后就教导他的弟子不要到犹太人中间传教，让弟子把他的福音传播到外邦人中去，也就是传播到罗马人中去。于是，从犹太教中逐渐产生出一个新兴的宗教，即基督教。所以我们说基督教是从犹太教的母体中脱胎而出的。

基督教中的"基督"（Christ）一词是什么意思呢？"基督"实际上就是犹太教在公元前5世纪的先知书中所预言的"弥赛亚"。"弥赛亚"（Māshīah）是希伯来语，意思是"救主"。而在希腊语里，救主就叫作"基督"，因此"基督"就是"弥赛亚"，二者都是"救主"的意思。不同之处在于，随着基督教的发展，它已经摆脱了犹太教的民族主义藩篱，开始传播到广泛的罗马世界中。当时的罗马帝国是一个地跨亚、非、欧三大洲，并把地中海当作内湖的超级大国。所以，当基督教传播到罗马人当中时，它就成了一个世界性的宗教。因此，"基督"一词的含义就不再仅仅是一个狭义的"复国救主"，其不再以复兴犹太民族为己任，而是成为一个拯救所有信仰它的人的"救世主"，所以"基督"具有了普世性的意义。因此，西方通常讲基督教是一种普世性的宗教，它不是哪一个民族的宗教，而是广泛的、具有世界性影响的宗教（现在最有影响的世界性宗教共三个：基督教、伊斯兰教、佛教。此外还有一些影响规模稍小的世界性宗教）。

从起源上看，基督教和希伯来文化之间确实有着千丝万缕的联系。简单地说，它们之间是一种母子关系或者亲体关系，即基督教是脱胎于犹太教的。但是，后来当基督教摆脱了犹太人的民族主义藩篱，逐渐成为罗马人和广义的外邦人的宗教后，它就开始与犹太教分离，而且逐渐形成一种"不认自己的母亲"，甚至"仇视自己的母亲"的倾向。从1世纪末叶开始，在基督教世界里就逐渐产生了一种反犹主义或者反犹太教的倾向。这种倾向和情绪发展到极端后，酿成了希特勒对犹太人的种族灭绝暴行。这就是基督教与犹太教或者希伯来文化之间错综复杂的历史关系。

基督教除了与希伯来文化有渊源，还与古希腊文化有着深刻的联系。基督教与希伯来文化或犹太教的联系是一种外在的联系，因为它们信仰的是同一个上帝，讲的是同一个创世和堕落的故事，有很多东西是相互延续的，而基督教与古希腊文化之间则是一种内在的联系，主要是精神上的联系。那么，基督教从古希腊文化中主要吸取了什么东西呢？是古希腊的哲学，尤其是柏拉图的唯心主义哲学，宣扬有一个超验性的理念世界和灵魂世界，并且用这个理念世界和灵魂世界来说明和超越我们肉体所在的现实世界。用一个概念来说，这就是一种唯灵主义，即把灵魂与肉体对立起来，并且为了灵魂的利益而彻底唾弃肉体的需要。

这种唯灵主义构成了基督教的本质精神，正是这种源于古希腊唯心主义哲学的唯灵主义使基督教与犹太教彻底分道扬镳，成为一种具有深刻的神学根基的新宗教。基督教与犹太教的一个根本区别在于，犹太教的弥赛亚主义是一种社会解放的要求，它追求的是犹太民族的政治独立和人间幸福；基督教却明确地宣称，它并没有把上帝的国带到人间来，而是要把人的灵魂带到上帝的国中间去。耶稣对信徒们说，不要希望在活着的时候就获得解放，上帝的福祉是不可能用肉眼看到的，它只存在于信仰者的心中，只能在另一个世界，即彼岸世界中存在。灵魂得救与社会解放，就是基督教与犹太教之间的根本差别。这个差别的意义就在于，基督教不再是一种社会解放的理想，而是一种灵魂得救的福音。基督只拯救你的灵魂，不拯救你的肉体。而且你也不要指望在活着的时候能进入天国，因为天国只收留你的亡灵。灵魂必须向死而生，必须经受痛苦和死亡的考验，才可能复活和永生。这种超验的唯灵主义理想是基督教从古希腊文化中汲取的最重要的精神资源。

基督教的唯灵主义理想不仅是超验的或形而上的，也充满了阴郁色彩和苦难基调，它具有一种以否定和自我否定作为中介的辩证特点或吊诡性。这种特点不仅与律法主义的犹太教截然相反，而且也与基督教所传播的那个罗马世界甚至罗马世界所模仿的古希腊世界的基本生活观念背道而驰。因为无论是希腊人还是罗马人，他们都是现实主义者。他们与犹太人不一样，他们是一个自由的民族，所以人们都热爱现实生活，对死后的东西不太关心。在古希腊神话中，神与人所追求的都是现实的享受和感性的快乐，对于人死之后灵魂的归属问题不感兴趣。罗马人就更是功利主义者和享乐主义者了，灵魂得救的问题更是被抛到九霄云外。由于基督教最初在罗马帝国中间传播的对象主要是穷人、奴隶、受苦难的人，这些人在此生此世是没有幸福和希望可言的，因此他们只能把希望寄托在彼岸世界。所以，从这一点来说，马克思认为宗教是人民的鸦片，这个评价是非常深刻的，一个人在现实世界中看不到希望，生活在一个无情的世界里，他的希望和情感如何寄托呢？当然就只能指向天国，所以宗教是一个无情世界里的感情，是一个绝望世界里的希望。在罗马帝国中，基督教对于那些信仰它的无权者和无望者来说，确实具有抚慰心灵的巨大精神作用。同时基督教也刻意用唯灵主义来对抗罗马世界的物质主义，用彼岸主义来对抗罗马世界的现世主义，用禁欲主义来对抗罗马世界的纵欲主义，这样就使得基督教在产生之初就打上了浓重的阴郁色彩和苦难基调。以上所讲的便是关于基督教的"两希"起源问题。

基督教的发展历程

下面我简单地讲讲基督教的发展历程。它的发展过程可以说是历尽苦难，遭受了罗马帝国统治者长达数百年之久的残酷镇压。基督教从犹太民族传播到罗马帝国首都罗马城的时候，大概是在公元42年，此时耶稣的门徒彼得和保罗相继来到了罗马城，开始在罗马人中间传播基督教。基督教最初是在受苦受难的奴隶和下层民众中间传播的，后来才逐渐向上层社会扩散。前文已经讲过，罗马皇帝尼禄曾在公元64年把基督徒当作罗马纵火案的替罪羊，开始大规模地迫害基督徒。从那时起一直到4世纪初，具体地说，到公元313年，在长达约250年的时间里，基督教在罗马帝国一直处于受压制的状态。罗马民众也把基督教看作一种邪教，支持政府镇压。当时的基督徒可以说是意志坚定、不屈不挠，为了自己的信仰而不惜以身殉道。正是这种前仆后继的殉道精神最终使得罗马统治者发现这种宗教是无法用武力来消灭的，再加上罗马社会的腐败，罗马统治者一天到晚沉溺在声色犬马、纸醉金迷的荒淫生活中，这样一种物质上的放荡和肉体上的堕落，必然会导致精神上的空虚。因此，罗马人也需要一种精神上的慰藉，而罗马统治者已经不能解决他们现实生活中的精神安慰问题了。在这种情况下，基督教就开始显示出它的精神救赎意义，并且逐渐博得了罗马上流社会的好感。因此，到了公元313年，罗马皇帝君士坦丁一世颁布了《米兰敕令》，宣布基督教为合法宗教。基督教才真正在罗马帝国获得合法地位，可以公开地被信仰。又过了几十年，到了公元392年，另一位罗马皇帝狄奥多西一世进一步把基督教确立为罗马帝国的国教，用它取代了传统的罗马多神教。至此，基督教成为至高无上的、权威性的国家宗教，它的地位彻底改变了。

再往后的事情大家都知道了，当基督教合法化和国教化的时候，罗马帝国实际上已经衰落到不堪一击的程度了。到了5世纪，从北方森林里来了一批非常彪悍的日耳曼人，他们迅速地摧毁了西罗马帝国，把西欧社会带入封建状态中。当时的日耳曼人被看作蛮族，被认为缺乏文明的教养。他们冲入罗马帝国后就划分领地，一个部落就成为一个王国，王国又进一步被分封为许多诸侯领地和骑士领地，从而把统一的罗马帝国分裂得七零八落。这些封建领地在整个中世纪存续，尽管其形式发生了一些变化，但层层分封的封建状态始终没有改变。中世纪的西欧社会是真正意义上的封建社会，它由多如牛毛的封建领地或采邑组成，每个封建领地都拥有独立的政治、经济和司法权力。相比之下，我们中国的古代社会或许并不是真正的封建制，因为我们从秦始皇以来就是"溥天之下，莫非王土；率土之滨，莫非王臣"的大一统中央集权制。这个封建制度一直持续到近代才结束，西方近代出现的一些民族国家，如法兰西、英格兰、德意志等，恰恰就是对封建制度的否定和超越。这些民族国家出现以后，封建状态才真正结束。然而在中世纪，仅仅在今天的德国一带，就有几百个国家存在，那是真正的封建制度。

在这种封建状态中，由于国家的世俗权力分崩离析了，没有一个统一的皇帝，罗马帝国不复存在了，教会反而成为凌驾于各个分散的王国之上的最高精神机构,成为彼此闭塞的封建王国的国上之国和国中之国。因此,在中世纪就形成了这样一种强烈对照,那就是世俗权力的分散和精神权力的统一。罗马天主教会构成了一个凌驾于分散的、世俗主权之上的、统一的精神王国,它的根本宗旨就是要引导人们的灵魂上天国。但是,虽然教会宣称自己是上帝设在人间的一个常驻机构,它的基本宗旨就是把世人的灵魂,特别是那些虔诚的基督徒的灵魂引导到天国去,这是一个崇高的宗旨,但是要完成这样一个宗旨就必须运用各种世俗的手段,如政治手段、经济手段、文化手段等来达到目的。但是它一旦运用这些世俗的手段,就不可避免地被卷入世俗的争权夺利的角逐中。正因如此,在中世纪的西欧,整个历史就是统一的罗马教会与分散的世俗王国之间的冲突史,也就是所谓的"教俗之争",或者说是"上帝"与"恺撒"之间的斗争,这是贯穿中世纪西欧社会始终的一条主线。在13世纪以前,这场斗争的胜利者往往是教会,"上帝"明显占了优势;到了13世纪以后,随着法兰西、英格兰、尼德兰等近代民族国家的崛起,教会开始走下坡路,渐渐地衰落下去了。

从今天的立场来看,中世纪西欧社会确实是愚昧的,正是由于这样,老百姓都信仰基督教。对当时的基督徒来说,人生最重要的并不是此生此世的生活,这只是弹指一挥间,只是为一个永恒的、彼岸性的灵性生活所做的准备。在有科学知识的现代人看来,那个时代的人确实很可笑。他们没有科学知识,没有文化修养,愚昧得不得了,甚至连王侯将相都是大字不识一车的文盲。在这样的情况下,人们从生到死都生活在教会的影响下和信仰的氛围中,怎么可能不相信教会所宣扬的那些东西?我们是历史唯物主义者,承认社会环境决定社会意识,人在那种社会环境里,只能有那种社会意识,不可能有我们今天的思想观念。例如,在中世纪基督教社会里，对于一个人来说最可怕的惩罚不是砍头，不是处以死刑，而是教会宣布你的灵魂永世不能进入天堂。为什么这是最可怕的惩罚呢？因为一个人被砍头并不要紧，他死了以后灵魂还有可能进入天国，但是如果教会宣布你的灵魂永世不能进天堂，永沦地狱，那就可怕了，因为人们普遍相信教会掌握着人们灵魂上天堂的钥匙。这种精神特权也给教会带来了极大的世俗权力，使得教会可以名正言顺地控制政治和经济的资源。正是由于这样，所以在13世纪以前，在教会与世俗王权之间的冲突之中，教会总是占据优势。

但是到了13世纪以后，情况发生了变化。因为13世纪以后有一些新兴的东西开始出现，实验科学开始萌芽，民族国家也逐渐形成雏形。比如法兰西，在13世纪以后开始作为一个近代民族国家而崛起，民族国家的强盛必然会导致罗马教会的衰弱，因为"恺撒"与"上帝"是势不两立、此消彼长的。一旦近代意义上的民族国家开始崛起，那么罗马天主教会的专制统治也就该结束了。正是这样一些潜在的变化，酝酿着近代宗教改革以及一系列社会变革的萌芽，到了16世纪就明显地表现出来了，实际上是从13世纪就开始有了潜流。

当然基督教在中世纪有一个非常重要的意义，那就是它对于入侵罗马帝国的日耳曼人的教化。基督教就如同一副非常有效的精神抚慰剂，确确实实安抚了那些从北方来的民族。日耳曼人毁掉了罗马帝国的一切文化成就，但是他们皈依了基督教。彪悍的日耳曼人摧毁了曾经不可一世的罗马帝国，反过来却被至柔至弱的基督教所征服。在他们入侵之后100多年的时间里，所有入侵罗马帝国的日耳曼人都皈依了正统的基督教信仰，这是一个奇迹。因此，从这个意义上来说，整个日耳曼民族的文明教化过程都是在基督教的影响之下进行的，日耳曼人是聆听着基督教的安魂曲而开始了文明化的历程。

今天西方发达的资本主义国家都是日耳曼文化圈里的国家，如英国、德国、北欧诸国，以及曾经作为英国殖民地的美国，它们都属于日耳曼文化圈。而那些拉丁文化圈中的国家，如意大利、西班牙、葡萄牙等，在当今资本主义世界中都沦为二流角色。地处这两个文化圈之间的是法国，法国是两种文化的荟萃之地。法国的前身叫高卢，属于拉丁文化圈，后来日耳曼人在入侵罗马帝国时在高卢建立了法兰克王国，所以法国汇聚了两种不同的文化。今天在欧洲建立了发达的资本主义国家的那些人，其祖先都是日耳曼人，他们的祖先经历了一个从野蛮人到文明人的转化过程，而最初的启蒙恰恰就是在基督教的熏陶教化之下完成的，由此我们可以看到基督教对西方文化的深刻影响。这是基督教在中世纪的一个很重要的贡献，一个不可磨灭的功勋：它教化了彪悍的入侵者，延续了古典文明的火种。

基督教的本质精神与内在矛盾

总的来说，基督教的本质精神源于古希腊哲学，这就是我在前文已经说到的唯灵主义。唯灵主义告诉我们，此生此世是不值得留恋的，只有死了以后灵魂所去的另一个世界才是真正生活的开端，因此生活就是死亡，死亡才是生活。在早期基督教会中，正是由于这种唯灵主义思想的影响，人们在对待现实生活方面就采取了一种禁欲主义的态度。这种禁欲主义是与当时罗马人的纵欲主义生活态度背道而驰的。早期的基督徒在荒淫腐败的罗马社会里往往以洁身自好而著称，基督教的唯灵主义本质正是通过早期基督徒的真诚信仰和禁欲主义的生活态度才得以充分体现。

正如"上帝"是与"恺撒"相对立的一样,基督教的唯灵主义也是与罗马人的物欲主义针锋相对的。基督教的唯灵主义理想具有一种平等精神,无论你是帝王将相还是平民奴隶,尽管在现实世界中的地位等级不同,但是在上帝面前是人人平等的。按照唯灵主义的观点,现实世界只是人生的一个预修学堂,只是人生中很短暂的一个过程,真正的生活是在肉体死后灵魂所去的那个世界里。唯灵主义的这种在上帝面前人人平等的观点,在近代西方社会中演变为在法律面前人人平等的思想。

但是,尽管这种重彼岸而轻现世的价值观,表现了一种极其崇高的精神品位,却很容易走向极端和堕入歧途,从而演变成一种扭曲人性的禁欲主义生活态度。当基督教还在罗马帝国统治者的屠刀下艰难地求生存时,这种唯灵主义理想造就了许多基督教圣徒的崇高品德和坚贞信仰。从尼禄时代到基督教合法化的约 250 年间,基督徒先后遭受了 10 次极其残酷的大迫害。但是唯灵主义使基督徒们以殉道为荣,北非的基督徒见面时的一句问候语就是:"愿你成为一名殉道者!"因为为主殉道是灵魂上天国的一条捷径。但是,到了 313 年,罗马帝国突然宣布基督教为合法宗教。势利的罗马人看到皇帝也支持基督教,于是纷纷跻身其中。这样一来,教会就成为泥沙俱下、鱼目混珠的大杂烩。

面对这种状况,一些严肃的基督徒就开始思考这样一个问题:当时代不再需要殉道者的时候,做一名真正的基督徒意味着什么?他们的回答是:与自己的各种欲望做斗争也是一种殉道方式。这样一种观点就导致了基督教修道运动的出现。基督教早期的修道运动是骇人听闻的,它在禁欲方面所达到的程度也是登峰造极的。比如,修道运动的开创者北非的安东尼,据说他到荒郊野外修炼了十几年，终日以野草为生，以兽皮蔽体，在忏悔、流泪和呻吟中度过了十几年，刻意磨炼自己的信心和意志。复出之后，他又带领很多人重返荒野，继续修道。不久，从这种个人修道方式中又发展出集体修道制度，进而出现了修道院。意大利著名的卡西诺修道院的创建者是 5 世纪的本尼狄克，他原来是一个意大利的贵族，早年生活放荡不羁，后来皈依了基督教，变卖了所有家产，来到意大利的一个荒原开始修道。他终日以泪洗面，过着忏悔而痛苦的生活。有一天，他在修道的时候，突然想起了曾经与其热恋的一位女子，无法自持，乃至几乎要放弃继续修道的决心。就在这时，上帝的声音突然在他耳边响起，他为自己刚才的念头而感到羞愧，为了惩罚自己，他脱下兽皮，在一片荆棘丛中来回翻滚，弄得体无完肤，他就这样借助肉体的创伤来治愈灵魂的创伤。由此可见，基督教的唯灵主义就是要从心灵深处进行革命。耶稣在《圣经》里说，一个人若是因看到妇女而动了邪念，这个人就已经犯奸淫罪了；若是看到别人的财产而动了贪念，这个人就已经犯盗窃罪了。这显然是一种圣徒的道德，这样的圣徒在我们中间没有几个，耶稣的门徒，如彼得、保罗无疑是圣徒，罗马帝国时期的那些殉道者是圣徒，修道运动的发起者也是圣徒。正是由于这些圣徒的表率作用，早期基督教徒的道德水准普遍比较高，否则基督教也不可能战胜罗马的屠刀而得以广泛传播。

在中世纪，最典型地表现了基督教唯灵主义理想的是哥特式教堂。哥特式教堂兴起于 10 世纪，哥特人是日耳曼人的一支，"哥特式"（Gothic）一词的原义是用来形容一切野蛮、丑恶的东西，后来则发展成为一种主流的宗教建筑形式，如巴黎圣母院、科隆大教堂等都是比较典型的哥特式建筑。哥特式教堂的内部非常高，配以怪诞夸张的巨大肋架拱和五光十色的玻璃花窗，给人以一种空灵幽邃的神秘感和彻心透骨的忏悔意识。哥特式教堂就如同一座巨大的灵肉分离器，基督徒进入其中就会受到一次灵魂的净化和升华。用19世纪德国著名诗人海涅的话来说："基督教最可怕的魅力就在痛苦的极乐之中！"这种痛苦的极乐，这种通过绝望而展现出来的希望，这种通过痛苦而传达出来的极乐，对基督徒来说，就是基督教的真正魅力所在，所以基督教的唯灵主义具有一种血淋淋的、被撕裂的美感，这种苦难的美感会给基督徒一种巨大的精神感召力。一名基督教徒，无论他犯了多么深重的罪孽，只要他走进了教堂，他的灵魂就会受到一次洗礼。当然，至于他走出教堂之后是否会继续犯罪，那是另一个问题，但是至少在他走进教堂的那一刻，他的灵魂是很虔诚的。

随着基督教从一种受迫害、受压抑的宗教变成欧洲人唯一的宗教信仰和意识形态，基督教的唯灵主义就很难在顺境之中继续保持其纯洁的内涵。到了中世纪中期，罗马教会的权力急剧膨胀，已非一般的世俗王权可以抗衡。修道院占有了大量田产，成为欧洲最大的庄园主。在中世纪，一个人要想成为一个受人尊重的神职人员，成为一个灵魂最接近上帝的修道士，就必须发三大誓愿，即贫穷、贞洁和顺从，以表示终生侍奉上帝。《圣经》里有一段经典描述，一个富人问耶稣，怎样才能进上帝的国。耶稣让他变卖财产分给穷人，这个人就面有难色地走了。耶稣就指着他的背影对门徒们说，富人要进上帝的国，比骆驼穿过针眼还要难。随着罗马帝国的崩溃和封建制度的出现，天主教会日益走向了权力、财富和专制的巅峰。权力导致腐败，绝对的权力导致绝对的腐败。到了12—13世纪，神职人员和修道士的三大誓愿已经蜕变为一种绝妙的嘲讽：贫穷的誓愿使修道院成为欧洲最大的财主，贞洁的誓愿使修道院成为淫乱的渊薮，而顺从的誓愿则使罗马教会登上了欧洲权力之巅。

在中世纪后期，几乎所有污秽的事情莫不出自罗马教会，乃至14世纪的人文主义大师彼特拉克愤怒地把罗马教会称为"全世界的臭水沟"。

基督教的本质精神已经发生了巨大的改变，唯灵主义已经被物欲主义取代，从而使基督教的理想与现实、理论与实践陷入了痛苦的自我分裂和二元对立之中。与古希腊文化的和谐之美、古罗马文化的凝重之力相比，基督教的这种自我分裂和二元对立给当时人们的心灵留下了极其痛苦的感受。因此，一个基督徒从生到死，就应该时时刻刻谦卑谨慎地防范、抵御魔鬼的各种诱惑。我曾在一本书里写道："人生就是一个过程，是从兽变成神的过程；人生也是一个战场，是兽性和神性鏖战的战场。有两种力量同时存在于我们身上，神性的力量把我们往上拽，兽性的力量则把我们往下拉。"法国浪漫主义文学家维克多·雨果有一句名言："人的两只耳朵，一只听到上帝的声音，另一只听到魔鬼的声音。"人类由于来自动物界，所以很容易受到魔鬼或兽性的诱惑，较难听从神性的呼唤。一般来说，堕落乃是一件令人愉快的事情，然而要向高尚的境界升华却是很痛苦的，需要很强的毅力和精神的磨炼。

我常常喜欢说，做一个罗马人是很容易的，成天纸醉金迷、声色犬马，一味地堕落。也许在夜半时分，酒醒之后，罗马人会有一丝惆怅，但是第二天早晨太阳一出来，他又可以理直气壮地去堕落了。但是做一个基督徒就比较困难了，他必须与各种肉体的欲望做斗争，必须杜绝一切人性的享受和人间的快乐，这是一件很困难、很痛苦的事情。毕竟人是一种容易堕落的动物，虽然他有灵魂。但是基督教给人提出了那么崇高的理想，要求信徒拒绝一切美好的东西——美食、华服、美女，甚至连光华之色和鸟语花香都会被看作魔鬼的诱惑。

奥古斯丁在《忏悔录》一书里写道，他成功地抵御了男女之欲、口腹之欲等各种人生欲望，但是有一样东西他久久不能克制，那就是对光华之色的喜爱。后来，他终于发现，光华之色也是魔鬼的一种诱惑，于是他通过艰苦的努力，终于抵制了这种爱好。海涅曾经讲述过一个巴塞尔夜莺的故事，大意是说在 1433 年巴塞尔宗教会议期间，一群学识渊博、信仰虔诚的主教和修道士被一只夜莺的美妙啼鸣声深深地感动了，其中有一位道行最深的修道士突然意识到这只惑人耳目的夜莺就是魔鬼的化身，于是他念起了当时流行的驱鬼咒语。这只夜莺果然笑着回答道："对，我就是邪恶的精灵。"然后飞走了。据说所有听到它的优美歌声的人第二天都病倒了，不久就纷纷死去。这个阴郁而恐怖的故事表现了基督教唯灵主义的偏狭，它把一切可能引起感性快乐的东西都视为魔鬼的诱惑。正是这种过于崇高的理想，注定了中世纪基督教文化的自我分裂和二元对立的宿命。

当时，一方面，基督教的理想表现出崇高圣洁性；另一方面，组成教会的人又都是血肉之躯，而且还掌握了巨大的权力和资源，这样就必然使得罗马教会在实践方面背离基督教的理想。于是，我们在中世纪基督教社会中就看到了一种严重的分裂和普遍的虚伪。神职人员一面高唱着拯救灵魂的高调，一面却从事着蝇营狗苟的勾当，这种言行相悖的伪善在中世纪后期的基督教社会中竟然成为一种普遍现象。在这种状况下，中世纪所有的基督徒都处在一种二元分裂的撕扯之中，根源在于基督教所表现出的崇高理想与人性的自然欲望之间的巨大矛盾。

大家一定看过维克多·雨果的《巴黎圣母院》吧？基督教文化的内在矛盾在这部作品里被揭露得淋漓尽致。小说中的弗罗洛神父有学问，信仰坚定，富有同情心。在早年去山区布道的时候，弗罗洛捡到了一个又聋又驼又丑的弃婴，就是后来的敲钟人卡西莫多。他把这个弃婴抚养成人，始终教诲他要听从上帝的教导，要行善事。如果弗罗洛一生中没有遇见爱斯梅拉达，他将是一个纯洁而高尚的神父。但不幸的是，他无意间看到了爱斯梅拉达。尽管他身着黑袍，满面阴沉，但是他毕竟是一个人，有着正常人的情欲。然而他的神父身份却使他不能正常地去爱一个女人，他只能偷偷摸摸地用阴谋手段来夺取爱斯梅拉达。所以当他的爱被无情地拒绝时，他就恼羞成怒，诬告爱斯梅拉达为女巫，将这个美丽的女孩送上法庭，使其被判处死刑。在行刑之前，弗罗洛利用他的副主教的身份，来到死囚牢房里探望爱斯梅拉达。在那个阴森的牢房里，他对爱斯梅拉达说了一段发自肺腑的话。他说："在遇到你以前，我的肉体也不是没有受到过感动，也有很多次，当一些美丽的异性从我眼前走过的时候，我的热血会沸腾，我的身体也会痉挛。但是，只要我一回到自己的斋戒室，严格的斋戒生活和修道制度又会使我马上回到冰冷的信仰和禁欲之中。但是，如果人没能抵御住魔鬼的诱惑，错误只在于上帝没有给予人足够的意志和毅力。于是，那一天我遇见了你，这就注定了我们的悲剧。那一天，当我正在巴黎修道院里做祈祷的时候，一阵悦耳的歌声从敞开的窗户里传进来，这声音是如此优美动听，我禁不住起身打探，于是我看见了美丽的你，我一下子就爱上了你。当时我想，你一定是一个女巫，不然哪会有如此的魔力。于是，我想效仿前人驱魔的方式来对付你，我告诉自己，如果我再看见你，我一眼就能从你那美丽的面容背后看到魔鬼的狰狞嘴脸。可悲的是，当我第二次看见你的时候，我就想一千次地看到你！于是我躲在一切阴暗的角落，像一个幽灵一样等待着你的出现……"弗罗洛神父最后几乎是用一种呻吟的口吻说道："你的歌唱得那样动听，难道是我的错吗？你的舞跳得那样好看，难道是我的错吗？你长得那样美，难道是我的错吗？毕竟，一个男人爱上了一个女人，这不是他的错啊！"

看到这里，我感到更多的不是对弗罗洛的憎恶，而是对他的可怜。弗罗洛被那个文化扭曲了，他被信仰剥夺了爱的权利，因此他只能像一只鼹鼠一样偷偷摸摸地去爱。正是基督教的极其崇高的唯灵主义理想对人性的压抑，才导致了弗罗洛和爱斯梅拉达的悲剧。大家都知道，中世纪基督教文化最丑恶残暴的产物就是宗教裁判所和火刑法庭，在中世纪，许多美丽的妇女都被诬陷为女巫并被送上火刑法庭。教会为什么要迫害她们？我曾经在一本书里分析过，当那些身穿黑袍、发誓要恪守教义的修道士把所谓的女巫投进熊熊燃烧的烈火中时，他们体验到的是一种变态的心理宣泄，因为这些妇女实际上只是他们心中未曾阉割干净的人性欲望的无辜替代品。当他们把那些让自己内心欲念蠢动的美丽妇女投入烈火中的时候，他们感到的是一种扭曲的快感。宗教裁判所和火刑法庭这些最丑恶的现象，实际上反映了基督教唯灵主义理想的深重危机。当罗马教会需要用暴力和火刑架来维系自己的理想时，这种理想已经名存实亡了。

中世纪基督教文化的内在矛盾还表现在各种虚假的赎罪方式上，为了搜刮民脂民膏，教会巧立名目收取各种钱财，并且宣称许多外在性的形式具有赎罪功能。这样一来，信仰本身就成为无所谓的东西，金钱却成为一个人的灵魂得以进入天国的通行证。一个人尽可以肆无忌惮地去堕落、去做坏事，只要他做完坏事之后肯到教堂里去忏悔，肯掏出一笔钱来赎罪，肯拿起武器去参加十字军东征，他的灵魂就可以上天堂。到了13—14世纪，一种叫作"赎罪券"的东西在社会上到处流行，这个赎罪券有什么用处呢？它是由教会发行的一种据说有赎罪功能的债券，它可以解除一个人以及他的已故亲人所犯的罪过。赎罪券的票值不等，所赎罪孽的年限和功效也不一样。只要你肯认购这些赎罪券，哪怕犯下了滔天罪恶，你的灵魂照样可以上天堂。这样基督教就完全背离了它的本质精神，由一种唯灵主义的宗教变成了一种形式主义的宗教，由一种玉洁冰清、崇高典雅的天国福音，变成了一种卑污龌龊、虚伪腐朽的人间闹剧。基督教本质精神的这种变化，其结果就导致了中世纪基督教文化最深刻的内在矛盾，即理想与现实、理论与实践之间的二元分裂。一方面，基督教的理想非常崇高圣洁，另一方面，整个教会的实践活动又是如此的卑污龌龊；一方面，是阳春白雪的唯灵主义理想，另一方面，则是蝇营狗苟的纵欲主义勾当，这样就形成了一种严重的二元分裂，这种二元分裂又造成了中世纪基督教社会的普遍虚伪。理想与现实、理论与实践之间的严重分裂，使得基督教文化到了中世纪后期已经不可能再往前发展了，因此这个时候就必然会发生变革，这样就引发了文艺复兴和宗教改革这两场划时代意义的文化变革运动。

第八节　西方文化的传统与更新

在这一节，我将介绍西方文化的传统与更新。这个话题比较宏观，不太涉及细微的学术问题，但是可以对大家观察当今世界有所助益。

今天我们所面对的西方文化是一个强势文化，西方文化在科学技术、经济发展等诸方面，都处于世界领先地位。同样，正因为它是强势文化，从18世纪开始的全球性西方化浪潮（或称殖民化浪潮）把西方的经济模式、政治理念和价值体系带到了非西方世界，包括中国。因此，在今天，西方文化对中国文化的影响可以说是非常明显的，从日常生活到经济模式甚至文化观念，我们都与西方文化有了千丝万缕的联系。

1500年前后的世界格局

但是，如果我们追溯一下西方文化的传统和历史，就会发现，西方文化的崛起也就是近几百年的事情。事实上，如果我们把目光退回到1500年前后，即16世纪开端的时候，会发现那个时候的西方文化如果与同时代的中国文化相比，是明显落后的，乃至有人说这几百年间，不是中国文化落后了，而是西方文化大踏步地前进了，发生了一些根本性的、飞跃性的转变，所以相比之下，西方已经走在前面。这个过程是怎样发生的？这就是我要讲的问题。这是一个宏观话题，内容会涉及一些大的方面，但是由于篇幅限制，我在此不可能讨论太多的细节。我只想提供一个总的历史视野和脉络，这对于大家观察当今世界、观察中西文化之间的关系以及未来这两种文化，特别是西方文化的走向，可能是有所裨益的。

首先，我想介绍一下1500年前后的世界大体格局。1500年的时候，人类文明主要分布在旧大陆的欧亚大陆上。美洲那时候还没有被纳入文明体系之内，1492年哥伦布才发现美洲，而且哥伦布发现的美洲是一个相当原始的美洲，因此谈1500年前后的文明就只能谈旧大陆的文明。在1500年前后，旧大陆的人类文明经过几千年的发展，基本上形成了一个比较稳定的文明格局，这个文明格局可以按照不同的文化传统，特别是根深蒂固、源远流长的传统宗教－伦理价值系统，大体上分为三大块。

最西边的一块就是欧洲，那个时候的西欧还没有进行宗教改革，还是一个以基督教为主导的西欧，整个西欧都受基督教的深刻影响。那时候的欧洲经济发展水平比较低，而且还没有形成今天我们所知道的那些民族国家，比如法国、英国、德国等。这些国家当时还处于生长、形成的过程之中，所以政治上是非常混乱的。当时欧洲正处在封建制度下，而欧洲的封建制度，是真正的、名副其实的封建制度，因为"封建制"这个概念首先不是一个政治学概念，而是一个经济学概念。这是指一种层层分封的采邑制度，一个王国可以分封为几十上百个诸侯领地，每个诸侯领地又可以进一步分封为许多更小的诸侯领地和骑士领地。每一块封地或采邑即使再小，也拥有完全的经济、政治和司法权力。这样就形成了一种国中有国，一般民众只知其经济上的归附者、不知其政治上的统治者的现象，从而使整个欧洲在领土上和经济上陷入一种四分五裂的混乱状态。在这种封建状态下，西欧社会的文明程度相对于处在大一统的政治集权状态下的中国社会而言，可以说是非常低下的。在长达约一千年之久的中世纪历史中，主流的文化形态就是基督教所宣扬的那一套观念，它教导人们应该将视线投向天国，而对人间的东西不太关心。

正是由于这样的价值取向，人们对发展世俗文化没有兴趣。乃至到了15—16世纪的时候，今天大家耳熟能详的"进步"概念，对西方人来说却是知之甚少。原因很简单，如果人们都把视线投向天国，没有人对人间的事情感兴趣，人间自然就不存在什么进步的问题。进步是启蒙时代所产生的一个观念，即相信在人间，随着历史的发展和知识的积累，人类的状况会一天比一天更好。这样一种进步观，是中世纪的人们所没有的。中世纪就是简单的两分——天国和人间。人间是糟糕的，是人们随时准备放弃的地方；而天国则是光明纯粹的，尽管只是一种理想。

到了1500年前后，西方社会已经发生了一些内在的变化，很多新生事物的萌芽正在悄然酝酿，不过在当时还看不出什么端倪，基本上还是处于地下的状态。这就是基督教欧洲的大体状况。当然，从更广泛的意义上来说，当时的基督教世界还应该包括东欧的（也就是最初以君士坦丁堡、后来以俄国为中心的）东正教世界，这个亚文化圈在当时同样很落后，尤其是在1453年君士坦丁堡失陷、东正教中心向俄罗斯北移之后更是如此。所以1500年前后的整个西方基督教世界，大体上是这样一个局面：经济上落后，政治上分裂，文化上凋敝。

旧大陆东部，也就是我们今天所在的中国，或者以中国为中心的东亚文化圈，那个时候（明朝）正好处在一个传统文化发展的顶峰状态。中国传统文化到宋明时期达到了顶峰，充分展现了中华文明的辉煌。而且，经济上也已经出现一些新的萌芽，我们可以称之为"资本主义萌芽"，商品流通达到了一定水平，已经出现了徽商、晋商等职业商人，推动了商品经济的发展。在明朝中叶以后，很多大城市中都设有钱庄，人们出门不用带银子，带着银票就可以在城市的钱庄里兑现，由此可见商品经济的发展水平是比较高的。

在政治上，自秦始皇之后，古代中国实施的就是中央集权的郡县制，形成了所谓"溥天之下，莫非王土；率土之滨，莫非王臣"的大一统政治格局。虽然也存在着很多问题，比如官僚体制的腐败、行政效率的低下等，但是总的来说比四分五裂的西欧在行政效率上要高得多。至于文化方面，就更不用说了。宋明时代的中国文化已经达到了非常高的水平，形成了宋明理学的哲学思想，是儒家发展的第二个高峰。在文学、艺术方面，唐诗宋词发展到宋朝之后就出现了明清的小说，元曲之后也出现了戏剧。还有其他方面的发展，在这里就不一一列举了。

相比1500年前后的西方基督教世界而言，中国儒家伦理文化的发展水平无疑要更高一些。西方世界是信仰基督教的，而中国的明朝则奉行儒家伦理。儒家思想在明朝可以说已经深入人心、家喻户晓，成为中国人自觉奉行的一套价值体系和观念形态。从汉武帝罢黜百家、独尊儒术之后，经过了一千多年的发展，到了明朝，儒家思想可以说已经深入人心，每一个中国人都自觉地奉行儒家的仁义礼智、忠孝节悌等价值观念和行为规范。

在这两个世界之间，还有一个广大的伊斯兰世界。从中亚一直到西亚、小亚细亚，甚至到地中海南边的北非，这一大块地方基本上都是伊斯兰教文明的天下。在16世纪前后，整个伊斯兰世界又可以大体上分为三个国家。第一个是今天伊朗所在的地方，其前身是波斯，在16世纪初出现了一个统一王国，叫萨非王朝。第二个是在今天的南亚次大陆，也就是印度，印度的老百姓虽然是信奉印度教的，但是当时的印度被信仰伊斯兰教的入侵者所统治，这些人建立的王朝叫作莫卧儿王朝。由于王朝的统治者信奉伊斯兰教，我们仍然把它看作一个伊斯兰国家。在广阔的伊斯兰世界中，最强大的国家就是最西边的奥斯曼帝国，它是由奥斯曼土耳其人建立的一个帝国。这些土耳人同时也是穆斯林。奥斯曼帝国在1500年前后可以说是如日中天，势力范围相当大，而且对基督教欧洲形成了很明显的威逼之势。1453年，奥斯曼土耳其人攻陷了屹立在欧亚大陆咽喉部，也就是位于博斯普鲁斯海峡南口的欧洲堡垒——君士坦丁堡，君士坦丁堡从此也被改名为"伊斯坦布尔"。

君士坦丁堡是怎样的一个城市呢？它是东罗马帝国的首都，或者说拜占庭帝国的首都，是在4世纪时由罗马帝国皇帝君士坦丁建立的城市。由于它的地理位置非常险要，卡在欧亚大陆的接壤处，在博斯普鲁斯海峡的南口，所以构成了一个天险，自从7世纪伊斯兰教崛起，建立起阿拉伯帝国之后，富于扩张的阿拉伯帝国曾经多次进攻西欧，但是都被有效地遏制在君士坦丁堡城前。然而，到了1453年，奥斯曼土耳其人终于攻陷了君士坦丁堡，而且在此之前便已占领巴尔干半岛，也就是说，他们把东欧、希腊半岛都占领了。因此，整个巴尔干半岛从西方基督教世界转向了伊斯兰世界，这意味着当时欧洲在东方的前线，已经由欧亚大陆接壤处退缩到中欧这一带，退缩到多瑙河、匈牙利和奥地利这些地方。我们可以在地图上看到，匈牙利、奥地利位于中欧，是欧洲的腹地，也就是说在1500年前后，欧洲的腹地成了西方基督徒抵抗东方穆斯林的前线。在这个意义上，当时对西方基督徒来说，日子确实不好过，他们确实感到了一种压力。因为奥斯曼帝国这个国家富于扩张性，来势汹汹，而且不仅从正面威逼多瑙河，还占领了埃及、北非，甚至从直布罗陀海峡那边威胁着西班牙。如果我们回到当时的那种生活场景中，我想可能没有人在面对这种世界格局时会相信未来的世界属于西欧、西欧将会引导世界文化发展之潮流。因为当时西欧的状况太令人沮丧了，经济上落后，政治上混乱，文化上凋敝，而且还面临着穆斯林，特别是奥斯曼土耳其人咄咄逼人的攻势。

20世纪时，美国历史学家斯塔夫里阿诺斯在著名的《全球通史：从史前史到21世纪》中写道："如果公元1500年前后有人在月球上观察地球，那他对伊斯兰世界的印象一定会比对基督教世界的印象要深得多。"借用一下这个假设的形式，我想如果公元1500年前后火星上有一个观察者，他看了旧大陆三分天下的格局之后，一定会认为未来世界如果不是属于武力强盛、咄咄逼人的奥斯曼帝国，就一定是属于经济繁荣、文化昌盛的明朝，没有一个人会相信欧洲将会独占世界之鳌头。那个时候的很多欧洲人，面对奥斯曼帝国的军事威逼，听到从13世纪马可·波罗父子等旅行家回到欧洲后流传的关于东方富庶的那些传说后，一定会想自己怎么这么不幸地生活在了欧洲。正是在这样的状况下，欧洲社会开始发生一些根本性的变化，这种变化既有现实的挑战，也有历史的原因。

西方文化传统与基督教背景

我再简单介绍一下广义的西方文化传统，这种传统从大的方面来说可以分为三个部分。第一部分是古希腊的，就是西方人称之为"摇篮"的古希腊文化，西方文化最初是在古希腊文化的摇篮中长大的。第二部分是古罗马的，或者称为拉丁的，这是西方文化发展的青年时期。第三部分是基督教文化，很难说它可以直接跟哪一个民族挂钩，但是它对欧洲北部的那些民族，即广义的日耳曼民族，影响非常大。当日耳曼民族在5世纪作为入侵者进入文明的古希腊罗马社会中时，他们还是一个彪悍民族，还没有进入文明状态。他们是在定居于罗马帝国的土地上之后，才开始了文明的教化过程，而这种文明教化工作在很大程度上是由基督教会来完成的。

我老是喜欢说，对日耳曼民族而言，基督教就是它的安身立命之本，这个民族是听着基督教的赞美诗长大的。日耳曼民族把罗马帝国的一切文化成就都摧毁了，唯独把基督教保留了下来，而且还接受了基督教的信仰，普遍皈依了基督教。乃至7世纪的时候，欧洲几乎所有的人民都成为基督徒。对中世纪的西欧人来说，教堂就是他们重要的生活中心，一个人从生到死的所有活动都与教会、教堂、宗教事务密切联系在一起，基督教因此成为全民宗教。在这样的情况下，我们说基督教对日耳曼人，对北部欧洲人民的影响要比对南部欧洲人民的影响更大。当然我说的这个基督教是指广义的基督教，既包括宗教改革之前的天主教，也包括宗教改革以后的新教。

正是由于这样，从5世纪日耳曼人入侵，到7—8世纪几乎所有欧洲人民接受基督教信仰，欧洲逐渐形成了一种基督教文明，整个中世纪的西欧可以说都是在基督教理念的笼罩下发展的。当时的欧洲在经济上和政治上处于分崩离析的封建状态中，世俗王权积弱不振，皇帝和国王徒有虚名，所以就为罗马天主教会和教皇凌驾于世俗王权之上提供了方便之门。当时罗马天主教会自称掌握着人们灵魂上天堂的钥匙，并提出现实世界的生活是不值得留恋的，只是彼岸生活的一个预修学堂，要先在这个世界上修炼一番，才有资格到那个世界去。这套观念在我们今天看来是很荒唐的，但是在当时是深入人心的，没有一个人不相信，因为人们从小就受这种观念的教导，怎么可能不相信它呢？而且整个中世纪时的人们的文化水平都非常低，一般的人、一般的阶层，甚至王公贵戚、国王、诸侯等都不识字，没有文化。只有教会里面的教士阶层，即神父、主教等是有文化的，但是他们的文化也只限于基督教的信仰和经典方面。直到17世纪，欧洲的印刷品在内容上仍然有90%以上与《圣经》相关，世俗的读物基本上没有。在那个时代，一个人即使有钱也没有地方去接受世俗教育，我们不能用今天的眼光去看那个时代，那个时代是很愚昧、保守的，但是人们的信仰又是很虔诚的。正是因为人们愚昧、保守，所以就坚信教会宣扬的那一套道理，从生到死，坚信不疑。

正是罗马教会高高地凌驾在世俗王权之上，导致了整个罗马教会的腐败。到了中世纪后期，西方基督教世界中的一切社会矛盾和文化问题，究其根源都是罗马教会的专制统治所导致的。在经济方面，教会在名义上宣称自己是引导人类灵魂上天堂的阶梯，能帮助人们实现灵魂从此世向彼岸的过渡，然而在事实上，教会却成为最大的庄园主，拥有欧洲大量的庄园土地。西欧近代资本主义的发展，其中有一个很重要的前提就是教产还俗，即国家剥夺天主教会和修道院的财产，把它廉价卖给乡村地主，后者就成了最早的资产阶级。

教产的问题，是一个大问题，过去做历史研究的人不注意这个问题，实际上，当时欧洲最大的财主就是教会。教会利用"掌握人们灵魂上天堂的钥匙"的这种精神特权，也逐渐地控制了社会的经济资源。另外，在政治上，由于世俗王权分崩离析，教会反过来超越了王权。而且它制造了一套理论，说世俗王权的根据就是上帝，也就是说，王权来自教权，"恺撒"的权力来自"上帝"。在欧洲，一直到拿破仑时代，欧洲的君主不仅是世袭的，而且每个君主要想获得政治上的合法性，必须到罗马去接受罗马天主教皇的加

第三章　西方文化的发展

冕，要由罗马天主教皇代表上帝亲手把王冠戴在他的头上、把权杖授予他，这样他的统治才具有合法性。这种传统在欧洲根深蒂固、源远流长。拿破仑这样一个叱咤风云、称霸一时的枭雄，为什么要与原配夫人约瑟芬离婚？原因很简单，因为他是一个平民，在欧洲传统中，只有具备王族（如哈布斯堡家族、霍亨索伦家族等）血统的人才能成为皇帝或国王。一个平民即使通过僭越的方式获得了权力，欧洲各国君主也是不会承认他的，因为他没有合法性。拿破仑固然可以通过武力来称霸欧洲，但是他死了之后怎么办？他的儿子如何合法地继承皇位？这是一个大问题。拿破仑必须娶一个有哈布斯堡家族血统的妻子，只有这样，他们所生的孩子才可以合法地继承拿破仑的帝国。尽管拿破仑是一个什么都不放在眼里的敢做敢为的英雄，他也要去罗马接受罗马教皇给他的加冕；尽管他非常狂妄地把皇冠从教皇手上夺过来戴在自己的头上，他还是要接受教皇的加冕，这是一个传统。从这里可以看出，教会当时在政治方面也是超越皇权的，而且那套理论就叫作"君权神授"，即皇帝的权力来自神。

至于文化上，欧洲中世纪所有的文化都与基督教有关，都与信仰有关。在中世纪，教会人士是唯一掌握知识的社会阶层，从这个意义上说，在文化方面，教会更是对整个社会形成了一种独断的权力。正是由于这样，欧洲近代的任何变革都要从宗教的变革开始，这是马克思、恩格斯的一个重要观点。黑格尔把文艺复兴和地理大发现称为近代"黎明之曙光"，而把宗教改革称为"黎明之曙光以后继起的光照万物的太阳"[1]，为什么这样说呢？因为当时所有的社会问题，包括经济、政治、文化问题，都是当时罗马天主教会一统

---

[1] ［德］黑格尔：《历史哲学》，商务印书馆1936年版，第654—655页。

天下的专制所导致的，那么任何现实的变革也必须将宗教的变革作为开端。在这个意义上，宗教改革无可争议地成了西方社会变革的逻辑起点和历史起点。

欧洲近代的变革可以分为两方面。

一方面是观念形态上的变革，主要涉及人们的思想观念、精神文化，这些东西很重要。我们今天的思想与改革开放以前的时候比，发生了根本性的变化，这个变化是潜移默化的，是在无形之中日积月累地发生的。这说明观念变化是很重要的，我们今天的生活在我们今天的观念的支配之下，同样，在改革开放前，我们的行为是受另一套完全不同的观念所支配的。由此可见观念变革的重要性。人毕竟是一个思想在先的动物，是有理性、有精神的动物，人的任何行为都是有目的、有意图的，所以思想的变化肯定在先。我老喜欢说，一个人只有改造了自身才能改造世界，你把自己改变了，世界也就随之改变了。这是一个很简单的道理，就是因为太简单，所以我们反而看不到，离我们眼睛最近的东西恰恰就是我们看不到的东西，这是我所说的一个方面，即文化方面的变革，它涉及精神、思想和观念。

另一方面是实践领域里的变革。其中的许多变革，刚开始时没被人们意识到。近代初期，那些让西方社会在经济生活方面产生最初的变化（今天称之为资本主义萌芽）的人，是不知道自己的行为产生了什么结果的，但是这些变化或萌芽在客观上引发了非常深远的影响。

我先讲观念形态方面的变化，再讲实践领域的。说到观念形态，我们必须从宗教改革开始谈，正如前文提到的，既然欧洲中世纪所有的社会问题都是罗马天主教会一统天下的专制格局造成的，那么任何现实的变革都必须从基督教的内部变革开始。15—16

世纪的欧洲发生了两场很重要的文化变革运动，一场是在南部欧洲，主要在拉丁语世界，以意大利为中心，包括西班牙、法国，这就是拉丁语世界中的文艺复兴，以及在文艺复兴中所产生的人文主义思潮；另一场运动是在北方日耳曼语世界中发生的，以德国为发源地，还包括瑞士、英国、斯堪的纳维亚半岛等广义的日耳曼语世界，这场运动就是宗教改革。这两场运动对中国人来说都很熟悉，我们都把它当作西方中世纪社会向现代社会过渡的重要枢纽。这两场运动共同构成了西方文化突破中世纪的罗网、走向现代化的一个开端或起点。但是，这两场运动的意义是不太一样的，它们对后世的影响也大不相同。

文艺复兴与宗教改革

我们先来看看文艺复兴。中世纪西欧的基督教文化是排他性的和不宽容的，它把基督教以外的任何其他宗教都斥为异教，采取赶尽杀绝的态度；也将基督教产生之前的古希腊文化，当作异教文化排斥，从而使得曾一度辉煌无比的古希腊文化，在中世纪一千年的时间里，几乎在西欧绝迹。而文艺复兴运动的表面意义，就是要在黑暗愚昧的基督教世界里重新复活灿烂辉煌的古希腊罗马文化。人们通常认为，1453年君士坦丁堡被奥斯曼土耳其人攻陷，大量希腊人逃回了欧洲，就给欧洲带回了阔别千年之久的灿烂辉煌的希腊文明，从而使得生活在黑暗中的那些基督徒猛然觉醒，发现原来自己祖上还有过如此辉煌的文化，于是掀起了一场学习古典文化的热潮，这样就引发了文艺复兴运动。然而事实上，文艺复兴并不是这么简单的一件事情，它的目的也不仅仅是要复兴古典文化，只不过是以此为旗帜,实际上是要突破基督教那种陈旧的观念,要在基督教信仰中更多地补充一些人性的色彩。我们现在问:文艺复兴以及它所促成的人文主义,其意义究竟在哪里?那就是用人性来取代神性,用人道主义来取代神道主义,用人世间的幸福来取代天国的理想,号召人们理直气壮地去享受现实生活,而不要为了一个虚无缥缈的理想放弃现世的享乐。这就是文艺复兴和人文主义的基本意义。

正因如此,文艺复兴和人文主义的文化成就主要表现在感性的层面,即文学艺术方面。感性层面的东西是直观的,一眼就可以看到,不需要进行什么深刻的思考。大家可能看过达·芬奇、米开朗琪罗、拉斐尔、提香、波提切利等人的艺术作品,那么,这些艺术作品的魅力在哪儿?一方面,它充满了一种感性的,甚至是肉欲的色彩,充满了对人间生活的赞美之情。与中世纪的艺术作品相比,这些艺术大师笔下的人物从头到尾充溢着人性味,他们把一个女人画得又像一个女人了,把一个男人画得又像一个男人了。然而在中世纪的艺术作品中,女人没有女人味,男人没有男人味,中世纪不允许人体解剖,所以对人体透视原理掌握得比较差。

另一方面,基督教的理念是通过肉体与精神的反差而表现出来的,一个人物在肉体上越是干瘪,他的精神就越显得丰盈。童贞女玛利亚越不像个女人,就越像一个圣母;基督耶稣瘦骨嶙峋,忍受着被钉在十字架上的痛苦,但是这苦难的象征恰恰向信众昭示了天国的希望和光明。这就是一种强烈的反差,基督教的艺术是反差的艺术。但是,文艺复兴又恢复了古希腊的直观艺术,作品中充满了赤裸裸的人性味和肉欲色彩。达·芬奇的《蒙娜丽莎》、拉斐尔的《西斯廷圣母》,以及波提切利的《维纳斯的诞生》等,他们画的无论是世俗的女子蒙娜丽莎、圣母玛利亚,还是古希腊神话中的人物，都是一些感性十足的女人，当你看到这样的女人，难免会对她产生一种世俗的爱。这些作品向你展现了一些有血有肉的女人和男人，它们告诉你，人间的事物是可爱的，人们没有必要为了一个虚无缥缈的天国理想而放弃人生的享乐。

当时的文学作品也是这样，如薄伽丘的《十日谈》、拉伯雷的《巨人传》、塞万提斯的《堂吉诃德》等，这些著作里除了有针砭现实、揭露天主教会虚伪的内容，还有一个很重要的方面，即它们公然宣扬人应该享受人间的快乐。早在新中国成立初期，薄伽丘的《十日谈》就被称为文艺复兴的代表作，是突破中世纪宗教蒙昧和教会伪善的一部力作。然而就是这样的力作，在20世纪六七十年代，乃至80年代初期甚至更晚的时候，学校的图书馆都不外借。为什么？原因很简单，因为它虽然揭露了中世纪教会的腐朽、愚昧和虚伪，但是它同时也充满了对人间两性快乐的赤裸裸的描写，就像《金瓶梅》一样，所以在中国曾被认为有诲盗诲淫之嫌。

文艺复兴和人文主义就是这样公然地宣扬人应该满足这些人性的欲望，诚如14世纪文艺复兴主将彼特拉克引用古罗马诗人的那句："我是人，人所具有的我都具有。"我是人嘛，所以我应该像人一样生活，人所具有的七情六欲我都具有，而且我应该理直气壮地、毫无羞愧地满足它。文艺复兴时期的人文主义者主要集中在意大利，他们公然主张满足人的欲望，从而促成了整个意大利文化的开放性，而且这种开放性甚至有一点过头了。意大利在南部欧洲，是拉丁文化圈的中心，15世纪前后意大利人的文化水平要比北方人高得多，因为有古罗马文化的渊源。意大利人富有文学天才和艺术天才，再加上他们的个人主义色彩非常浓郁，所以他们不怕突破当时天主教的清规戒律。正是这种艺术天才和个人主义的品性，一方面使意大利人率先突破了中世纪禁欲主义的罗网，另一方面也使他们在道德方面极其堕落和腐败。从某种意义上说,文艺复兴时期的意大利人用公开的放纵取代了天主教会偷偷摸摸的堕落。

中世纪后期天主教的那套道德体系是一个虚假的道德体系,正如薄伽丘在《十日谈》里所揭露的,教会说一套做一套,对基督教信仰阳奉阴违。从理论上说,教会是引导人的灵魂上天堂的一个阶梯,是接引人的灵魂进入天国的一个门槛,但是实际上教会利用其所掌握的经济资源和政治权力为所欲为。教会的神职人员——神父、主教和教皇,穷奢极欲,无恶不作,中世纪西欧社会的各种丑恶事情莫不出自教会。主教和神父嘴里说的是一些拯救灵魂的冠冕堂皇之语,号召人们不食人间烟火,过一种禁欲的生活,自己却干一些蝇营狗苟、卑污龌龊之事,从而导致了一种严重的二元分裂和普遍的虚伪。这种二元分裂和普遍虚伪成为中世纪后期西欧社会最令人触目惊心的现象,整个基督教社会都陷入了虚伪之中,这是一种体制化的虚伪,整个社会就在这种自欺欺人的虚假状态中苟延残喘着,这就是中世纪晚期基督教社会的基本情况。

这种情况下,文艺复兴运动的最重要的意义何在呢?它的意义就在于公开地戳穿这种虚伪。人文主义者公开表示,人就应该言行一致地去追求现世的幸福。我怎么做的就怎么说,我所做的就是要满足人的欲望,我同时也公然为满足这种欲望的要求做辩护。人文主义者号召人们理直气壮地满足自己的自然情欲,在这一点上,他们甚至有些矫枉过正。正是因为这样,文艺复兴时期的意大利就是一个公开堕落的地方,当时在北方民族的眼里,意大利人就是天生的恶棍。但是,这种公开的堕落、公开地满足人的欲望,恰恰是揭露或者冲破一种虚假的道德体系的最有效的手段。我喜欢说这样一句话:"对于一种虚伪的道德体系来说,最好的克服方法就是彻底地不讲道德,想怎么干就怎么干。"这种做法是摧毁伪善道德体系的一副猛剂，但是它只能解一时之需，无法长久。过去我们宣扬文艺复兴，就只说它正面的部分，但是它也有一些负面的部分，那就是道德体系的彻底崩溃。如果大家感兴趣，可以看看西方一位研究意大利文艺复兴的权威作家布克哈特所写的《意大利文艺复兴时期的文化》一书，他描写了这一时期意大利人在道德上如何败坏、政治上如何混乱，但是他们在思想上恰恰是解放的。

文艺复兴运动及其所产生的人文主义思潮，尽管在南部拉丁语世界中产生了巨大的文化效应，冲破了罗马天主教会虚伪的禁欲主义罗网，并且创造了琳琅满目的艺术成就，但是对阿尔卑斯山以北的贫穷、愚昧、落后的日耳曼民族来说，并没有引起什么强烈的反响。为什么会这样呢？原因是多方面的。第一，日耳曼人不像意大利人那样，有一个辉煌的古代文化可以复兴。如果文艺复兴意味着意大利人对自己祖辈所创造的古典文化的复兴，那么日耳曼人却没有任何值得炫耀的东西可以复兴，他们的祖先是来自原始森林的彪悍入侵者。第二，在15世纪前后，北方日耳曼人的生活状况与一千年之前相比，并没有什么显著的变化，他们生活在欧洲最愚昧、贫穷、落后的环境中。这种愚昧、落后的生活状况是保持一种虔诚的信仰和朴素的道德的最好土壤，因此日耳曼人既不满意罗马天主教会的虚伪勾当，也不喜欢意大利人的公开堕落。

正因为这样，当时北方日耳曼语世界的人们对南方拉丁语世界的文艺复兴和人文主义并不感兴趣。即使在今天，我们看一看米开朗琪罗、达·芬奇、拉斐尔的作品，特别是波提切利的那些绘画，都会觉得这些作品从头到尾散发着一种富贵气。这些雍容华贵的东西，对北方民族来说，如何能够消受得了？

在当时的英国人和北部欧洲人眼里，意大利人就是"恶棍"的代名词。英国当时有一句谚语——"一个意大利化的英国人就是一个魔鬼的化身",正因如此,莎士比亚剧作中的许多坏人都是意大利人,如《奥赛罗》中的伊阿古、《辛白林》中的阿埃基摩等。"意大利人的本性就坏"是当时北欧人对南欧人的一种普遍看法。北欧人认为南欧人有教养、有文化,从而也就滑头、奸狡、邪恶。

马丁·路德是德国宗教改革的领袖,他早年还是一个修士时,就对罗马充满了向往之情,就像穆斯林对麦加的感情一样。后来他找了一个机会去罗马朝圣,他怀着敬仰之心来到罗马,却没有想到罗马竟是那么乌烟瘴气、人欲横流。当时的罗马虽不算大,却是一个非常繁荣的城市,在这个小小的罗马城,在这个天主教的中心,光是妓女就有 1.1 万名,罗马天主教皇的眼皮之下竟然有如此公然的堕落。路德出于北方人的淳朴,立即就感到罗马是一个魔鬼的渊薮,从此他就对罗马充满了厌恶之情,这种道德上的愤恨也是促使路德进行宗教改革的重要原因之一。总的来说,北部日耳曼语世界中的民众贫穷、愚昧、落后,同时观念比较保守,信仰比较虔诚,道德比较淳朴,这些人当然对罗马天主教会的道德伪善充满了愤慨,但是他们同样不喜欢意大利人文主义者骄奢淫逸的纵欲主义。正因如此,当南部拉丁语世界中的人们卷入文艺复兴运动和人文主义思潮中时,北方日耳曼语世界中的人们基本上对这场运动没有做出什么回应,他们也回应不了。但与文艺复兴相对应,北方日耳曼语世界发起了宗教改革运动。

宗教改革是一场平民运动,是来自大众的运动,它不像文艺复兴那样主要是知识分子的运动、文化人的运动,也不像后者那样充满了雍容华贵的富贵气息。在与罗马教会的关系方面,宗教改革运动遭到了罗马教会的猛烈攻击,但是文艺复兴运动居然得到了罗马教会的支持和保护。细心的人可以感觉到矛盾之处,一方面,文艺复兴是反罗马天主教会的、反宗教的;另一方面,米开朗琪罗、达·芬奇、拉斐尔的作品却可以堂而皇之地出现在圣彼得大教堂、西斯廷大教堂，以及其他各个大教堂中。如果没有罗马教皇的支持，没有罗马教廷的默许，他们能画上去吗？很明显，当时人文主义者想干的事情，就是罗马天主教皇和神职人员想干却碍于身份不便干的事情，因此当时一些教皇本人就是著名的人文主义者，如利奥十世等，而且还有很多教皇支持人文主义者，花钱聘用他们在教廷任职，让他们在教堂墙壁上绘画。从这个意义上说，人文主义者并不想从根本上颠覆基督教，而只是想用人性来充实基督教，让基督教变得有更多人性味和人间的色彩。就这一点而言，人文主义者与教皇、教会主教的想法正好不谋而合。出身于意大利美第奇等显贵家庭的教皇热衷于附庸风雅，虽然碍于身份而不便于公然奉行人文主义，但是他们一般都对文艺复兴和人文主义充满了同情。然而，对于宗教改革运动，情况就不同了。宗教改革运动的初衷是为了纯洁教会、坚定信仰，但是这场要求纯洁教会的改革运动却遭到了罗马天主教会的猛烈抨击，最后竟然导致了整个基督教内部的分裂，从天主教世界中分裂出了一些彼此独立的新教阵营。

从宗教改革运动的动机与结果来看，它充分体现了一种历史的辩证法，或者我们可以称之为"吊诡"，即明明你想向东，结果却是向西。宗教改革也是这样，它的初衷本来是想纯洁教会，想革除罗马天主教会的腐败，想重拾早期基督教会的真诚信仰和淳朴道德，没想到却造成了基督教的分裂，结束了罗马天主教会一统天下的专制格局，并且在客观上推动了资本主义的发展。时至今日，如果回过头来评价一下宗教改革运动，我个人的观点是（这个观点现在在学术界已经成为普遍性的共识），在15—16世纪的这两场运动中，宗教改革对后来西方现代化的影响远远超过了文艺复兴。我在前文用到了"历史辩证法"和"吊诡"这两个词，因为宗教改革运动的发起者从来没有想到他们居然开启了资本主义的滔滔洪流。

马丁·路德的宗教改革与精神自由的生长

宗教改革的内容很多，接下来我讲讲新教的三大主流教派如何影响了欧洲的经济、政治和思想。

首先，介绍一下宗教改革运动最初的发起者马丁·路德，他点燃了宗教改革的导火索。路德进行宗教改革的主要原因是出于对罗马天主教会腐败的义愤，以及对罗马天主教会名义上讲信仰、实际上干坏事的虚伪的反感。在中世纪，人们最关心的问题是灵魂得救的问题，不论是王公贵戚还是平头百姓，不论是知识阶层还是文盲，大家都关心如何才能得救，得救是一个大问题。由于从小受基督教观念的影响，人们都承认现实世界是一个罪恶世界，由于人类始祖亚当与夏娃所犯的原罪，人人都是生而有罪的，而人一生的努力就是为了让灵魂将来可以脱罪而进入天国。在中世纪，灵魂能否得救的问题要教会说了算。教会说赦免谁，谁就得救了，因为它代表着上帝。当时的教会为了搜刮民脂民膏，充分利用手中的权力为自己牟利，就宣布了很多形式化的得救方式。比如，你参加十字军东征，这就是灵魂得救的一个途径；比如，你把钱财捐献给教会，这也是灵魂得救的一个途径；还有去购买那些所谓的"圣徒遗物"——什么东西是圣徒遗物由教会说了算，那也是得救之途。

最荒唐的是，到13世纪以后，教会创造了善功圣库理论，就是说，早期圣徒们所做的善功远远超出了拯救自身罪孽所需要的，这些多余的善功存放在教会里，它们具有赎罪的功能。教会以此为抵押，发行了一批赎罪券，明码标价，赎罪券上的面额显示了可以赎清多少年的罪过。只要你肯掏钱买赎罪券，立即就可以得到救赎。面值越高的赎罪券就具有越强的赎罪功能，不仅可以赎你本人的罪，还可以代赎你家已经去世、正在炼狱里受苦受难的祖先们的罪。这种荒诞不经的理论在中世纪晚期的基督教世界里非常流行，无知的百姓对此信以为真，教会则派人四处游说，公开推销。16世纪初，一位多明我会的修道士台彻尔在德国境内推销赎罪券，所做的宣传是我迄今所听到的最好的广告词，他公然宣称："只要购买赎罪券的钱'叮当'一声落入钱箱，你的灵魂立即升入天国。"正是罗马教会推销赎罪券的丑恶行径激起了马丁·路德的义愤，点燃了宗教改革的导火索。

马丁·路德认为，灵魂得救的问题绝不是靠买赎罪券这件事可以解决的，相反，这种活动只会给人们带来一种虚假的平安担保：你可以放心大胆地作恶，只要你兜里有钱就可以。这样一来上帝岂不是成了"天堂的守门者"？只要你付了门票钱，他就会让你挤进去，这不是一件很荒唐的事吗？所以马丁·路德拍案而起，认为这完全是虚假的骗局。他针锋相对地提出一个观点：一个人得救主要靠信仰、靠信心，而不是靠外在的东西。这种"因信称义"的得救观开启了德国民族的自由精神。它的意思是说，每一个人不需要通过什么赎罪券，也不需要通过教皇、主教、神父的中介，只需要凭着内心真诚的信仰就可以直接与上帝进行沟通，领受到上帝的救恩。这种观点在某种意义上把人与上帝的关系简化了，将作为得救中介的整个罗马教阶制度完全抛弃了。

马克思认为，马丁·路德创造了一种深为资产阶级喜欢的宗教。马克思在谈到路德宗教改革的意义时，用了非常富于哲理的句子："他破除了对权威的信仰，是因为他恢复了信仰的权威。"过去，罗马教会、教皇是权威，他们说赦免谁的罪，谁就得救了，他们说什么有赎罪功能，什么就有赎罪功能。现在，路德破除了对这些权威的信仰，却树立了信仰本身的权威，一个人可以凭着内心信仰直接与上帝产生联系，因信就可以称义、得救，因此信仰成为最大的权威。信仰是什么？信仰是一种精神，一种内在的自由精神，信不信你心里最清楚，可见"因信称义"是用内在的自由精神取代了外在的教会权威。

马克思紧接着说道："他把僧侣变成了世俗人，是因为他把世俗人变成了僧侣。"[①] 僧侣就是教会的神职人员，从神父、主教一直到教皇的整个僧侣阶层，他们被说成是上帝派驻人间的代表，只有这些穿黑袍的教士阶层才能直接与上帝打交道，一般平民百姓没有这个资格，甚至穿红袍的王公贵族也没有这个资格，他们必须通过教士的中介才能与上帝产生联系。法国近代著名小说家司汤达有一部名著叫《红与黑》，为什么叫这个名字？就是因为主人公于连的父亲想要他成为穿黑袍的人，即神父，因为神父受人尊重、社会地位高。但是，于连本人不想穿黑袍，而想穿红袍，也就是想跻身贵族之列，那时的时代不同了，资产阶级化的新贵族正在崛起。所以于连就削尖了脑袋往贵族行列里钻，结果，黑袍与红袍之间的矛盾导致了于连的悲剧。但是，在中世纪，只有穿黑袍的人才能与上帝发生联系，这是确定无疑的。现在，马丁·路德说，通过信仰，每个人都可以直接与上帝打交道，这样就把世俗人提高到僧侣的地位，让其拥有以往只有僧侣才有的精神特权，同时也就把僧侣下降为世俗人。这样一来，基督教就从一种僧侣的宗教变成了一种平民的宗教，人人皆僧侣，因此得救就成为一件纯粹个人的事情。

[①] 中共中央马克思恩格斯列宁斯大林著作编译局编译：《马克思恩格斯文集（第1卷）》，人民出版社 2009 年版，第 12 页。

第三章　西方文化的发展

马克思最后说道："他把人从外在的宗教笃诚解放出来，是因为他把宗教笃诚变成了人的内在世界。"[①] 我觉得马克思的评价极其准确、深刻。路德把人们从外在的、虚假的宗教束缚中解放出来，把内在的宗教信仰变成了德国人的安身立命之本。现在人们不再需要服从教会了，因为他们内心深处已经建立起一种自由的信仰，他们只要服从自己内心的声音就够了，这样就把自由作为精神的本质确立起来了。马丁·路德的宗教改革当然有很多意义，但尤其重要的意义在于给精神赋予了自由，每个人凭着自己的自由精神，就可以直接与上帝交往。当然按照无神论的观点，那个上帝是虚设的，但我们可以把那个换成一个最高的、终极性的东西，人总是要设立这么一个终极实在的，如果人们与这终极实在之间的交往不再需要中介，不再需要教会的干预了，人们就在精神上获得了自由。这种自由不是外在的自由，是内在的自由。

马丁·路德开启了近代德国的精神自由之源头，近代德国人注重发展内在的精神自由，从而使哲学，尤其是唯心主义哲学在德国达到了登峰造极的水平，但是在实践方面、在政治经济方面，德国在近代始终处于落后的状态。某种意义上来说，马丁·路德确实开启了内在的精神自由，却忽略了外在的实践自由，这是造成近代德国落后的一个重要原因。马丁·路德的宗教改革对后世德国人的影响非常大，海涅甚至认为，路德开创了整个德意志文化。

马丁·路德的宗教改革为什么能够成功？有两个原因，一是德国广大人民支持他，大学生和文化水平一般的平民都支持他；二是德国当时是一个典型的封建社会，并且分裂得很厉害，大大小小有

[①] 中共中央马克思恩格斯列宁斯大林著作编译局编译：《马克思恩格斯选集（第1卷）》，人民出版社2012年版，第10页。

上百个邦国，许多诸侯支持路德。这些诸侯由于长期以来与罗马教会有矛盾，所以支持路德针对罗马天主教会的改革。尤其是萨克森选帝侯弗里德里克父子，始终都是路德宗教改革的坚定支持者。因此路德的宗教改革不仅是宗教方面的变革，同时也涉及日耳曼民族与拉丁民族之间根深蒂固的矛盾，涉及日耳曼封建王侯与罗马天主教会之间旷日持久的抵牾。路德的改革既有政治方面的原因，也有民族方面的原因，还有文化方面的原因，当然更有宗教方面和道德方面的原因。诸多因素融合在一块，最后使马丁·路德发起的宗教改革运动像一点火星一样落在了日耳曼德国的干柴之上，立即形成了燎原之势，导致了整个宗教改革运动的蓬勃发展。

自从1517年10月31日路德在维滕堡教堂大门上贴出了著名的《九十五条论纲》并揭开了宗教改革的序幕之后，在短短的两个星期之内，马丁·路德就从一个名不见经传的修士，迅速地成为德国人心目中的民族英雄。罗马教皇使出了浑身的解数，或者派理论家与路德辩论，或者请神圣罗马帝国的皇帝动用武力对路德进行威胁，但是都没有奏效。为什么呢？因为德国大部分人民都支持路德，民心不可违，这样就导致了马丁·路德的改革成功。

马丁·路德创造了一个廉价的宗教，一个被资产阶级所青睐的简洁宗教。一方面，由于有了内心的信仰，人们就不需要被束缚于那些繁缛的圣事之中，不需要那一套繁缛的教阶制度和教会仪式，每个人凭着内心的信仰就可以得救。这种廉价简洁的宗教肯定是为新兴的资产阶级所喜爱的。另一方面，路德所建立的新教也使宗教信仰真正成为内心的事情，成为个人的事情，这个转变很重要。我要再强调一下，我们不能用今天的眼光来看16世纪，那个时代的宗教氛围非常浓郁，要想让人一夜之间就成为无神论者，那是不可能的。路德打破了教会和教皇的权威，但是他并没有也不可能打破信仰本身的权威，相反，他倒是使信仰的权威牢牢地树立起来，在某种意义上甚至成为后来理性精神崛起的一个重大阻碍。但是，在16世纪，面对着罗马天主教会的精神专制所导致的一切社会问题，马丁·路德的宗教改革具有划时代的重要意义。

英国宗教改革与民族国家的壮大

下面，我再讲一讲新教的另外两支主流教派，主要是讲它们在经济和政治方面产生的重要作用。一个是英国的宗教及其改革，这场改革从一开始就与加强王权的要求联系在一起。我在前文已提到，中世纪的国家是分崩离析的封建割据状态，所以老百姓对国家是不关心的，甚至往往不知道自己属于哪一个国家，而只知道自己属于哪一块领土或采邑、属于哪一个封建领主。为什么呢？原因很简单，中世纪国家的边境不断在改变，尤其随着王朝国家之间的联姻关系而改变。在中世纪形成了一个惯例，非王族血统者不能成为王侯，一个平民即便有再大的本事，只要没有哈布斯堡等王族的血统，仍然当不了王。而且王族绝不与平民通婚，所以在中世纪的封建王侯中出现了很多智力缺陷者，这就是近亲通婚所致。

由于国家的边界随着王室联姻的情况而不断改变，一个平民今天可能属于这个国家，明天就可能属于那个国家。比如，两个王族的孩子结婚，他们所生的孩子就合法地拥有父母双方世袭的领土，如果将来这个孩子生了三个儿子，待他死后，他的国家就会被分为三个国家。由于国家的状况总在变，平民就不关心自己属于哪一个国家了，也就没有近代意义上的民族意识，这种民族意识，就相当于现代西方人认为自己是德国人、英国人、法国人或其他民族的

绵延

人。那时的国家与平民没有关系，国家是王族的私人财产，打仗也是王族之间的游戏。我们在电影中看到，欧洲中世纪甚至近代早期的人们，打仗都是像艺术一样，敲着战鼓，排着阵形，按部就班地打仗。在我们看来，这样打仗不是很笨吗？但是，这就是规则，是贵族们的游戏规则，因为战争就是贵族们的游戏，所以，在这个意义上，平民根本没有民族意识，也不关心国家。

到了近代，整个西方的现代化过程有了一个很重要的前提，那就是民族国家的崛起。过去的国家叫王朝国家，近代的国家叫民族国家，民族国家开始有了固定的疆界，不因王室之间的联姻而改变国家的边界和主权。王室的婚姻充其量只涉及国家的继承权，但是不影响国家的边界问题。而且更重要的是，民族国家使国家不再是国王的国家、诸侯的国家，而是全体人民的国家，这样人民才会有"我是英格兰人""我是爱尔兰人""我是法兰西人"等民族意识，人民才会把这个国家当作自己的国家来认同，这就是近代的民族国家。那么，民族国家是怎样崛起的呢？它最初就是通过加强中央集权而形成的。

我在给学生们讲课时常常强调，"专制"这个词在中国的政治学辞典中是一个贬义词，但是在西方的政治学语汇里，"专制"在某一个时期曾经是一个进步的概念。专制对于欧洲中世纪的封建状态来说，恰恰是一种超越。怎样才能结束分崩离析的封建制度？很简单，就是把权力收回中央，这在中国古代叫作削藩。中国从秦始皇以来，就是大一统的中央集权国家。但是，欧洲中世纪是典型的封建制，每个国家麻雀虽小，五脏俱全，有着完全的政治权、司法权、经济权。在这样的情况下，近代民族国家要想崛起，首先就要通过中央集权，通过专制的途径，把权力从地方收归中央。法兰西、英格兰在中世纪末期就开始加强中央集权，所以这两个国家的资本主义在近代率先突破封建制度而崛起。德国的封建制度很顽固，直到19世纪下半叶俾斯麦担任宰相时才通过中央集权结束封建制度，所以德国在近代一直处于落后状态。

在这个意义上，专制或中央集权恰恰是西方社会从封建状态向资本主义民主社会过渡的重要中介，没有君主专制就不会有后来的君主立宪与民主共和。邦国林立、四分五裂的封建制度下的国家，既无法实现商品的市场流通，也谈不上什么民主政治，只有首先把分散的封建制度改变为中央集权的专制国家，才能进一步改变这个国家的政体，从君主专制走向君主立宪或民主共和。因此，对于西方资本主义的政治发展来说，第一步是如何加强中央集权，如何把国家的权力提高到至高无上的地位，这就是英国宗教改革的最重要的内容。

英国宗教改革是由16世纪的国王亨利八世发起的，这位国王起初并不想搞宗教改革，而是由一件偶然的事情、一桩离婚案，引发了这场改革。英国是一个岛国，这个岛国比较容易培养人们相互之间的认同感，从而形成一种"英格兰是属于英格兰人的"民族意识。事实上，英格兰从12—13世纪开始就逐渐养成了这种意识。同时，由于它游离于欧洲大陆之外，在政治上相对独立，因此罗马天主教会对它也有鞭长莫及之感，教会对英格兰的制约力远远不如对德国的制约力那么强。

英国国王亨利八世年近半百，却膝下无子，为了使王室后继有人，同时这位风流国王也爱上了一位美貌宫廷女官，所以他急于和原配夫人离婚，另结新欢。但是，罗马天主教皇以天主教徒不能离婚为由阻拦。为了达到离婚的目的，亨利八世索性与罗马教会公开决裂，他仗着英国人民支持他，开始在英国自上而下地进行宗教改革。但是，他并不像马丁·路德那样从教义方面和信仰方面进行改革，他的宗教改革只涉及教会的组织问题，其动机也不是出于对罗马教会的道德义愤，而只是为了加强英格兰国王的宗教权力。

亨利八世的宗教改革有两个最重要的措施，第一个措施是在 1534 年促使英国国会通过了《至尊法案》。该法案宣布英格兰的国王是英国教会即安立甘宗的最高宗教领袖（那个时候英格兰和苏格兰还没有合并），这样一来就把王权和教权统一起来了。既然英格兰的国王是英国教会的最高领袖，那么从此以后英国的基督徒就不用听命于罗马教皇，只要听命于英格兰国王就行了。这个意义在当时非常重要，它意味着教皇现在已经管不了英格兰国王了，英格兰国王可以跟教皇平起平坐了。我在前文提到，在中世纪，教皇是高高地凌驾于国王之上的，君权是神授的，神的代表当然是教会和教皇了。《至尊法案》的颁布使得英国国王从此可以无所顾忌地发展自己的实力，再也不用担心被罗马教会所掣肘了。

亨利八世之后，英国的宗教改革几经波折。在他死后，他未成年的儿子爱德华六世继位，靠主张宗教改革的辅政大臣来执掌国事。但是，这位年幼的国王很快就去世了，之后由亨利八世的长女玛丽继位。玛丽是第一位英国女王，她是天主教徒，继位后就倒行逆施，又开始全面恢复天主教在英国的正统地位，杀了一些积极推行宗教改革的大臣，因此被人们称为"血腥玛丽"。几年后她也死了，她的妹妹继位，这就是英国非常有作为的女王伊丽莎白一世。伊丽莎白一世统治英国达 40 多年，从 16 世纪下半叶一直到 17 世纪初，这段时间是英国资本主义迅猛发展的黄金时代，英国资本主义原始积累就是在这个时期达到了高潮。伊丽莎白一世当政时期的重要举措，包括稳健地推进由其父亨利八世开启的宗教改革进程，既反对天主教的复辟，又反对英国清教徒的更为激进的改革主张，坚定不移地加强中央集权。经过 40 多年的统治，英国在 17 世纪初叶迅速发展成一个强大的新兴资本主义国家。

亨利八世的第二个措施是剥夺修道院的财产，教产还俗。亨利八世既然已经与罗马天主教会闹翻了，他索性一不做二不休，将英国所有天主教修道院的教产全部没收。过去，在各个国家里，教会、修道院是直接对罗马教皇负责的，世俗王权管不了他们。教会、修道院是"国中之国"，从来不向世俗王权纳税。而在中世纪，天主教修道院和教会又是欧洲最大的财主、庄园主，控制了最多的经济资源，因为中世纪主要的经济资源就是土地，所以教会成了欧洲最大的财主。现在，亨利八世将修道院的教产没收，以低廉的价格卖给当地的一些地主和农民。这批人在教产还俗的过程中发了大财，用很低廉的价格购买了土地，然后开始养羊，并且开始兼并公用土地，养羊之后就剪羊毛，然后发展纺织业。资本主义最初在英国崛起，靠的就是纺织业，即所谓"羊吃人运动"，我们称之为"资本的原始积累"。英国最早的资产阶级，即最早搞资本原始积累的那些人，就是通过英国宗教改革从教会的"教产还俗"中得到了好处的那批人。后来天主教想在英国搞复辟，那一批人坚决不答应。因为天主教一旦复辟，教产又得从他们手中回到修道院。正是由于涉及切身的经济利益，所以这一批新兴的资产阶级成为英国宗教改革的中坚力量。

从亨利八世到伊丽莎白一世，英国的宗教改革虽然在稳健地推进，但是它毕竟不彻底，它是国王所推动的一场从上到下的改革运动，而英国人民却呼吁一种更彻底的改革，即按照更为激进的加尔文教（在英国被称为清教）的主张进行改革。这种更激进的改革要求与国王稳健的宗教改革发生了矛盾，且矛盾愈演愈烈，甚至超过了国王的宗教（安立甘宗）与天主教之间的矛盾。前文说过，英国国王主张的宗教改革，导致了一个新教派的产生，这就是安立甘宗

（又称国教会、圣公会），这是国王所主张的宗教，这个教派在教义、教仪、圣事等方面与天主教并没有太大的差异，它只是确立了英国国王的至尊地位和安立甘宗的独立性。但是英国新兴的资产阶级和一般民众却更拥护加尔文教的主张，他们要求将宗教改革推向更加彻底的程度，这就与国王的要求发生了矛盾，这矛盾最终在伊丽莎白死后的斯图亚特王朝统治时期爆发，并导致了革命，即我们的教科书上所说的1640年英国资产阶级革命。西方的历史书则把它称为"清教徒革命"，它是一场由一批要求将宗教改革推向更彻底的地步的清教徒推翻英国国王的政治统治的革命。因为宗教矛盾到现在已经演变成政治矛盾，国王所代表的宗教改革方向与人民所要求的宗教改革方向是背道而驰的，而且矛盾越来越深。人民终于意识到，国王所主张的宗教是以国王的权力作为坚强后盾的，所以要想彻底改变这个宗教，只有通过政治革命来推翻国王的统治。于是，宗教的分歧就变成了政治的分歧，宗教的冲突就变成了政治的冲突，这就是1640年英国资产阶级革命。

在世界史中，这场革命是世界近代史的开端，而引发这场政治革命的一个重要因素就是宗教因素。1640年革命之后，斯图亚特王朝和天主教的势力一度在英国复辟，后来经过一段时间的较量和妥协，直到1688年，以不流血的"光荣革命"而结束了各种宗教势力和政治力量之间的长期冲突。在"光荣革命"中，冲突的双方各让一步，相互妥协，制定了《权利法案》，形成君主立宪政体，奠定了现代英国政治的基本形态。从1688年英国实行君主立宪制以来，一直到今天，英国的政治制度并没有发生根本性的变化，英国国内也没有发生什么大的战争、战乱，英国从此顺利地走上了资本主义的发展道路，一度成为世界上最强大的"日不落帝国"和近代资本主义阵营中的领头老大。

英国资本主义的发展最初是与宗教改革联系在一起的，随着王权的加强、中央集权的加强，后来又进一步发展为君主立宪，王权开始受到宪法的制约，而且内阁的作用越来越大，君主的作用则越来越小。可是，在身份和地位方面，国王的威望要远高于首相。英国宪法明文规定，英国国王或女王是国家的元首，拥有至高无上的尊严。国王或女王是终身制和世袭制，英国的贵族仍然保持着受人尊重的特殊身份。这个似乎带有封建制残余的君主立宪制度并没有妨碍英国近代资本主义政治制度的发展，它们共同促进了英国在近代的崛起，使之成为近代历史中最强大的资本主义国家。这就是我们所说的英国宗教改革的两个重要措施，一是王权至上，二是教产还俗，它们对英国资本主义的崛起具有重要的意义。

加尔文的宗教改革与资本主义经济的发展

下面，我讲一讲加尔文教。加尔文教也是宗教改革运动中产生的新教三大主流教派之一，第一支是路德教，又称信义宗；第二支是英国安立甘宗，又称国教会或圣公会；第三支就是加尔文教，又称归正宗、长老宗。加尔文教的宗教改革主要发生在瑞士，这个教派导致了一种最具有吊诡性的历史后果。德国著名社会学家马克斯·韦伯曾经写了一本颇具影响力的书，名为《新教伦理和资本主义精神》，他讲的新教伦理就是加尔文教的伦理。关于加尔文教的改革，我只想谈谈它的意义。加尔文也像马丁·路德一样，他坚持认为一个人得救的关键在于信仰，但是他认为光有信仰还不行，还必须要有善功。不过，加尔文强调，这个善功不是中世纪天主教的所谓善功，如购买赎罪券、参加十字军东征、捐献财产给教会等虚假的行为，而是指勤奋工作和俭朴节约。加尔文认为，上帝派人到世界上来，不是让人游手好闲、肆意挥霍、托钵行乞的，而是让人好好地建设这个世界，以增加上帝在世间的荣耀。一个人把这个世界建设得越好，越说明这个人忠实地履行了上帝派其来的职责。因此，加尔文教鼓励发财致富、资本增殖、放贷取利，却反对奢侈浪费、挥霍放纵和一切非生产性的消费。加尔文关于善功的观点产生了深远的影响，加尔文教在新教三大主流教派中也成为影响力最大的世界性教派。它最极端的一支就是清教徒，清教徒以主张勤俭清洁的生活态度和要求清除英国国教会中的天主教成分而得名，他们在英国资产阶级革命中发挥了重要的作用。清教精神尤其深刻地影响了美国的文化，自从第一批在欧洲大陆受到迫害的清教徒乘船在北美洲登陆以后，直到20世纪上半叶，美国文化的主流精神就一直是清教精神。关于这种严苛刻板的清教精神，我们在美国作家霍桑的《红字》和玛格丽特·米切尔的《乱世佳人》（即《飘》）中可见一斑。

　　加尔文教认为一个人活在世上，内心必须有虔诚的信仰，必须勤奋工作、节俭生活，这样才能在上帝面前成为一个义人。一个人怎么知道自己将会得救呢？就看这个人心中有没有信仰，同时还要看这个人是不是勤勤恳恳地工作、勤俭节约地生活，根据这两点就可以确定这个人是否能被上帝所拯救。一个人创造了越多的财富，而且越是节俭地对待自己所创造的财富，这个人就越有资格认定自己是被上帝所拯救的人。这样一种观点在客观上鼓励了资产阶级的经济竞争。在竞争中取得了成功、获得了或增长了财富的人，最有资格相信自己是被上帝所拯救的。加尔文教最重要的现实意义就在于，它使世俗的劳动获得了神圣的意义，获得了宗教的意义。加尔文教的这一套观念为资本主义的经济活动提供了一种具有合理性的根据。在一个宗教氛围浓郁的时代，资产阶级发财致富的经济活动是需要一种合理性根据的，也就是说需要一种宗教上的根据。现在加尔文教提供了这样一种合理性根据，它告诉世人，一个人勤奋地工作、拼命地创造，把世俗的劳动当作神圣的宗教活动来对待，这恰恰说明这个人已经领受了上帝的救恩。以往在天主教中，世俗活动和神圣活动是两回事。神圣活动就是教堂里的活动，一个人想灵魂得救只需要参加宗教的神圣活动就可以了，包括每天到教堂去祈祷、为教会做好事、捐钱给教会等，这就表明这个人的灵魂可以上天了。至于这个人的日常劳动，这与宗教活动没有任何关系，这个人是否劳动、是否节约，丝毫不影响他的灵魂得救问题。但是，加尔文教告诉人们，真正具有神圣意义的不是购买赎罪券或者给教会捐钱，而是踏踏实实地工作，勤俭节约地生活。日常劳动被赋予了神圣的含义，这样就为资产阶级的发财致富、经商取利等活动提供了一种宗教上的依据。反过来，如果一个人好吃懒做、挥霍浪费，恰恰说明他可能是被上帝所抛弃的。

加尔文教的这种伦理思想客观上推动了资本主义的经济发展。在加尔文教当权的日内瓦，政教合一的神权共和国鼓励人们努力工作，以任何正当的方式增殖财富，包括放贷取利，却禁止人们喝酒、淫乐和任何挥霍放纵的行为。在日内瓦没有酒坊、没有戏院、没有妓院，所有奢侈性消费活动都遭到禁绝。总而言之，加尔文教鼓励一切生产性的活动，限制一切消费性的活动。加尔文教最重要的意义，就是使日常劳动获得了神圣意义，为资本主义的经济活动提供了合理性的根据。

学术界认为，中国明清之际就已经出现了资本主义萌芽，但是为什么这萌芽就是发展不出资本主义呢？光有资本主义萌芽是不够的，罗马时代就有所谓的"资本主义萌芽"，迦太基更是有"资本主义萌芽",但是如果没有一种精神杠杆,没有一种合理性的根据,这种萌芽是永远发展不出资本主义的。在一个传统宗教信仰或伦理观点浓重的文化氛围中,任何世俗性的活动,如果没有一种神圣性的根据,是很难成气候的。个人的情况也是如此,比如,一些外国知名企业家,他赚钱的目的绝不是仅为了自己消费,他有一套价值理念,有一种终极关怀。现在企业家更加注重自身的文化素养了。文化是背后的东西,是深层的东西,没有文化的企业是没有长久生命力的。人是要赚钱的,但是赚钱绝不是为了把钱挥霍掉;而且人活着也不是为了赚钱,而是为了某一个目标而赚钱,赚钱不是目的,只是手段。只有这样,赚钱的活动才可以持续。如果只是为了花钱而赚钱、为了赚钱本身而赚钱,这个活动当然持续不下去,因此,即便有了资本主义萌芽也不一定能发展出资本主义。

加尔文教的重要性就在这里,它为赚钱提供了一种合理性的根据。加尔文教很快就成为一种世界性的宗教,在最早崛起的资本主义国家(如荷兰和英国),加尔文教都产生了重要的影响,美国文化的主流精神也是加尔文教或清教。汤因比在谈到宗教活动的世俗后果时说过一句我特别喜欢的话:"世俗世界的巨大成就,往往是圣城工作的意外收获。"你本来是盯着天国的,但是没想到你的活动却促进了世俗世界的繁荣。这种情况看起来好像是偶然,但是它恰恰说明了历史的辩证法。这是一种吊诡的结果,或者借用黑格尔的一个概念,叫作"理性的狡计"。历史有一种潜藏的理性精神,不是我们一下子就可以看穿的,它只有在事后的反思中才能被认识到。有时候,我们两眼盯着天上的那片云彩,无意中却促成了人间的繁荣;反过来,如果我们只是盯着脚下的那片土地,可能永远只会在原地转圈。

综上所述,宗教改革运动开创了精神自由的局面,促进了民族国家和立宪政治的出现，并且为资本主义经济活动提供了合理性根据。所有的结果聚合在一块，经过两个世纪的发展之后，我们发现一个在欧洲出现的非常有意思的现象。在文艺复兴和宗教改革发生的时候，欧洲是南方富庶，北方贫穷；南方文化水平比较高，北方则比较落后。当时，经济最繁荣的地区是意大利的那些自由城市，而政治上最强大的国家是西班牙，它们都属于南方拉丁语世界。经过16世纪的宗教改革，到了17世纪末，整个欧洲的格局完全改变了，北方那些改信新教的国家全部成了新兴的资本主义国家。一直到今天，除美国之外，资本主义世界中最富裕的那些国家，都在北部欧洲，如德国、英国，以及斯堪的纳维亚半岛诸国。而南部欧洲死守着天主教信仰的那些国家，如意大利、西班牙、葡萄牙等，后来都在近代的竞争中落伍了，成为资本主义大家庭中的"二流角色"。这种现象绝不是偶然的，它充分说明了宗教改革运动对西欧资本主义崛起和西方社会现代化转型的重要意义。

由于篇幅所限，观念方面的变革我只讲了一个开端。除了宗教改革运动在客观上所导致的后果，西方现代化的原因还有许多，尤其是17世纪理性精神的崛起，成为西方文化现代化转型的关键。而在18世纪的启蒙运动中，已经发展壮大的理性精神开始对基督教信仰进行全面批判，这种批判又引起了同时代德国人的更加深刻的反思，并且最终在科学理性与宗教信仰之间找到了一个平衡点。时至今日，根深蒂固的基督教对于西方人来说已经不再是一种简单的宗教信仰，而是一种渗透到社会生活各个方面的文化。正因如此，在当今西方社会，在科学技术高度发展的同时，基督教信仰仍然深入人心。基督教之于西方文化，就如同儒家伦理之于中国文化一样，已经深入骨髓，成为西方文化的有机组成部分。比如，我们中国人过春节，西方人则过圣诞节、复活节等，各种各样的节庆都与基督教信仰有关系。西方的建筑以教堂建筑为主，西方的艺术品、语言习惯、思维方式都与基督教有着千丝万缕的联系。正是在这种意义上，基督教对于西方社会而言，已经成为一种文化。在当下的时代，我们应该以一个开阔的眼光看待西方的基督教，不要把它当作一种单纯的宗教信仰，而应该把它看作一种西方社会的文化，它已经深深地渗透到西方社会的骨髓之中，如影随形，令其无法摆脱。

航海活动与实践领域的变革

接下来，我讲一下实践方面的变革，主要是海外市场的开拓问题。当时旧大陆三分天下，基督教欧洲的情况最糟糕。当时在旧大陆的欧亚之间，虽然有丝绸之路，但是仍然关山重重，路途坎坷，交通非常不方便。13世纪的一些意大利旅行家，如马可·波罗父子从中国回到欧洲之后，就传说中国如何富庶。实际上，马可·波罗父子所说的中国，是元朝的中国，它前比不上宋朝，后比不上明朝，但是就是那样一个元朝的中国，也令西方当时拥有欧洲最富庶文明的意大利人心驰神往，羡慕不已。到了15世纪，西方人关于东方的神话越传越神，似乎东方的印度、中国等地遍地是黄金，要想发财就去中国。

但是，在15世纪，西方人想从陆路来到中国的计划难以实现，因为奥斯曼帝国崛起了，信仰伊斯兰教的奥斯曼土耳其人将整个小亚细亚、西亚和中亚都控制了，西方基督徒要想通过传统的"丝绸之路"来到东方已经不可能了，奥斯曼土耳其人不会让他们过来，危险性很大。他们没有办法，于是想到海路。15世纪的时候，西方人已经知道地球是圆的，意大利人已经绘制出圆形地球的地图，但是他们不知道还有一个新大陆和太平洋，他们以为大西洋的另一边就是印度、中国。15世纪末的西班牙人就是这样向西航行，并在无意中发现美洲新大陆的。

在15世纪上半叶，葡萄牙人率先开始进行航海活动，他们从葡萄牙下水，往南走，绕过非洲的好望角，进入了印度洋，然后通过印度洋、马六甲海峡，就可以到达中国南海了。这条路线在16世纪被葡萄牙人开辟出来。15世纪末，葡萄牙人到达了印度，在印度的果阿建立了第一个海外商业据点。不久以后，又从印度次大陆的南端下海，穿过马六甲海峡，进入广阔的中国南海，并且在中国澳门建立了殖民点，从而打开了与印度和中国的贸易之门。

当时与葡萄牙在开辟海外市场方面激烈竞争的是西班牙，在16世纪，欧洲大陆上最强大的国家不是北方日耳曼语世界中的英国、德国、荷兰等，而是南方拉丁语世界中的西班牙和葡萄牙。与葡萄牙一样，西班牙也想在海上开辟一条通往东方的航路，但是由于往南穿过非洲的好望角进入印度洋，再穿过马六甲海峡到达中国南海的这条航路已经被葡萄牙海军所控制，西班牙人不想与当时十分强大的葡萄牙海军发生正面冲突，因此西班牙人不得不选择了一条向西横穿大西洋到达东方的航线。1492年，意大利航海家哥伦布受聘于西班牙女王，带着三条船和几十个人从西班牙下海，在海上航行了差不多一百天，终于到达了中美洲。当时，他们以为自己到达了印度，所以把这里叫印度，把当地人叫作印第安人，即"印度人"的意思。但是，哥伦布和他的随从们没有想过"印度人"怎么会这么落后，因为在西方的传说中，印度和中国都是很富庶的地方，他们没有意识到自己见到的并不是印度人，而是一些美洲原住民。哥伦布后来又好几次往返于西班牙和美洲，但是直到他去世，

绵延

都不知道自己发现的是一个新大陆。他死了之后，一个叫亚美利哥的意大利航海家才发现了这一点。亚美利哥回到欧洲后写了一些游记，向欧洲人介绍这个新大陆的情况，于是欧洲人就以他的名字来命名这个新大陆，把它叫作"亚美利加洲"（America），即美洲。

不久以后，欧洲的探险家们又穿过中美洲狭长的巴拿马地峡，发现了一个比大西洋更宽阔的太平洋。后来，巴拿马运河被挖通之后，就可以直接从大西洋通向太平洋了。在此之前，受西班牙政府所托的航海家麦哲伦又完成了海上的环球航行，从而证实了地球是圆形的，整个世界在海路上是贯通的。这样一来，西方人就可以通过海路向西航行到达美洲大陆，再绕过南美洲的麦哲伦海峡或者穿越中美洲的巴拿马地峡而到达印度尼西亚、中国、朝鲜和日本。

16—17世纪，葡萄牙人控制了绕过非洲好望角到达印度、中国的东方航线，特别是垄断了东方的香料市场，把香料源源不断地运回欧洲，葡萄牙因此成为名副其实的香料大国。很多人可能不知道香料有什么意义，它的用处太大了。欧洲人喜欢吃肉，而葡萄牙、西班牙是南部欧洲国家，气候温暖潮湿，不适宜储存食品。古代没有冰箱，肉很容易变质，有了香料，肉就可以腌制存放了。

另一个重要的物品是蔗糖，欧洲基本上不产糖，中世纪时，糖是奢侈品。而葡萄牙既是香料帝国，也是蔗糖帝国，它是怎么做到的呢？其实也是一个意外。从葡萄牙下水往南走，顺着西非的海岸线向南航行，因为西非是非洲的一个突出部分，如果在向南航行的过程中，航船受到强劲东风的影响，就可能向西偏，曾有一个葡萄牙航海家，就是这样被海风吹离了航线，他便在无意中发现了巴西。这样，葡萄牙人就占领了巴西。巴西盛产蔗糖，葡萄牙人占领巴西后，也就垄断了巴西蔗糖与欧洲之间的贸易专营权。因此，葡萄牙在16—17世纪既是香料帝国，也是蔗糖帝国。

与此同时，西班牙人在占领了中美洲之后，开始往南美洲发展，所以南美洲除了巴西，其他地方都是西班牙的殖民地。葡萄牙占领了巴西，因此巴西人说葡萄牙语；南美洲的其他国家，像阿根廷、智利、圣地亚哥、洪都拉斯、秘鲁等都曾是西班牙的殖民地，所以他们都说西班牙语。但是，不论是葡萄牙还是西班牙，它们都是拉丁语系的国家，所以它们在南美洲的殖民地就叫作拉丁美洲。而且西班牙人和葡萄牙人都信奉天主教，所以拉丁美洲的主要宗教信仰是天主教，直到今天都是这样。

葡萄牙人垄断了香料和蔗糖贸易，西班牙人则在秘鲁、智利等地发现了巨大的银矿，于是西班牙就成为富甲一方的白银帝国，南美洲的白银源源不断地流入西班牙。16世纪的西班牙在政治上最强大，西班牙的国王同时也兼任神圣罗马帝国的皇帝；在经济上，由于大量白银的流入，西班牙也成为欧洲最富庶的国家。大量白银流入欧洲，在一定程度上引发了西方的工业革命。因为白银和黄金都是硬通货，硬通货投入市场多了，物价肯定要涨，而物价涨了，产业就可以获得更多的利润，从而就刺激了欧洲的工业生产。在西欧资本主义发展的过程中，资本从商业领域向产业领域的转化，固然有着极为复杂的内外原因，但是大量白银投入流通，进而导致物价迅猛上涨也是一个重要的因素。

资本主义最初的发展阶段叫作资本的原始积累，即以英国为典型的"圈地运动"，人们变耕地为牧场，养羊剪毛，再把羊毛加工成纺织品，然后倾销到全世界。在原始积累之后，已经奠定了资本主义经济基础的英国、法国、荷兰等国纷纷奉行重商主义，强调多卖少买。衡量一个国家富庶的标准就是该国储备的硬通货数量，简言之，黄金和白银是一个国家富庶的标准，因此越能够把自己生产的商品销售到海外市场，越能够在国际贸易中实现贸易顺差，这个国家就越富裕。但是，到了18世纪，人们对资本增殖的认识发生了变化，他们发现资本增殖的真正场所不是商业领域而是产业领域，积累再多的白银、黄金也不是真正的富裕，只有创造出更多的价值才是达到真正富庶的标准。重要的不是卖出更多，而是生产得更多。这种认识推动了产业革命的发展，促进了资本从商业领域向产业领域的转化。这种认识的转变，在很大程度上也与西班牙大量进口白银导致物价飞涨有关系。据统计，自16世纪西班牙发现了南美洲的白银，并把大量的白银投入欧洲市场，到18世纪的200年间，欧洲的物价增长了400倍。物价的飞涨使人们认识到商品生产的重要性，从而把眼光从商业转向产业，推动了欧洲的产业革命。

  17世纪以后，随着西北欧的英国、法国、荷兰等新兴的资本主义国家的崛起，它们也开始投身于开辟海外市场和建立海外殖民地的活动中。大家都知道，资本主义经济是商品经济，商品经济是需要市场的，没有市场，商品就无法流动。与葡萄牙帝国的那种通过垄断香料和蔗糖贸易以谋取商业暴利的前资本主义商业模式不同，新兴的资本主义国家的商业模式是商品倾销，贸易的主要目的不是为了买，而是为了卖。要倾销商品就需要市场，西欧市场的消费力是不够的，必须开拓广大的东方市场。因此，新兴的英国、荷兰、法国就开始与老牌的殖民帝国西班牙和葡萄牙争夺海外市场。但是，当英国、法国、荷兰等国崛起之时，从南边绕过好望角到达东方的航路已经被葡萄牙人控制，向正西通往中美洲的航路也被西班牙人控制，在这种情况下，英国人和荷兰人就试图开辟一条从西北方向通往东方的航线。这样他们就发现了北美洲，并且把它变成了他们的殖民地。虽然英国、法国、荷兰等国的探险家并没有开辟一条绕过北美洲的纽芬兰通向亚洲的西北航线，因为冰山密布的北冰洋不适于航行，但是他们意外地把北美洲变成了自己的殖民地。而北美殖民地在经历了独立战争和长期的经济发展之后，今天已经成为西方资本主义世界的领头羊。

当英国、荷兰等新兴的资本主义国家开始介入海外贸易的竞争之后，西班牙和葡萄牙就相形见绌了。与英国、荷兰等国相比，西班牙、葡萄牙基本上还是中世纪式的商业贸易形式，它们主要靠控制海外资源来从事转手买卖。比如，他们将东方的香料、巴西的蔗糖以高价转卖到欧洲，主要是赚转手买卖的钱，这样一种前资本主义的商业贸易形式是竞争不过奉行重商主义政策的英国、法国、荷兰等国的。从 17 世纪开始，葡萄牙人就感到自己后劲不足，竞争不过英国、荷兰，于是利用自己控制着非洲海岸线的便利条件，深入非洲腹地，开始从事一种肮脏的活动，即"猎奴"活动。他们来到仍然处于原始状态的非洲中部，利用手中的枪支和其他先进武器，将非洲黑人当作猎物一样抓起来，将黑人装船运往巴西，卖到南美洲当奴隶，再用贩奴的钱购买棉花和农作物，然后将棉花和农作物运到欧洲进行加工、生产成纺织品销往全世界。这样就形成了资本主义原始积累的一个"金三角"。

由于葡萄牙人开了猎奴活动的先河，不久以后，英、法、荷等国也纷纷效法，于是猎奴活动在 17—18 世纪成为西方资本主义原始积累的另一条重要途径，与"圈地运动"是同样有效的。这样一来，从 17 世纪开始，到 18 世纪末叶为止，大概 100 多年的时间里，有 1 800 万黑人被运往北美洲，还有很多人死在贩运的途中，不计其数。今天北美洲所有的黑人，祖先都是从非洲来的，北美洲原来没有黑人，其原住民是褐色皮肤的印第安人。这也是一项极其肮脏的活动，资本主义在其发展的过程中，诚如马克思所说的，

"每一个毛孔都滴着血和肮脏的东西"。猎奴活动是很肮脏的，后来英国与中国进行鸦片贸易也是如此。中国当时是自然经济，中国人男耕女织，不穿外国进口的洋布，英国的纺织品打不进中国的市场，但是英国人需要中国的瓷器、茶叶、香料等，因此，直到18世纪中叶，英国与中国的贸易年年都是逆差。为了实现贸易顺差，英国人从18世纪末就开始在中国进行鸦片贸易这种肮脏活动了。到了1820年前后，英国对中国的贸易逆差就扭转过来了，开始出现顺差，而且迅速增长。而中国人自从吸上鸦片之后，大量的白银与黄金流往国外，这不能不引起政府的重视。道光皇帝为什么支持林则徐禁烟？一个重要原因就是国库空虚了，白银与黄金都外流了，这对于中央财政来说当然是一个大问题。

地理大发现或者航海活动本身也具有一种吊诡性，西方人最初进行航海活动时，其主观动机完全是到东方的富庶之地去发财，当然也有另一个目标，那就是去寻找早年失散的基督徒。因为对于15世纪的欧洲人来说，世界上只有两种信仰，一个人如果不信基督教，那就是信伊斯兰教。当时的欧洲人认为东方人，如印度人、中国人等都是早年从欧洲流失的基督徒，所以他们希望到东方来寻找失散的基督徒兄弟，以形成对西亚穆斯林的前后夹击之势。但是，最初进行航海活动的人谁也没有想到，他们的航海活动为资本主义的发展开辟了广阔的海外市场。正是海洋这个宽阔的"跳板"，使得西方殖民主义者完成了欧亚草原上那些雄心勃勃的游牧民族在几千年里一直想要完成而未能完成的伟大事业，即征服全世界。15世纪，海洋这个宽阔的"跳板"并不被人们所看好，西方人是迫于无奈不得不选择了海洋，而穆斯林根本不重视海洋，当时奥斯曼土耳其人占领了欧亚大陆上的广阔土地，他们傲慢地表示："我们只需要陆地，至于海洋，就留给基督徒吧！"他们认为海洋没有什么

第三章　西方文化的发展

用处，既长不出庄稼，又不能供快马驰骋。当时无论是基督徒还是穆斯林都没有料到，谁控制了海洋，谁就控制了未来世界五百年的命运。西方人被迫选择了海洋，而资本主义的商品经济正是通过海洋而扩展到全世界，从而使西方在近代的经济、政治、文化竞争中后来居上，独领风骚。

最后，我想总结一个简短的历史教训。

15世纪不仅对西欧来说是一个航海时代，对东方亦是如此。在旧大陆的两端，人们都在进行航海活动。中国人在欧洲进行大规模航海活动之前的半个世纪，就已经开始了浩浩荡荡的海外探险。15世纪上半叶，明朝政府支持的三宝太监郑和七次下西洋，规模之大、水平之先进，绝非葡萄牙人、西班牙人所能比拟。在七次下西洋的活动中，最大的一次有62艘宝船下海，其中最大的船长44丈（近146米）、宽18丈（约60米），可以容载1 000人，当时最大规模的一次出海有2.7万多名官兵，一支浩浩荡荡的远征军！与葡萄牙人的航线正好相反，这62艘船舰从中国南海的泉州下海，穿过马六甲海峡进入印度洋，然后经过红海，到达了非洲的东海岸。如果我们继续往南走，就可以绕过好望角，北上去发现欧洲了。然而结果呢？航海活动到了1433年，突然被明朝政府叫停，不久，皇帝发了一道圣旨，明令停造远洋船只、停办海外采办，中国的船舰以后不许出海远航，自此我们就主动把国门紧紧地关上了。

停止海外航行的原因有很多：第一，北方的蒙古人老在骚扰边境，明朝政府的注意力都放在了北边，没有工夫去管东南沿海；第二，南方一带走私活动猖獗，尤其是贩卖私盐活动，屡禁不绝。中国自古以来都是官方控制盐铁，私人不得经营。为了打击贩卖私盐的活动，最好的办法就是封海，即把海岸线封锁起来，让私盐贩子没有办法活动。当然，除了上述原因，最重要的原因还是由于中国人自古形成的重农轻商、务本抑末的传统思想在作怪，在奉行儒家价值观念的中国人心中，素来有士、农、工、商这样一个高下之分。航海活动在官方和民间看来，都是一种既劳民伤财，又无助于功德的事情。况且中国是天朝大国，地大物博，根本不需要到外国去寻求财富；中国又是礼仪之邦，讲究仁义道德，无意征服四邻的番邦小国。因此，我们就自愿地把国门关上了。然而，就在这时，葡萄牙人、西班牙人开始了大规模的航海活动，英国、法国、荷兰等国也纷纷效法，尽管它们在 15 世纪时的航海水平远远低于中国人，但是经过约四百年的发展，到了 1840 年，我们的东南国门再次被打开，这次是被迫打开的，这时候出现在我们国门面前的就不再是马可·波罗那样的毕恭毕敬的朝拜者，而是坚船利炮的殖民主义者了。这四百年间，我们闭关锁国坐失了良机，将海洋拱手让给了西方，我们因此而遭到了历史的报复，沦为半殖民地、半封建社会。在 15 世纪，谁掌握了海洋，谁就掌握了世界的未来。当然，当时人们都不知道这一点，这是事后才看出的。我曾经对学生们开玩笑说，如果在明朝中叶，有一个像我这样对世界格局比较了解的人，给万历皇帝讲一堂课，讲一讲这个世界的宏观格局，也许中国历史后来的发展会是另一个样子。当然，这只是一个玩笑，我即便能活在那个时候，也不会有这些想法，因为那个时代有那个时代的思想，社会存在决定社会意识。但是，如果说在明朝中叶我们没有全球性的战略眼光是可以原谅的，那么在当今时代，缺乏这种眼光却是不可原谅的。我们已经失去了一次历史的良机，应该从历史教训中总结经验，抓住眼下的发展时机，创造出新的辉煌。

东西文化与中华复兴

有人向我提出这样一个问题。文艺复兴是要复兴古代的文化，宗教改革也是要回到最初时期的淳朴的基督教，这都体现了一个回归的倾向。这个回归是人本身的回归，复兴则是文化的复兴，但是这些文化复兴运动最后却导致了资本主义的产生，这确实是非常微妙的。这种回归和复兴所隐含的文化更新，是一种偶然中的必然。在我们当今的中华民族的复兴过程中，文艺复兴对我们又有什么启发性或者是倾向性的意义？

我认为，西方的东西我们可以借鉴，但是没有必要完全照搬。我本人不是基督徒，虽然我研究基督教十几年，对基督教有同情的理解，但是，我觉得有着悠久的文明传统的中国人很难真正地信仰那种在异质文化土地上开花结果的宗教，即使信仰，也一定会把这种宗教变成一种具有"中国特色"的宗教。中华民族有自己的根本，比如有源远流长的儒家文化。但是我并不赞同新儒学单纯复兴儒学的观点，中国本土的文化资源虽然作为根本，但是必须经过一次类似于宗教改革这样的根本性变革，才能为中国的现代化寻找一个新的精神支点。这是一条现实之路，我觉得单纯的回归是不可能的，所谓"返本开新"也必须首先以根本变革作为前提，在开新的意义上返本，而不是在返本的意义上开新。当然，我也承认，历史中有许多事情是我们始料未及的，我们不要以为自己很理性、很聪明，什么都知道。实际上，在很多时候，正如恩格斯所说，人们创造历史的活动，如同无数力的平行四边形形成的一种总的合力。你想往这边走，他想往那边走，结果历史本身却走了一条综合的路线。

进一步从生活的各个侧面、从现象上来看，我可以列举出中西文化的很多差异。比如，有人从人性论上看，认为东方文化，特别是儒家文化主张人性本善，西方文化特别是基督教文化主张人性本恶；有人从思维方式上看，认为中国文化注重经验，西方文化注重超验的层面；有人从逻辑上看，认为中国文化注重综合，西方文化注重分析；也有人认为中国人重悟性，西方人重理性；等等。这些差异众说纷纭，莫衷一是，由此可见中西文化的差异是多方面的。

我喜欢从文化学的角度来谈中西文化的精神差异，我认为西方文化具有很强的自我超越功能，而中国的文化具有很强的内在协调能力。西方文化在历史发展过程中总是不断地超越，一个阶段超越一个阶段，否定性比较强。而中国文化总是以不变应万变，什么东西来了都可以加以融合，都可以把它变成有中国特色的东西。佛教、伊斯兰教，以及鸦片战争之前的基督教入华的情况便是如此，它想在中国站稳脚跟的前提是，必须首先接受中国儒家的基本观念，如忠孝观念、入世观念等。就此而言，中国文化的融合能力特别强，就像是一个镪水池，再坚硬的骨头掉在里面，马上就会化掉，变成有中国特色的东西，这就是中国文化。大家看看今天寺庙里的佛教，已经是具有明显的中国特色的佛教了。同样，马克思主义是西方的，社会主义也是西方文化的一种产物，但是我们今天正在进行的一项事业，就是建设有中国特色的社会主义。我在这里不想比较中西文化孰优孰劣的问题，这方面无法进行比较，我仅想进行一个事实性的比较，即指出二者在文化上的根本差异。

我们现在实际上处于一个十字路口，既有传统的资源，又有时代性的东西。时代性的东西是横向的、普适性的，传统的资源则是纵向的、民族性的。一方面，我们要有选择地借鉴西方文化中的普适性和时代性的东西，另一方面，我们的传统资源也需要在变革中将儒家文化发扬光大，比如仁义礼智信等最基本的规范，仍然可以转化为进行现代化建设的重要精神资源。至于二者究竟该如何融合，这是一个很具体的问题，大家都在探讨，谁也不敢说已经有了一个最佳的方案，这不是哪一个人能够解决的。总的来说，全盘西化和儒学复兴这两条路都是死路，还是探索一条有机融合的更新的模式更为合适。

新教伦理与资本主义

有这样一种说法，一开始到美洲大陆去的那些人，他们的新教伦理精神非常强，他们到美洲去了以后，觉得是上帝把头号种子播撒到了美洲荒原，因此他们拼命地工作。到了1910年前后，美国人均国民生产总值（GNP）已经达到了1 000美元左右，在这样的情况下，新教伦理这种精神就不能满足资本主义进一步发展的需要了，于是就产生了美国的实用主义精神。在美国建国200周年的时候，基辛格把实用主义概括为美国精神。那么，资本主义产生的精神动力究竟是新教伦理，还是别的东西？

对于"资本主义产生的原动力到底是什么"这个问题，在学术界是有争议的。我说的新教伦理对资本主义的影响主要是参考了马克斯·韦伯的观点。马克斯·韦伯的《新教伦理与资本主义精神》一书出版之后，有一位西方思想家叫桑巴特，写了《奢侈与资本主义》一书。他认为，资本主义不是靠新教伦理的勤奋节俭精神，而是靠奢侈，靠大量的消费需求，才得以发生的。他认为，资本主义是一种市场经济模式，对于市场经济来说，没有需求、没有奢侈怎么可能刺激生产和促进生产的发展？因此，不是清教徒的勤俭清洁精神，而是欧洲宫廷贵族的奢侈享乐成为推动资本主义发展的原动力。

我对双方的观点都进行过研读，但是我还是比较赞成马克斯·韦伯的观点。因为我觉得资本主义在最初积累的时候，肯定是需要勤奋工作和节俭生活的，但是发展到了一定阶段的时候，奢侈、欲望才能有效地刺激经济的增长。必须多生产、少消费，这样才能完成资本的原始积累，这是一个简单的道理。如果仅有奢侈就能促成资本主义，那么中世纪罗马教廷够奢侈了吧，为什么从天主教中生长不出资本主义？与贫穷的北方民族相比，意大利人是最奢侈的，但是资本主义恰恰发生在贫穷的北部欧洲而不是奢侈的意大利。中国明朝的晋商、徽商难道不奢侈吗？但是明朝为什么没有发展出资本主义？所以我认为资本主义产生的精神原动力还是勤奋节俭的新教伦理。美国后来把实用主义树立为民族哲学，他们的清教观念逐渐淡漠了，这也是事实，但是这并不能否定美国文化最初的根基和中流砥柱就是勤奋节俭的清教精神。

第九节　西欧启蒙运动的意义

启蒙运动的文化背景

西欧在 17—18 世纪发生了一场非常重要的运动，那就是启蒙运动，而启蒙运动在某种意义上可以说是西欧从传统社会向现代社会转化过程中的一个非常重要的中介。

我们先来对西方的历史进行划界，一般按照教科书的划分，15—16 世纪算是一个转折点，在此之前是中世纪，而在此之后就是"现代"或者说"近代"。

在西方的语言词汇里面，"现代的"和"近代的"是同一个词，都是"modern"。"现代"和"近代"的划分主要是在汉语词汇里面，这种划分实际上是和政治意识形态联系在一起的。我们的历史书在划分世界的近代史和现代史时，是以 1917 年俄国十月革命作为分界线的；中国的近代史和现代史的分水岭则是 1919 年的五四运动。这两大分界实际上都是和政治意识形态联系在一起的。俄国十月革命标志着世界上第一个苏维埃社会主义国家的出现，而 1919 年的五四运动则意味着马克思主义传入了中国。由此可见，我们的历史教科书都是按照政治意识形态来划分"近代"与"现代"的，对于这种划分，西方史学家并不认同，他们不认为有必要把"modern history"再进一步划分为近代史和现代史，因为在二者之间并没有一种足以构成分界的理由。

但是，在西方学界，15—16 世纪却是一个公认的历史分水岭，它标志着中世纪与现代之间的分界。这种划分虽然主要是基于西方的历史情况，但是由于近几百年来西方文化对整个世界的深刻影响，因此它也具有一种普遍的意义。在15—16世纪以前，西欧经历了一千年之久的黑暗、愚昧、落后的中世纪；到了15—16世纪，西欧发生了两场重要的文化运动，一场是南部欧洲拉丁文化圈的文艺复兴运动，它以意大利为中心，向西班牙、法兰西延伸，但是越往北，它的影响力就越小；另一场是北部欧洲日耳曼文化圈的宗教改革运动，它的影响力主要限于北部欧洲。这两场运动可谓是中世纪基督教文化向现代西方文化转化的重要标志，但是从学术的角度来说，这两场运动并没有从根本上改变中世纪西欧社会的基本特点。

无论是文艺复兴的大师，还是宗教改革的巨擘，他们的思想仍然是中世纪式的，从主观上来说，他们都从未想过从根本上改变中世纪基督教文化。这两场运动只是从客观效果上来说，导致了西欧社会的一系列变化，构成了西方现代化的开端。文艺复兴提倡一种感性的快乐，宗教改革弘扬一种虔诚的信仰，然而理性精神却仍然受到压抑，西欧人的思想观念和意识形态并没有发生根本性的变化。西欧社会真正的变化是从17世纪才开始的，17世纪和18世纪是西方文化发生根本性变革的两个世纪。因此，到了18世纪中叶以后，一个全新意义上的现代西方文化才真正产生。从这种意义上来说，西方中世纪文化和现代文化的真正分水岭，不应该是15—16世纪，而应该为17—18世纪。因为欧洲的崛起、思想的解放、文化的转型并非一朝一夕或者通过一两场运动就可以实现，文艺复兴和宗教改革只是开启了一条涓涓细流，真正形成澎湃之势的，是17—18世纪的启蒙运动。启蒙运动意义非凡，因为它可以让我们知道16—18世纪的两百年间，西方人在干什么，当时的社会里出现了什么新事物，以及人们的观点发生了什么样的变化。当然，既然要讲 17—18 世纪，我们就得从 15—16 世纪开始讲起，要知道西欧当时是一个什么样的状况。

当时西欧社会的状况是非常糟糕的，是一个愚昧、贫穷、落后、闭塞的天主教社会。自从西罗马帝国灭亡、日耳曼人普遍皈依了正统的基督教信仰以后，罗马天主教会在近一千年的时间里，对所有的西欧人民进行了思想上的洗礼。在中世纪的西欧，任何一个人一生下来就要接受洗礼，成为一个天主教徒。在这样的情况下，西欧人从小耳濡目染的、所感受和所接触的东西都与基督教信仰有关系，他的政治生活、经济生活、文化生活都与教会有着密切的联系，满脑子都是教会灌输给他们的那些思想。但是经过近 1 000 年的发展，到了 15—16 世纪的时候，西欧人开始普遍发现了一个严重的问题：教会和神职人员的实践活动与他们灌输给人们的基督教理想是背道而驰的。罗马天主教会在理论上是上帝设在人间的一个救赎机构，它的神圣使命是引导人们的灵魂进入天国。然而中世纪罗马天主教会却蜕变为一个罪恶的渊薮。基督教的崇高圣洁的理想与罗马教会的卑污龌龊的现实之间发生了严重的分裂，这种分裂状况使得当时一些有良知的教会人士深切地感受到，面对这样的情况，他们如果不想同流合污，那就只有彻底改革这一条路可走了。

正是在这种背景下，发生了文艺复兴和宗教改革这两场具有重大历史意义的文化变革运动。前文提到，文艺复兴主要是南部拉丁语世界的运动，宗教改革则是北部日耳曼语世界的运动，这两场运动有一点是相同的，那就是它们都把矛头指向了自我分裂的罗马天主教会。

面对罗马天主教会说一套、做一套的自我分裂状况，似乎只有两种解决方案。一种是我们怎么做的就怎么说，像古希腊人和古罗马人那样理直气壮地满足人的各种欲望，公然宣称："人所具有的我都具有！"这样一种解决方案促成了文艺复兴运动。文艺复兴运动及其所导致的人文主义思潮说到底就是倡导人们公开地满足人的自然欲望，尽可能把基督教变得更加人性化一点。这一点我们从人文主义者的文学艺术作品中可以明显地看到，比如：达·芬奇的《蒙娜丽莎》、拉斐尔的《西斯廷圣母》、波提切利的《维纳斯的诞生》和薄伽丘的《十日谈》、拉伯雷的《巨人传》等。

另一种则是我们怎么说的就怎么做，既然大家都是基督徒，就应该按照基督教信仰和道德所要求的准则去做，而不能说一套、做一套，言行相悖，表里不一。这样一种解决方案就导致了宗教改革运动。马丁·路德等宗教改革领袖的初始动机是要革除罗马天主教会对基督教理想阳奉阴违的虚伪行径以及腐败堕落的各种弊端，恢复早期基督教会的纯正信仰。正因如此，路德、加尔文等宗教改革领袖都把信仰确立为最高的东西，试图在信仰和《圣经》的基础上重振基督教理想。这两种解决方案虽然是不同甚至相反的，但是它们都突破了罗马教会自我分裂和普遍虚伪的假境，昭示了一个新时代的希望。

宗教改革的主要目的是为了纯洁信仰。南部意大利人在面对罗马教会的言行不一、理论与实践严重分裂这样一种矛盾现象，采取的解决方案是上文的第一种，即我怎么做的，我就应该怎么说，不说假话，更不说冠冕堂皇的虚话；北方日耳曼人就恰好相反，采取第二种方案，即我怎么说的，我就应该怎么做，基督教的信仰和道德是怎么说的，我们就应该怎么做。因此，如果说文艺复兴在南部欧洲促成了一场人性解放运动的话，那么宗教改革则在北部欧洲促成了一场信仰纯化运动。北部欧洲本来就贫穷落后，缺乏腐败的资源。北方日耳曼人贫穷、愚昧、落后，这种状况反而使得他们的道德和信仰能够保持一种比较纯洁的状态，所以从这个意义上说，他们很容易守住自己的道德底线和信仰底线。海涅曾说，在意大利，在地中海温暖的阳光下，人们很难坚持禁欲主义。为什么呢？温暖的气候、阳光、沙滩、富裕的生活，使人不禁想入非非。而北方气候很寒冷，自然条件比较差，因此天生就具有禁欲主义的品德。所以，当南方拉丁文化圈的人们公然宣扬感性主义的人文主义时，北方日耳曼文化圈的人们就发动了信仰主义的宗教改革。

总的说来，宗教改革运动在客观上对西方的现代化转型起到了至关重要的促进作用。正是由于宗教改革，北部欧洲开始崛起，经过两个世纪的发展，成了新兴资本主义崛起的热土，成为整个欧洲最强大、最先进的部分。但是，从思想观念的角度来看，宗教改革运动具有一种陈腐气息，它极力强调信仰的重要性，主张信仰至上的思想。这种思想对颠覆中世纪教会至上和教皇至上的传统观点，无疑具有积极意义，但是这种唯信仰主义同时也是反对理性的。如果说南部欧洲文艺复兴培养的是一种感觉主义，崇拜感性的东西，那么北部欧洲的宗教改革则培养了一种主张"因信称义"、宣扬"唯独信仰、唯独《圣经》、唯独恩典"的信仰主义。由此可见，无论是文艺复兴倡导的感觉主义，还是宗教改革主张的信仰主义，都不是理性的东西，都没有经过严格的理性的反思、批判、怀疑，没有根据一套严明的规则来进行推论。正是由于这样，这两场文化变革都没有使欧洲的思想观念发生根本性的变化。文艺复兴虽然具有振聋发聩的意义，但是它所提倡的人性解放仅仅停留在感性层面上，它在文学艺术方面的成就琳琅满目，但是在哲学和科学方面却几乎毫无收获，而且它所提倡的感性解放和人间享乐使得意大利人，包括罗马教会人士更加肆无忌惮地堕落下去。宗教改革虽然在客观上促进了欧洲经济的发展、民族国家的崛起，以及宽容精神的出现，但是它的精神实质具有浓重的信仰主义气息，这种虔诚的信仰主义导致人们把《圣经》当成至高无上的真理，用《圣经》的权威来取代教皇的权威。然而，大家知道，《圣经》中记载的许多东西是经不起理性推敲的，在一些问题上，《圣经》的观点甚至是与理性的观点直接对立的。因此，西方文化若要实现真正意义上的转型和发展，既不能依靠意大利式的感觉主义，也不能依靠德国式的信仰主义，必须另辟蹊径，寻找一个新的立足点。这个新时代的立足点就是理性主义。

英国的启蒙运动

我们所讲的启蒙运动就是理性主义的崛起，而这是从17世纪开始的。现代理性主义最初崛起的地方，既不是意大利，也不是德国，而是英国。英国是一个岛国，游离于欧洲大陆之外，在中世纪甚至连凌驾于世俗王权之上的罗马天主教皇也对英国感到鞭长莫及。路德发动宗教改革运动之后，英国国王亨利八世也由于自己的离婚案而与罗马教皇闹翻，从而在英国自上而下地推行宗教改革。英国宗教改革既不是出于对罗马教会的道德义愤，也不是为了捍卫纯正信仰，而是完全出于岛国的利益、英格兰人的利益，所以英国的宗教改革一开始便带有很清醒的理性主义色彩，其在神学思想和宗教仪式上并没有什么太大的改进，主要成果体现在两个方面：一是加强了英国国王的宗教权力，宣布英格兰教会脱离罗马天主教廷的管辖，成为一个只听命于英国国王的独立教会，即安立甘宗或圣公会；二是没收天主教修道院的教产，把修道院的田产很便宜地卖给乡村地主，这个教产还俗的措施极大地促进了英国的资本主义原始积累过程。

这就是英国的宗教改革的主要内容，它表现了一种审时度势的实用理性精神，其结果是促进了英国民族国家的发展壮大和资本主义的生长。到了17世纪，由于摆脱了罗马教廷的控制，英国独立自由地发展起来。正是这样一种相对独立和宽松的氛围，使得英国的理性精神开始崛起，因此最早的启蒙思想产生于英国，而不是法国和其他欧洲大陆国家。英国启蒙运动的最初代表是一批科学家和哲学家，特别是牛顿和洛克。这两个人可以说对英国的文化变革起到了至关重要的作用，甚至对整个西方的历史也具有不可超越的作用。牛顿最大的功劳并不在于他发现了万有引力，也不在于他提出了牛顿力学三大定律，而在于他第一次把世界变成了一个井然有序、按照自然规律运动的世界。这是一件很了不起的事情！过去的世界是由上帝来控制的，而上帝所控制的世界里是充满奇迹的。那么，什么是奇迹呢？奇迹就是破坏自然律、违背自然律、中断自然律。大家试想，如果自然界经常出现奇迹，那么以自然界为对象的科学家们如何去研究自然？科学与神学又有什么区别呢？就拿重力作用来说，如果重力作用在此处有效，在彼处却由于上帝的奇迹而失效，那么，科学家们将如何来研究它呢？

正是由于这个原因，在经验哲学和实验科学已经初具规模的17世纪的英国，对具有理性精神的科学家和哲学家来说，一个最重要的问题就是如何把上帝从自然界中排除出去，让自然界成为一个按照固有规律进行运动的必然世界。这在17世纪的英国是一件非常重要的事情。我们因为生活在一个无神论的国家里，所以很难理解宗教信仰在当时英国的重要影响。那个时候的英国科学家和哲学家仍然对基督教有着坚定的信仰，但是他们同时也力图把基督教的上帝与一个严格遵循既定规律的自然界协调起来。像牛顿这样的科学家，他的重要意义不仅仅在于发现了具体的科学定律，而且在于重新为我们创立了一种新的世界观。这个世界完全按照其内在规律运转，自然界杜绝奇迹，上帝也决不会破坏自然律。那么，在这个世界里，上帝在哪里呢？牛顿也是一个虔诚的基督徒，他坚信上帝的存在，那么，上帝在哪里存在呢？17世纪的许多具有科学理性精神的英国人认为，上帝在世界之外存在，上帝就是世界的第一推动者，他推了世界一把，便把世界交给了牛顿，让世界按照牛顿力学的规律运转。这样上帝就和牛顿有了分工，上帝是世界的创造者，牛顿是世界的管理者。上帝创造了世界之后，就让它遵循牛顿的力学三大定律和万有引力定律，从此便不再干涉世界。这样一来，上帝就被高高地架起了，而牛顿则成为实际上的"上帝"，整个世界都按照他的力学规律运转。

17—18世纪欧洲流行一种机械论世界观。这种机械论世界观把世界看成一台独立的、按照既定规律运转的机器。这种世界观在当今的辩证唯物主义者看来，似乎是落后僵化的，但是在当时却是非常先进的。它反对的并不是辩证法，因为那时还没有近代意义上的辩证法，它反对的是将自然界看作一个上帝可以随意干预和控制的系统。虽然这种世界观是机械论的，它为我们提供了一个单调刻板的世界，这个世界就像是一个上足了发条便会有条不紊地运转下去的钟表，但是它总要比一个没有任何规律、随时都会出现奇迹的偶然性世界好得多。而且唯有这样一个世界才是符合理性精神的世界，才能够成为自然科学家研究的对象。由此看来，欧洲启蒙思想，最早滥觞于这样一批17世纪英国的思想家，主要是那些具有自然神论倾向的思想家，牛顿便是其中最重要的一个。

在17世纪的英国，牛顿实际上已经取代了上帝的地位，在牛顿去世以后，一位英国诗人波普仿照《圣经·创世记》的格调，为牛顿写下了这样的墓志铭——"神说：'要有牛顿'，就有了光。"

而《圣经》中的原文是"神说：'要有光'，就有了光"。牛顿的重要性就在于，他确立了一个按照既定规则运转的世界。当时的人们喜欢用钟表来作比喻，因为当时钟表制作工艺非常精湛，钟表业十分发达。上帝与世界的关系，就如同钟表匠与钟表的关系。一个高明的钟表匠一次性地创造了一块钟表以后，就再也不用去调对它了，这块钟表本身就会有条不紊地运转下去。同样，一个全知全能的上帝在一次性地创造了世界之后，也不用再去干预它，因为世界会按照自己的内在规律（这规律正是上帝智慧和理性的体现）而运转。反之，如果上帝老是要对自然进程进行调整，老是去插手自然界的事情，通过奇迹来干预自然界，那么这只能说明上帝是一个蹩脚的钟表匠。这样一来，上帝就被名正言顺地赶出了自然界，被敬而远之、束之高阁了。所以，当时有一种形象的比喻：上帝是世界的创造者、世界的主人，然而却是一个出门在外、老不回家的主人。他的家交给了他的大管家牛顿，于是这个家便在牛顿的管理之下，被安排得有条不紊。名义上，上帝是世界的主人，实际上，世界却是按照牛顿的意图在运转着。所以，我们对牛顿的认识，绝不能只限于他所发现的万有引力和三大定律。这些定律并不是最重要的东西，最重要的是牛顿给我们展现了一个按照自己内在规律运转、像钟表一样准确无误的机械论世界，这个机械论世界严格遵循普遍必然性，杜绝一切反理性的奇迹。这种世界观影响了西欧人达两个世纪之久，它极大地改变了西方人对待自然界以及对待上帝的基本态度。这是一个很重要的改变，这种改变既不是意大利的文艺复兴，也不是德国的宗教改革可以实现的。

17世纪英国的第二位重要人物就是洛克，他与牛顿基本上是同时代的人。如果说牛顿给我们提供了一个符合理性的、按照内在规律而运转的自然世界，那么洛克就给我们展现了一个同样符合理性的、同样按照内在规律而运转的人类社会。洛克告诉我们，人类社会也是一块钟表，社会这个系统也有它的内在法则，即国家的法律，这些法律是通过社会契约而制定的。一个好的社会就是其统治者严格地按照法律而行事的社会，而一个坏的社会就是其统治者为所欲为的社会。前者是一个法治社会，后者则是一个专制社会。正如上帝也不能任意地破坏自然规律一样，国王也不能任意地践踏社会法律。

  在17世纪的英国，科学家和哲学家仍然承认，人是由上帝创造的。但是他们强调，上帝创造了人以后，就给予了人一件最崇高的礼物，这就是理性。上帝最喜欢人，他在创世的第六天才造出人来，而他所创造的万事万物都是为人服务的。人之所以高出万物，就在于人被上帝赋予了一种最宝贵的禀性，即理性。因此，上帝在创造了人以后，便让人自己管理自己。那么，什么是理性呢？理性就是一种遵循既定法则或规范来管理世界和管理自己的能力，无须上帝插手。上帝的伟大之处，就在于他不仅能够创造出自然界，而且能够创造出有理性的人。这个有理性的人一旦被创造出来，就可以按照自己的理性来管理世界和管理自己。尽管我们可以说，人管理世界和管理自身的所有荣耀都应该归功于上帝，因为正是有了上帝所赐予的理性，我们才能将世界和自身管理得有条不紊，但是在这里真正起作用的是理性本身，上帝反而被隐藏在理性的光芒背后了。况且既然上帝已经把理性赋予了人，他就不必再在这个世界里显现了，理性可以解决一切问题，因为理性正是上帝的智慧和大能的体现。这样就通过一种明扬暗贬的方式把上帝赶出了自然界。在社会生活领域，情况也是同样的。按照洛克的观点，一个社会的理性精神就体现在它的社会契约中，体现在根据社会契约而制定的法律规范中，体现在遵循这些法律而进行的政府行政中，具体地说，体现在英国 1688 年光荣革命之后的君主立宪的政治制度中。只有在一个遵循法律的宪政体制中，人民的民主和自由权利才能得到保证。而民主和自由的前提就是人的天赋人权和理性，只有当人具备自己管理自己的能力，才有资格谈民主和自由。如此一来，上帝也被赶出了社会领域。

正是由于牛顿和洛克的作用，理性的重要意义被凸显出来了。从此以后，科学家再也不用到自然界中去寻找上帝的身影，物理学家不会去研究上帝的性质，地质学家也不会去寻找地狱的位置。因为这些东西都属于信仰，与科学家所面对的自然世界完全不是一回事。同样，社会科学家也无须再到社会生活中去寻找上帝的特殊启示，他只需要运用历史学、社会学或者政治学的方法来研究社会，不用再去考虑这种研究可能引申出来的神学意义。

在我看来，17 世纪英国人的两个重要贡献分别揭示了自然界和人类社会的理性本质。而这两个贡献突出的是同一种精神，即理性精神。也就是说，无论是自然界还是人类社会，都充满了理性的法则。理性的法则在自然界中表现为自然规律，在社会中则表现为社会规律，如国家法律、政治制度、历史规律等。那么，理性的基本特点是什么呢？就是遵循齐一性的规则，就是普遍必然性，即放之四海而皆准，没有任何例外。例如，重力作用，无论是在美国，还是在意大利，都是一样的，没有例外。一部好的法律，也应该在任何地方都适用，都能够很好地治理国家。其实，齐一性或者普遍必然性就是杜绝例外，就是杜绝奇迹。而杜绝了奇迹，就意味着人除了普遍必然性的理性法则，再也不用考虑任何外在的东西。如此一来，理性法则便成为支配整个自然界和人类社会的根本法则。这种遵循理性的法则来认识自然和社会的，就是所谓的"启蒙"。

当然，除了理性，还有一个很重要的因素，就是道德。17 世纪的英国人虽然用理性把上帝架空了，可是他们仍然是虔诚的基督徒。而他们所说的那个合乎理性的上帝，其实要比那个总在创造奇迹的上帝更加高明。从这种意义上讲，他们把上帝给抬高了，但是同时又把上帝给贬低了，因为他们把上帝赶出了自然和社会之外。从此，自然和社会便成为一个自足的、无须外来干涉的独立系统。但是，除了渗透于自然和社会的理性法则之外，17世纪的英国人还特别强调基督教的道德含义。基督教的教义千言万语，但是说到底，就是道德主义，整个基督教无非就是宣扬一种道德理想。这样就把基督教由一种充满了奇迹的神秘福音，变成了一种劝人向善的道德启示。仅仅根据经验，我们其实并不能断定耶稣的复活是真是假。但是我们知道，耶稣活着时曾经做过许多好事，后来被罗马帝国犹太行省总督钉死在十字架上。耶稣在生前曾给许多人治好了病，并将饼分给他人吃，为穷人洗脚，充满了博爱精神，这些都是我们在《圣经》中所见到的，而且与理性并不矛盾。这样，基督教的要义就在于耶稣的道德本性，在于他是一个好人，是一个道德圣贤，我们被他的道德行为所感动，而无所谓他是不是一个神。外在的礼仪或者奇迹并不重要，人们去不去教堂也不重要了，重要的是要像耶稣那样，有一颗仁爱之心、善良之心。所以，从理论的角度看，上帝的本质被说成是理性；从实践的角度看，基督教的要义被理解为道德。整个基督教的启示只不过是一种道德启示，这种道德启示成为指导人们实践活动的指南。

　　这两个转化意味着，世俗的东西开始取代神圣的东西，属人的东西开始取代属神的东西。当我们要认识自然界和人类社会时，只需要运用理性就可以了。理性可以划分为客观和主观两个方面，客观理性就是自然规律和社会法律，主观理性就是我们进行思维的逻辑规则。这两个理性是相互吻合的，这也恰恰说明了上帝一方面将理性赋予世界,另一方面也将理性赋予我们。而当我们要进行实践活动时,只需要遵行道德法则就行了。一个人只要具备了高尚的道德,他便可以毫无愧疚地说:"我是一个好基督徒!"这种重要的转化最初发生在17世纪的英国,然后由英国传入欧洲大陆。在当时的欧洲大陆,在理性精神和宽容气氛方面可以与英国相媲美的是荷兰。17世纪的荷兰聚集了一大批非常重要的本国或他国的哲学家和科学家,如斯宾诺莎、惠更斯、列文虎克、格劳秀斯、笛卡尔等人。荷兰的宗教政策比较宽容,思想氛围比较自由,许多在欧洲其他国家不能发表的著作、言论,在荷兰都可以自由发表。这样就鼓励了一大批哲学家和科学家跑到荷兰去避难,正是由于这些具有新思想、新观念的哲学家和科学家的加盟,荷兰的文化水平和科学水平在17世纪的欧洲大陆独占鳌头。但是,最初的启蒙思想还是源于英国,源于牛顿、洛克等具有自然神论倾向的英国思想家。

法国的启蒙运动

启蒙思想从英国肇始,然后传到荷兰、法国和欧洲其他国家。到了18世纪,法国就取代英国成为启蒙运动的中心。法国地处欧洲的中部,从文化渊源上看属于拉丁文化圈,其前身属于罗马帝国治下的高卢,但是后来在日耳曼人大入侵的过程中,又归属其建立的法兰克王国所辖。故而法国既有拉丁文化传统,也有日耳曼文化传统。兼收两种文化之精华的法国在16—17世纪可以说是左右逢源,既从意大利的文艺复兴运动中获得了不少好处,又利用宗教改革所造成的宗教分裂局面来发展自己的国家实力。法国虽然在宗教改革浪潮中最终还是倒向了天主教，但是它把国家利益放在宗教信仰之上，为了削弱同属于天主教国家的西班牙（17世纪时，西班牙是法国在欧洲大陆上的头号竞争对手），法国人不惜在三十年战争中与德国新教徒甚至奥斯曼帝国的异教徒结盟，共同反对天主教的西班牙。这种文化上和地理上兼收并蓄的优势，使得法国在17世纪下半叶取代了西班牙的欧洲大陆霸主地位，迅速地崛起为一个强大的专制国家。

法兰西人素来机智，而近代的法兰西人更是以机智敏锐和标新立异而著称。17—18世纪在欧洲流行的时髦玩意儿大多诞生于法兰西。泰纳曾经说过，17—18世纪的法国人教会了欧洲所有开化和半开化民族一套说话、微笑和行礼的方式。在当时的欧洲宫廷中，贵族们都时兴佩花剑、戴假发、说法语，这些显然都是受法兰西文化影响的结果。自从英国人在自然神论的幌子下用理性取代了上帝的权威之后，擅于追逐新潮的法兰西人立即就抓住了时髦的理性，法兰西也一下子从最保守的天主教阵营变成了最激进的启蒙运动中心。

相比而言，启蒙运动在法国人那里和在英国人那里，是非常不同的。英国人谨小慎微，具有绅士风度，始终将理性控制在一定范围之内。他们虽然悄悄地挖了上帝的"墙脚"，但是从来不敢公开诋毁上帝。法国人却喜欢走极端，赶时髦，他们一旦接受了理性精神，立刻将其推至极端，从而在18世纪掀起了一场轰轰烈烈的法国启蒙运动。乃至在一般中国人的心中，启蒙运动总是与18世纪的一批激进的法国思想家联系在一起，我们一说起启蒙运动，头脑中就会浮现出伏尔泰、卢梭、狄德罗、达朗贝尔、霍尔巴赫、爱尔维修等人的名字，好像启蒙运动就是一场法国人的思想运动。实际上，法国人只是将启蒙运动推到了一个极端，即无神论的极端，这个极端并不是启蒙运动的全部内容。在近代,任何东西一到了法国人手里,往往就会剑走偏锋,被弄得轰轰烈烈、惊世骇俗。伏尔泰早年曾到英国避难,在那里他深受牛顿和洛克思想的影响,成为一个自然神论者。回到法国后,伏尔泰就把英国人的理性精神加以发扬光大,并且推至极端,要求把一切都拉到理性的法庭面前来接受审判,由此开启了法国的启蒙运动,伏尔泰本人也因此成为法国启蒙运动的精神领袖。

那些法国启蒙思想家并非一个统一的阵营,老一辈的法国启蒙思想家,如伏尔泰、孟德斯鸠等人相对比较稳健,基本上还是一些自然神论者;年轻一代的启蒙思想家如狄德罗、霍尔巴赫、爱尔维修等人则比较激进,已经走向了无神论。在启蒙思想家之间,也存在着很大的思想分歧,特别是卢梭,几乎与同时代的其他法国启蒙思想家都处于一种对立的关系中,尤其是与伏尔泰,可以说是形同水火,势不两立。伏尔泰作为法国启蒙运动的精神领袖,大力弘扬理性,主张用理性来审判一切。他曾对教会人士宣称:"现在你们发抖吧,理性的日子来到了!"他向整个时代发出了理性的呐喊。

伏尔泰笔触辛辣刻薄,嬉笑怒骂,皆成文章,不仅在法国知识精英中享有盛誉,而且也被欧洲的王公贵戚奉为上宾。他一生中大部分时间在法国以外的地区流亡,却受到欧洲各国君主和权贵的礼遇。他就像一个被宠坏的白马王子,一方面对欧洲的封建专制和宗教愚昧进行猛烈的抨击,另一方面却与欧洲的封建统治者们交往甚密。他为人机智,而且滑头,打着上帝的旗帜攻击耶稣,一辈子称耶稣为"坏蛋",临死不肯承认耶稣的神性。虽然他总是宣称自己相信上帝,却把上帝给架空了,就像英国人所做的那样。到了年轻一代的法国启蒙思想家,例如在"百科全书派"那里,伏尔泰的

"犹抱琵琶半遮面"的自然神论就转变为公开的、战斗的无神论。狄德罗公开宣称自己是无神论者，公开打起了无神论的大旗。这在当时的确是需要勇气的，因为在西方，无神论与唯物主义一样，在很长的时间里都是不名誉的。宣称是无神论者，就意味着他心中没有任何神圣的东西，从而也就是一个无所畏惧的人、一个什么坏事都敢干的人，而这样的人就像魔鬼一样可怕。

正因如此，18世纪法国的启蒙思想家敢于公开举起无神论的大旗，这是非常需要勇气的。在一千多年的基督教文化的影响下，尤其是在法国这样的天主教国家里，宗教信仰像汪洋大海一样笼罩着社会生活的方方面面，如果有人敢于公开宣称自己是无神论者，并且公开批判上帝，这的确需要极大的勇气。在这一点上，法国人的确是勇气可嘉。法国人素来如此，虽然时髦，但远不如德国人那样深刻。狄德罗等"百科全书派"将启蒙运动推到极端，其结果便是，理性就是一切。在英国人那里，理性既是上帝的本性，也是上帝赋予人们和世界的本质，上帝仍然享有至尊的地位，高于一切被创造物。然而，在法国人那里，理性就是一切，理性就是上帝，在理性之外，再无权威，连上帝也要接受理性的审判。上帝本身是否为上帝，也得看他是否经得起理性的检验。在这一点上，可以明显看出英国人与法国人的差别。英国人以一种审慎的态度来对待宗教与科学的关系问题，力图协调理性与信仰的关系。法国人则公开地把上帝从神座上拉了下来，而将理性扶持到这个神座之上。由此，理性被戴上了一个至高无上的冠冕，成为一切的审判者，成为新的上帝。伏尔泰还比较滑头地在表面上承认上帝的存在，力图把自己打扮成一个自然神论者，但是他骨子里实际上已经是一个无神论者了。而到了狄德罗、霍尔巴赫等人那里，则公开举起了无神论的大旗，把基督教简单地等同于迷信，认为一切宗教的共同基础就是无知和欺骗。

伏尔泰曾经说，上帝就是"第一个傻子遇到的第一个骗子"，骗子愿意骗人，傻子愿意相信，于是宗教就产生了。霍尔巴赫则更加极端，他公开宣称"我与上帝誓不两立"，因为他说他与上帝有私仇，因此绝不会与上帝相妥协。他写过一本很薄的书，叫作《袖珍神学》。在这本书中，霍尔巴赫对上帝、耶稣、宗教裁判所、十字军、教会、神父，以及基督教的各种教义和仪式等，都进行了无情的挖苦和讽刺。正是这种宗教批判，导致了法国的无神论。

法国启蒙思想家认为自己已经大彻大悟了，已经彻底揭穿了宗教的本质。他们将理性推到极端，主张用理性来审判一切。这样一种态度，在我们的观念中，是备受推崇的。但是这恰恰也是很成问题。因为将理性推至极端地位之后，实际上就把理性变成了一个新的暴君。这种认为理性可以解决一切问题的态度，恰恰是一种非理性的态度——它要求用理性来评判一切，却唯独没有理性地对待理性本身。一种真正的理性态度，应该既看到理性的巨大作用，同时也看到理性的局限性和运用范围。理性是有界限的，如果人类认为理性就是一切，那么这正好说明了人类的妄自尊大。这样一种理性的狂妄，导致了什么结果呢？今天的生态问题，人与自然的紧张关系，人与人的紧张关系，都是由于过分推崇理性而造成的。所以，只有当人类理性地对待理性时，才具备了真正意义上的理性，即具有自我批判能力的理性。换言之，只有当你不仅理性地对待外部世界和别人，而且理性地对待你自己，对待你的理性本身，这才是真正的理性。理性不能只用来审判别人，在理性审判别人以前，首先应该将自己拉到自己的"法庭"面前来接受审判，看看自己的能力到底有多大，看看自己的界限到底在哪里。这才是一种真正的理性精神。这种真正的理性精神，时髦而浅薄的法国人是不具备的，只有晦涩而深刻的德国人才具有。

德国的启蒙运动

启蒙运动在德国人那里，完全不同于在法国人那里。德国人比较深刻和细致，同时也比较保守和刻板。近代英国人以审慎而著称，做任何事情都小心翼翼，尽量保持不偏不倚。近代法国人机敏浪漫，敢为天下先，喜欢标新立异、剑走偏锋。近代德国人则擅长思辨，耽于幻想，在实践中懦弱保守，在思想上却比其他任何民族都更加深刻。这是一个率先进行宗教改革的民族，尽管他们的宗教改革并没有导致德国社会的实质性变化，但是宗教改革的精神培养了德国人的内在气质，造就了一种精神上的自由倾向，并且培养了德国民族的思辨性格，使得这个民族在近代一直热衷于理论而轻视实践。无论近代的英国人和法国人在经济、政治等实践领域中干出了多少惊天动地的事情，做出了多少了不起的贡献，这些东西只要一到德国，很快就转变为哲学反思和宗教批判。近代德国人似乎不关心实践领域，只专注于纯粹理性和绝对精神的世界，这种片面性固然造就了近代德国在理论领域中的辉煌，但是它同时也导致了其在实践领域中的积弱不振。这种积弱不振的状况一直到 19 世纪下半叶俾斯麦统一德国之后，才得到根本性的改变。而在此以前，德国人始终沉浸在精神的修养和哲学的思辨之中，以一种轻蔑的态度对待实践，由此造成了德国在近代历史中的落后地位。

在 18 世纪中叶，法国的启蒙思想传播到了德国，当时的德国还处于分崩离析的封建状态中。在最为强大的普鲁士，18 世纪中叶由一位具有开明专制思想的国主执政，这就是弗里德里希二世。

这位国王很有教养，据说，他所掌握的哲学知识比当时的专业哲学家还要丰富。而且他特别喜欢附庸风雅，追求高尚和时髦的东西，尤其崇拜法国的东西，尽管他一辈子都在不断地与法国人打仗。1750年前后，法国启蒙运动的领袖伏尔泰被弗里德里希二世请到了柏林的王宫里，在那里待了两年。一方面，弗里德里希二世非常崇拜伏尔泰，因为伏尔泰当时名满欧洲，各国君主都对他顶礼膜拜。顺便说一句，当时的欧洲各国虽然实行君主专制，但是这些专制君主对知识非常尊重，这是长期形成的一种文明教养。另一方面，弗里德里希二世又害怕伏尔泰的激进思想会影响德国的知识分子，从而威胁到他的统治，因此他极力阻挠伏尔泰与德国知识分子接触，把他供养在宫廷中。然而这种企图是难以实现的，伏尔泰来到德国后，不可能不与德国思想界发生交往，他的思想也不可能不对德国产生影响。因此，在伏尔泰的影响下，德国的启蒙运动也轰轰烈烈地开展起来了。

德国的启蒙思想既不同于法国，也不同于英国。与其他民族相比，德国人总是有着更加深沉的宗教信仰和虔诚精神，所以宗教改革从德国爆发，这也是天经地义的事。正是由于他们的宗教信仰十分纯正，而且始终把这种信仰当作人的安身立命之本，所以在启蒙时代，德国人就总是试图将他们的宗教信仰与来自英法等国的理性精神结合起来。这样一种结合，就是德国启蒙运动的基本特点。因此，德国启蒙运动并不是简单地反宗教，不像法国人那样用理性来彻底否定基督教信仰，而是要在理性与信仰这两个对立的东西之间寻找并保持一种合适的张力。这就是德国启蒙运动最引人注目的地方。

正如法国的情况一样，德国的启蒙思想家也并非属于同一个思想阵营。他们中有的人更加偏激，有的人则更加保守，但是，无论是哪一种人，其基本的思想倾向都是力图实现信仰与理性的结合或统一。康德无疑是德国启蒙思想家中较为稳健的人物，从康德对启蒙的定义来看，启蒙并非仅仅是启他人之蒙，而且是首先启自己之蒙。康德认为，启蒙就是敢于独立地运用自己的理性。言下之意就是说，在过去，人并非独立地运用自己的理性，而是依赖上帝；而现在受到启蒙，尤其是自我启蒙以后，人应该独立地运用自己的理性，不受任何权威的支配。在这里，我们可以很清楚地看到康德启蒙思想中的理性精神。

然而，康德不同于法国启蒙思想家的地方，就在于他不仅以一种理性的精神来对待宗教信仰，而且也以一种理性的精神来对待理性本身，康德的整个批判哲学就是要揭示出理性的能力、范围和限度。同样地，康德也不像法国启蒙思想家那样简单地否定宗教信仰，他一生所做的工作就是要在科学与宗教、理性与信仰之间保持一种协调关系。他的三大批判，即《纯粹理性批判》《实践理性批判》《判断力批判》，所要完成的任务就是解决"我们能够认识什么？""我们应该做什么？""我们可以希望什么？"这样一些问题，说到底就是关于我们的认识与实践、理性与信仰如何协调一致的问题。康德的意思是，我们不仅要独立地运用理性，因为这是启蒙的标志，而且还要批判理性本身。他认为，对于理性不能盲从，不能像法国人那样把理性推到极端。恰恰相反，他要在推崇理性的同时，坚持理性本身是有界限的。康德的《纯粹理性批判》所做的就是这个工作。

理性是有限度的，并不是万能的，有一些东西是理性无法认识的，当然也不是理性可以随意否定的。理性对这些东西既不能说是，也不能说不，只能对它们保持缄默。比如，关于上帝的问题、关于灵魂不朽的问题，等等。在这些问题面前，理性只能说它们在理性的范围之外，是理性所无法解决的。我们也只能说我们对这些问题一无所知，而不是简单地加以确定或者否定。这才是一种真正理性的态度，即理性地对待理性的态度。康德倡导我们要理性地对待理性，既看到理性的能力，也看到理性的界限。这就是提醒我们不要太狂妄，不要因为我们是有理性的动物，便以为我们可以去审判一切、凌驾于一切之上。这样一种狂妄的态度恰恰是非理性的态度，它与理性精神是背道而驰的。

康德通过他的三大批判，在科学与宗教、理性与信仰之间建立了这样一种和谐关系：在第一批判中，康德强调，我们的科学知识只是关于经验的自然界的知识，它们是通过感性直观和知性范畴而被建立起来的，在经验世界中，没有上帝存在和灵魂不朽的立锥之地。这样一来，科学便从神学和形而上学中独立出来了，再也不必过问宗教的问题。在第二批判中，他又提出，人除了运用理论理性来研究自然世界，还要面对我们内心的道德世界，而这个世界恰恰是需要上帝的。因此，我们不应该在外部世界中去寻找上帝，一个科学家在研究自然界的时候，根本不需要考虑上帝在哪里，因为上帝不在自然界中。不过，这并不意味着他就不在任何地方，就像法国人所认为的，既然上帝已被赶出了自然界，那么他就完全没有立锥之地了。可是康德却告诉人们，上帝并没有彻底不存在，他虽然不存在于自然界中，却存在于人心之中。人的内心世界才是上帝之所在。自然科学的发展已经把上帝赶出了自然界，我们在自然界中再也找不到上帝的身影了。但是，人的道德良心需要一个终极性的支撑，这就是上帝。没有上帝，没有关于未来世界以福配德的承诺，我们在现实世界中就会缺乏坚持道德的理由和勇气。这样一来，康德就给科学和宗教、理性和信仰分了工。一个负责外部世界，另一个负责内心世界；一个形成关于自然界的知识，另一个构成道德实践的根据。这两个世界井水不犯河水，彼此共存而互补。康德一方面承认理性的巨大意义，另一方面又对理性的运用范围进行了限制，突破了理性的独断主义。在康德这个最具有理性精神的德国哲学家身上，我们仍然可以看到传统的宗教虔诚所发挥的重要作用。

在18世纪的德国，有一些启蒙思想家在坚持宗教信仰方面比康德走得更远。与法国启蒙思想家强调理性的普遍性的做法相反，这些德国启蒙思想家坚持认为，普遍的理性法则必须与德意志民族的宗教虔诚相协调，他们甚至将这种宗教虔诚推到了偏颇的地步，从而导致了神秘主义。在他们看来，德国是一个落后民族，因此德国的启蒙运动不能只学英法的时髦理性，更应该通过学习这种普遍理性来弘扬德国的民族文化。这样一来，德意志民族精神便从启蒙运动中萌发出来了。在此以前，德国人总是自惭形秽，瞧不起自己；然而，在启蒙运动中，德国人发现，启蒙运动的真正含义并不是批判别人，而是自我批判。自我批判不是为了自我贬低，而是将自己提高到文明开化和启蒙的状态之中。在启蒙运动中，德意志的精神、语言、文学艺术和民间神话等以往不能登大雅之堂的东西，现在都可以光明正大地表现出来了。德国文化作为一种落后的文化，正是在启蒙运动的过程中开始崛起的。它的崛起并不是跟在英法之后亦步亦趋，而是把外来的、时髦的、代表着时代精神和历史前进方向的理性与本民族由来已久的传统有效地结合起来，在英法的理性精神和本民族的宗教传统之间达成一种妥协。这些较为偏激的德国启蒙思想家，大家可能不太熟悉，他们包括哈曼、雅可比、"狂飙运动"的领袖赫尔德，以及稍晚的施莱格尔兄弟、谢林、荷尔德林等浪漫主义者。正是他们使得德国的精神超越了狭隘的知识理性或工具理性，走向了深邃的思辨理性和神秘主义。

启蒙运动不仅使德国人接受了理性精神，也使德国人产生了民族自信心和自强精神。德国人在启蒙运动中不仅像英国人和法国人一样推崇理性精神，而且也大力发掘和弘扬本民族的文化传统，通过深刻的文化批判来提高整个民族的哲学教养和精神素质。在启蒙运动中，质朴愚钝的德国人逐渐意识到，德意志民族也是一个伟大的民族，就像英格兰、法兰西一样，有着丰富的精神文化资源。虽然德国人在过去的时代里显得十分低俗，但是德国文化所蕴含的精神内涵却远远超过了其他民族。这样一种民族意识的自觉，使得近代德国人逐渐从自惭形秽的自卑转向了一种孤芳自赏的狂妄。这就是德国人在近代崛起的精神标志。当然，这种民族自豪感后来被推向了极端——德国人的自我意识到了19世纪末叶逐渐发展成为一种唯我独尊的狂傲，导致了叔本华、尼采的唯意志论。到了20世纪，希特勒把这种唯意志论转化为一种狂热的种族优越论，最终酿成了法西斯主义这杯苦酒。

　　纵观启蒙运动在西方历史上的发展过程，可以说它在各个国家的发展情况是不尽相同的。从英国的审慎启蒙到法国的偏激启蒙，再到德国的深刻启蒙，此间的发展可以说是错综复杂。所以我们不能简单地把启蒙运动理解为一个统一的、千篇一律的运动，而应该了解它在不同时代、不同国度中的具体情况。但是，无论如何，随着启蒙运动的开展，理性的时代到来了，理性成为西方文化舞台上的主角，欧洲逐渐摆脱了中世纪的浓重阴影而走向现代化，这一点是毋庸置疑的。

　　以上就是我所讲的启蒙问题，我的目的无非是要提醒大家，一定要用理性的态度来对待理性，用启蒙的观点来看待启蒙。

第十节　当代国际格局的宗教背景

从政治意识形态的冲突到文明的冲突

20世纪的80年代末，在世界范围内发生了一些重大的变化，尤其是在80年代末90年代初，产生了东欧剧变，也就是苏联和东欧社会制度的剧变。一些前社会主义阵营的国家，或者说华沙条约的成员国，纷纷地发生了政治上的蜕变，退出了社会主义阵营，转向了西方式的民主制。在这样的情况下，自从二战以来就已形成，并且持续了近半个世纪之久的世界两大政治阵营之间的对垒，两种政治意识形态之间的冲突，以及北大西洋公约组织与华沙条约组织这两个军事组织之间的竞争，到了1991年以后，随着苏联的解体，也就结束了。

自从二战结束，一直到20世纪80年代末叶，经历了将近半个世纪的冷战时期，这一时期的特点主要是两大政治阵营之间的对立。这两大阵营，一个是以美国为首的资本主义阵营，另一个是以苏联为首的社会主义阵营。除了这两大阵营，还有一个第三阵营，也就是第三世界，是由一些不结盟国家形成的松散阵营。当然，中国也属于这个第三世界阵营，属于不结盟国家。但是可以说，从1945年二战结束，到1991年苏联解体，在这40多年的时间里面，世界的主要角色是由苏联和美国这两个超级大国来扮演的。而且以它们为首的两大政治阵营，各自奉守不同的意识形态，形成了一种尖锐的对立。一些局部性的冲突很容易演变为全球性的危机，比如说古巴的导弹危机、苏联入侵阿富汗，以及美国发动的越南战争和柬埔寨战争。但是到了 1991 年以后，这种政治意识形态的对立由于其中一个阵营的突然瓦解，而变得不复存在了。

在这样的情况下，如前文提到的，塞缪尔·亨廷顿在其《文明的冲突？》一文中提出，由于两大阵营的对垒不复存在了，苏联已经解体，社会主义阵营也已经瓦解了，在这样的情况下，在未来的世纪，也就是 21 世纪，将会出现一种新的冲突格局，即文明的冲突。

大家知道，美国这个国家比较讲究实际，是一个很务实、很讲实用主义的国家。因此，美国在国际政治上总是有一种前瞻性，它总是在思考未来若干年里，世界的格局将会发生怎样的变化，哪些国家将会成为美国的朋友，哪些国家将可能成为美国的潜在敌人。美国国家安全部门和情报部门根据这些战略预测而制定的国际政策都带有一定的前瞻性。亨廷顿本来就是为美国国际政治出谋划策的重要智囊成员，他的这篇文章在某种意义上，代表了美国国家的一种战略导向。这种战略导向就是，在苏联解体以后，随着两大政治阵营对垒的消解、两种意识形态冲突的结束，美国将如何对未来世界的基本格局做出判断，以及美国将制定什么样的相应国际政策来对付可能出现的新威胁。

在这篇文章里，亨廷顿的言辞之中充溢着一种明显的踌躇满志，在他看来，社会主义阵营和资本主义阵营在经历了近半个世纪的对立和冲突以后，最终还是以资本主义阵营的胜利而告终。同时他明确地指出，在未来的世界里，人类冲突的主要形式将不再是政治意识形态的冲突，甚至也不再是以经济利益为主要动机的冲突，而是一种文明的冲突，是东西方不同的传统文化之间的冲突。

什么叫文明，什么是文化呢？亨廷顿在这篇文章里，基本上没有对这两个概念进行严格的区分，他认为，所谓的文明或者文化，就是我们人类各个不同的族群和团体相互认同的一个最大的单位。在人类这个种之下，我们就以文明来划分，在文明下面再按国家来划分，国家下面当然可以再按各种各样的方式来划分。所以文明和文化就是划分人类群体的最大单位。

那么，各种文明内部相互认同的最重要的纽带是什么呢？亨廷顿强调，那就是传统的宗教。在政治意识形态对垒和冷战的时代，人们彼此认同的主要纽带是政治立场。随着政治意识形态对垒的消解和冷战时代的结束，传统的宗教信仰和价值观念又将重新成为世界各区域人民彼此认同的基本纽带。

亨廷顿指出，在过去的两千年里，世界各大宗教之间，或者以各大宗教为轴心或纽带的各大文明共同体之间，始终存在着一种紧张的关系，存在着一种张力，它酿成了各大文明体系之间旷日持久的矛盾和冲突。这种文明之间的冲突一直延续到西方殖民主义全球体系形成、两大政治阵营对峙出现时才结束。但是到了20世纪末叶，随着苏联的解体和政治意识形态对垒的消解，这种传统的文明冲突将重新呈现出来，并将成为21世纪世界冲突的主要形式。

在这篇文章里，亨廷顿考察了各大文明之间的传统分界线，他认为，这些传统文明之间的分界线或者断层线，很可能成为未来世界的战线。最激烈的文明冲突，将发生在那些传统文明的断层线上。比如说，1993年前后，世界上的两个热点问题，一个是由来已久的巴以冲突，当然在巴以冲突背后，还有一个更加广阔的中东伊斯兰世界与西方基督教世界之间的冲突。巴以冲突是当时世界的一个焦点，到今天仍在继续。当时还有一个冲突的焦点，就是在20世纪90年代初期爆发的波黑战争。由于苏联解体，苏联或者以苏联为中心的东欧集团内部就出现了离心力，在南斯拉夫的范围内，就出现了波黑冲突的问题。南斯拉夫解体以后，波黑作为南斯

第三章　西方文化的发展

拉夫的一个加盟共和国，本身也陷入了内讧之中。由于波黑共和国是由三个信仰不同宗教的主要族群组成（分别是克罗地亚、塞尔维亚、波什尼亚克），南斯拉夫解体以后，波黑的这三个族群之间就发生了激烈的冲突。当时冲突的双方主要是克罗地亚和塞尔维亚，两者之间涉及很复杂的宗教教派问题。克罗地亚人信奉天主教，塞尔维亚人信奉东正教，而波什尼亚克人则信奉伊斯兰教。在这三个信仰不同的小族群背后，又分别站着西方基督教世界、俄罗斯东正教世界和中东伊斯兰世界这三个强大的实力集团。

从地图上来看，无论是巴以冲突，还是波黑冲突，都发生在传统的文明断层线上，这两个冲突的地方，都是自古以来不同文明之间冲突的焦点地区，都是世界的"火药桶"，也恰恰就是亨廷顿所说的传统文明的断层线。为什么这样说呢？我们首先来看看巴以冲突。今天的巴勒斯坦和以色列所在的地方，曾经就是世界几大宗教共同的发源地，犹太教、基督教，以及稍晚产生的伊斯兰教，都与这个地方有着极其密切的关系，这个地方对于当今世界的这几个重要宗教来说都是圣地。耶路撒冷这个城市，对犹太教来说是发源地，对基督教来说是耶稣的圣墓，即使对穆斯林来说也具有神圣性，虽然穆斯林最大的圣地是在麦加，但是伊斯兰教相信穆罕默德曾在耶路撒冷升天，所以耶路撒冷也被穆斯林当作圣地。由于世界上的三个重要宗教都与耶路撒冷有着不解之缘，因此这个城市就成为各种宗教，尤其是犹太教和伊斯兰教冲突的焦点，自古以来就是一个多灾多难的兵家必争之地。

我们再来看看波什尼亚克、塞尔维亚和克罗地亚这三个族群组成的波黑地区，这个地方可以说是在近代，甚至从中世纪以来，就是伊斯兰教文明和西方基督教文明（包括天主教和东正教两个文化体系）的接壤地。自从伊斯兰教在 7 世纪产生以后，地处欧亚大陆交会点的君士坦丁堡就成为西方基督教世界抵御穆斯林的前沿阵地，曾经不止一次地遏制住了穆斯林西进的兵锋。到了14世纪以后，巴尔干半岛和东欧的许多地区都被信奉伊斯兰教的奥斯曼土耳其人占领，1453年，屹立在欧亚大陆接壤处达一千多年的君士坦丁堡终于被强悍的奥斯曼土耳其人所攻陷。奥斯曼帝国的穆斯林把君士坦丁堡改名为伊斯坦布尔，它从此成为奥斯曼帝国的政治、文化中心。

巴尔干半岛和东欧地区，在近代始终是信奉伊斯兰教的土耳其人、信奉东正教的希腊人和俄罗斯人、信奉天主教或者基督新教的西欧各国争夺的焦点，在这个地区，基督教与伊斯兰教之间的冲突一直处于白热化的状态。希腊与土耳其之间的矛盾根深蒂固，难以调和；在北方新崛起的俄国也为了争夺高加索、阿塞拜疆、亚美尼亚和巴尔干北部地区的控制权而与奥斯曼土耳其人打了多次俄土战争。正是由于长期的宗教冲突和文化抵牾，所以在这个地区既有东正教徒，又有天主教徒，还有许多穆斯林，南斯拉夫所在的巴尔干半岛北部地区一直就是基督徒与穆斯林冲突最激烈的地区。

大家都知道，一战和二战都与这个地区有着极其密切的联系。一战爆发的直接导火索是奥匈帝国皇储在塞尔维亚被刺杀。当时塞尔维亚在政治上隶属于奥匈帝国，奥匈帝国皇储作为统治者来这个地方视察的时候，被一帮爱国的塞尔维亚青年刺杀了，这样就导致了一战的爆发。同样地，二战虽然不是直接由这个地方引起的，但是这个地方在二战中一直是一个兵家必争之地，一个敏感地区，被称为"欧洲的火药桶"。大家可以去看一部南斯拉夫的老电影《瓦尔特保卫萨拉热窝》，萨拉热窝就是这个地区的一个城市，关于它的重要性，我们在这部电影中可以领略到。正因为它一直是一个多宗教、多文化的交汇点，所以当前南斯拉夫解体、两大政治阵营的对垒消解之后，这个地区的传统宗教和文化矛盾又重新暴露出来，从而酿成了波黑的危机。

亨廷顿所说的那些传统文明的断层线，就是指这几个敏感的地区，而在20世纪90年代，这些地区正好处于动荡不安的状态中。我在前文提到，在1993年前后，波黑地区的这三大族群之间的矛盾，不仅仅是南斯拉夫内部的三个族群的冲突，它不像索马里、埃塞俄比亚等非洲国家的内部族群冲突那样单纯，而是具有更复杂的背景。在这三个小族群的冲突背后，分别站立着三个强大的宗教-文化集团。在波黑的冲突中，塞尔维亚人是东正教徒，与俄罗斯人有着共同的宗教信仰；而在克罗地亚人的背后，站着西方天主教和新教世界。当时西方世界总指责塞尔维亚领导人进行种族屠杀，但克罗地亚人也同样在进行着种族屠杀，杀了不少塞尔维亚人，但是西方世界从来不谈这个问题。而在第三个族群波什尼亚克人的背后，则有着一个广大的伊斯兰世界。在波什尼亚克人与塞尔维亚人的冲突中，伊朗派出了一支18 000人的部队，随时准备支持波什尼亚克人。当时，在波什尼亚克人与塞尔维亚人的冲突问题上，伊朗与俄罗斯之间也发生了一些摩擦。由此看来，在波黑这几个不起眼的小族群的冲突背后，实际上分别站着西方世界、东正教世界和伊斯兰世界。

正是在这个意义上，亨廷顿断言，这些地方都是最危险的地方，它们将会成为未来文明冲突的战线。也正是基于这种判断，亨廷顿在《文明的冲突？》一文中追溯了不同文明之间冲突抵牾的历史根源，从历史的角度来分析不同文明之间的矛盾关系。在分析的基础上，他得出这样一种结论：文明的冲突将会取代政治意识形态的冲突和经济的冲突而成为21世纪人类冲突的主要形式。亨廷顿认为，这种文明的挑战将取代社会制度和政治意识形态的挑战，在苏联解体、苏东社会主义阵营瓦解之后，俄罗斯不再是美国未来的主要对手。那么未来的主要对手是谁呢？潜在的敌人是谁呢？他预料那将是伊斯兰教文明和儒家文明的联合体。这就是亨廷顿在那篇著名文章中的预言。这种预言无疑带有浓重的"西方中心论"色彩，其目的无非是为了保住西方文明，尤其是美国的霸主地位；此外，亨廷顿关于在未来世纪伊斯兰教文明将与儒家文明联合起来共同对抗西方基督教文明的预测，也确实有危言耸听之嫌。

华人学术界对"文明冲突论"的回应

亨廷顿的这种"西方中心论"的价值取向和夸大其词的预测马上在世界范围，尤其是在华人文化圈中引起强烈的反响。特别是亨廷顿关于儒家文明将与伊斯兰教文明联合共同对抗西方基督教文明的观点，招致了中国学者的极大愤慨。大家如果对这个问题感兴趣，可以去看看1994—1995年中国的一些重要杂志，上面发表了许多中国学者，包括海外华人学者批判亨廷顿的文章。一些中国学者纷纷指出，儒家文明从来都是讲究和而不同的，在21世纪我们绝不可能与伊斯兰教文明联合起来，去对付西方基督教文明。而且，还有一些新儒家的知识分子，他们针对亨廷顿的"文明冲突论"指出，在政治意识形态对立消解和冷战时代结束以后，未来世纪将会是儒家的普世和谐理想盛行于全世界的时代，全世界人民都会自觉或不自觉地接受儒家的普世和谐观念，大家都会以和平与发展这两大主题作为基调，共同创建一个充满和平的未来世界。

事实上，在20世纪末叶，联合国就已经明确地把"和平与发展"确定为人类未来世纪的主调。正是基于这种乐观主义的预测，所以当时回应亨廷顿的大多数中国学者都断定，未来世界将不可能出现什么大的冲突，人类激烈冲突的时代已经结束了。21世纪的人类将会变得越来越理智，人们将会越来越清醒地认识到，儒家的普世和谐观念对全人类都是有利的，因此它必将成为全世界人们共同奉守的价值观。

对于亨廷顿的"文明冲突论"，我当时也发表了自己的看法，我的看法与前文提到的那些乐观主义的回应不太相同。1995年春季，我在香港的《中国社会科学季刊》上发表了一篇15 000多字的长文，专门回应亨廷顿的《文明的冲突？》一文。

我觉得，我们应该把亨廷顿文章中的事实判断和价值取向区分开来。所谓价值取向，就是说亨廷顿作为一个西方国际政治学专家，又是为美国国际战略提供咨询的重要智囊，他的脚跟肯定是站在西方立场上的。他必定会希望美国能够继续保持一个强大的国际霸主地位，必定希望欧洲能够团结在美国周围，继续对整个世界发挥至关重要的影响力。所以从这个意义上来说，亨廷顿的观点中的"西方中心论"的浓重色彩是必然的。所以，他的价值取向虽然不能为我们所接受，但是我们应该理解他的立场。

但是另一方面，我们也应该冷静地看一看他文章中的一些事实判断，而不要因为反对他的价值取向而忽视这些事实判断中所包含的合理因素。我们应该冷静地思考一下他基于历史经验和现实分析而对未来世界格局的走势所做出的基本判断，在这里，我们不涉及价值取向的问题，不管他到底是站在西方还是东方的立场上，不考虑他个人的感情和希望，仅仅从一种客观的事实分析的角度，来看看他的文章中是不是有一些发人深省的道理。所以，我在这篇回应文章中，基于人类历史发展的大趋势，为亨廷顿文中的事实判断提供了一些支持。我认为，亨廷顿关于文明冲突的预测是有一定道理的，他提出的很多问题都带有前瞻性，他很敏感地看出了未来世界的基本走势。

从主观愿望上来说，我们每个人都是希望和平的，而且几千年来，世世代代的人民都在期盼着和平。但是在人类发展的历史中，几乎没有哪一个世纪没有战争、没有冲突、没有相互之间的仇杀或虐待。许多华人学者回应亨廷顿文章的乐观主义，使我想起了19世纪末叶的一件事情，我觉得可以作为一个借鉴。这件事记载在汤因比生前的最后一部著作《人类与大地母亲》一书中。在该书的开端处，汤因比谈到了1897年英国维多利亚女王执政六十周年的庆典盛况。他写道，在维多利亚女王执政六十周年的庆典上，欧洲人踌躇满志地认为，世界历史终结了。在他们看来，过去的历史充满了惊涛骇浪，充满了各种各样的仇恨、争斗、战乱，但是到了1897年，历史似乎已经进入了另一个时代，人们终于可以高枕无忧地宣布，未来世界肯定会按照理性的方向发展，再也不会出现任何不文明的战争和暴力冲突，以后的历史就是全世界人民在文明、有教养的西方人的引导之下进入一个普世幸福的前景之中的历程。

为什么在1897年时，西方人会如此地踌躇满志呢？原因很简单，因为在19世纪末叶，由西方建立起来的全球殖民主义体系已经达到了最完满的地步，那个时候的整个亚非拉世界，不是西方的殖民地，就是西方的半殖民地。西方人不仅成功地用经济、政治和军事征服了那些非西方世界，而且他们也认为自己非常成功地将西方的价值观念和宗教信仰输入非西方世界，从而不仅在器物层面和制度层面，而且在精神层面也对非西方世界进行了脱胎换骨式的改造。因此到了19世纪末叶的时候，这种全球殖民化的局面确实让西方人在心理上产生了一种极强的自豪感，而且这种殖民化在客观上也确实给那些非西方世界的国家和地区带来了一些现代化的因素，使它们从那种过去的传统社会逐渐走向现代社会。所以在这个意义上，1897年的英国人乃至西方人，当然有理由认为，世界历史终结了，以后的世界再也不会发生冲突和战争，以后的国际争端就是由他们这些文明的西方人坐在谈判桌前，通过一种和平的方式、理性的方式，来加以解决。

但事实是，刚进入20世纪不久，就爆发了一战，一战恰恰是在西方的那些文明人之间发生的战争，有教养的西方人并没有在谈判桌前以理性的方式来解决争端，而是彼此之间以一种不文明的方式相互残杀，甚至把非西方世界也裹挟进去了。大家知道，一战是因为西方新老列强之间争夺殖民地的问题而引发的，那些新崛起的西方国家，如德国等，要与老牌的殖民主义国家，如英法等国争夺殖民地，由此导致了战争。

一战打了好几年，到1918年才结束，战胜者与战败者之间签订了《凡尔赛和约》。和约签订以后，作为战胜国的英法等国又开始乐观起来了，英国首相张伯伦公开宣称，西方内部的矛盾冲突已因《凡尔赛和约》的签订得到了根本性的解决，《凡尔赛和约》与《洛迦诺公约》至少将给世界带来50年的和平。《凡尔赛和约》与《洛迦诺公约》明确地规定了欧洲各国的边界，规定了战胜国和战败国的一些基本权益，而且战败国都签了字，因此欧洲内部的争端从此一劳永逸地解决了。正是基于这种考虑，张伯伦满怀信心地宣称，这些和约与公约将成为世界和平的有力保障。

但20年以后，比一战更加酷烈的二战爆发了。二战对人类的摧残是空前的，这场空前残酷的全球性战争最后是以一个更加残酷的事实，即向广岛和长崎投放的两颗原子弹的爆炸而结束的。据统计资料，二战中直接或间接死于战争的人数，超过了有史以来一直到一战为止所有死于战争的人数的总和。可以说这是人类最大的一场浩劫，而且那两颗原子弹也在全世界人民心头笼罩上了一层深重的阴影，这个浩劫的发生距张伯伦所津津乐道的《凡尔赛和约》也不过20多年。

二战结束以后,为了防止类似的浩劫发生,在西方大国的主持下,建立了联合国组织,它的主要宗旨就是以和平的方式来解决国际争端。这时候,西方又有一些人开始乐观起来了,他们认为,法西斯已经被消灭了,联合国已经建立起来了,从此以后世界不会再有战争冲突了。但是,二战刚刚尘埃落定,"铁幕"就落下了,冷战就拉开了帷幕,两大政治阵营之间的对垒和军事竞争就开始了。这种随时都可能引发第三次世界大战的冷战持续到20世纪80年代末,有几次(如古巴的导弹危机等)差一点就触发了核大战。

到了90年代以后,随着冷战时代的结束,我们有些哲学家又开始像19世纪末叶的西方人一样唱起普世和平的高调,断定未来世界不会再有冲突了,儒家的普世和谐观念将成为未来世界的主导。这样一种观点,其动机无疑是良好的,但是无视国际冲突的新的危险性而一味高唱普世和平的旧调,有可能麻痹自己的意志和警惕性。我们那些儒学思想家的意愿是非常好的,我同样也期望世界和平,但是我们不应该闭着眼睛,不看事实,不能把自己的希望当作判断未来世界格局的一种充分理由。所以从这个意义上来说,亨廷顿文章中所说的文明冲突的可能性确实是存在的,我们正视这种危险性的目的,恰恰就是要把它限制在最小的范围内。

亨廷顿还在文章中提出了另一个引人注目的观点,这个观点当时也遭到很多人的反对。他提出,在当今世界中,西方文明无疑仍然是一种强势文明,在苏联解体以后,面对以美国为首的西方世界这样一种强势文明,非西方世界会采取怎么样的应战姿态呢?他认为可能会有三种应战姿态。第一种就是关起门来,跟"邪恶的"西方世界一刀两断,我不理你,我不加入你的世界。亨廷顿认为,这种应战姿态是死路一条。因为在一个全球化的时代,在世界经济一体化的时代,一国把国门关起来，不就是自绝于世界吗？第二种应战姿态，就是采取各种方式，加入西方文明的体系，成为西方世界大家庭中的一员。亨廷顿认为，这种应战姿态固然动机不错，但是代价太大，而且事实上是很难做到的，几乎是不可能的。原因也很简单，一些有着几千年的文明传统的国家和地区是很难彻底背离自己的传统，完全融入西方世界的。况且，西方世界是否会接纳你，本身也是一个问题，因此，这种应战姿态几乎是不可能。这种做法，用一句比喻的话来说，就是全身性的大换血，也就是我在本书第二节提到的"文化溶血"现象，这可能会给这些国家和地区带来全局性的灾难。因此亨廷顿认为，只有第三种应战姿态，才是非西方文明唯一可行的现实之路，那就是非西方文明通过内在的文明认同，努力发展自己的经济和军事力量，并且彼此联合起来，共同对抗西方基督教文明。在这一点上，亨廷顿的判断确实是有问题的。但是亨廷顿关于非西方文明将会加强内部的凝聚力，发展自己实力的观点是准确的。

全球性的文化保守主义浪潮

　　事实上，在亨廷顿的这些观点发表以后不久，甚至在他的观点发表之前，在全世界范围内，似乎就已经出现了一个趋势，这个趋势到了 20 世纪末表现得越来越明显，一些学者把这种趋势叫作"文化保守主义"，或者叫作"新保守主义"。我们发现，从 20 世纪末叶开始，甚至还可以追溯到更早一些时候，在各个非西方文明圈中，好像都不约而同地出现了文化保守主义的潮流。比如说，在伊斯兰世界里面，出现了激进主义，激进主义当然可以说是由来已久，可以追溯到 20 世纪初期甚至更早的时候，但是到了 20 世纪下半叶，它才形成了一股非常显著的势力。激进主义者并不反对经济生活的现代化，但是他们力图把现代化与西方化区分开来，在反西方化的前提下进行现代化。

同样，也是在20世纪90年代，在一部分中国知识分子中间，也出现了一个复兴儒学的文化思潮。这种新儒学的文化思潮，最初是由海外的一些华人，主要是由哈佛大学的杜维明教授等人推动的，他们认为，未来中国将会出现儒学的第三期复兴。儒学的第一期当然是指先秦儒学，第二期就是指宋明儒学，那么在21世纪将会出现儒学的第三期复兴。杜维明等人认为，儒学的第三期复兴将会使中国人在传统儒学的价值理念的基础上，返本开新，开出一个全新的现代化的中国文化。为了说明在儒学理念的基础上构建现代化社会的可能性，杜维明举出了新加坡的例子，认为新加坡就是一个成功地把西方资本主义经济体制与儒家价值理念相结合的典范。杜维明的这个观点当然是经不起推敲的，但是在当时似乎鼓舞了许多国内以复兴儒学为志向的学者。

而在20世纪末叶的中国，文化保守主义的潮流也是明显可见的，大家可以看到，近十多年来，海峡两岸的中国人在大家都是中华文明的传人等共识之上加强了文化认同，逐渐淡化了持续了很长时间的政治制度的分歧，两岸积极互动。因为大家都是中华儿女，血浓于水，什么事情都好商量，没有必要弄得剑拔弩张、势不两立。正是在这种文化认同之下，两岸的紧张关系有所缓解。此外，中国的文化保守主义还表现在20世纪90年代初期的所谓"文化寻根热"上，首先是在文学领域，后来又在哲学和其他领域，都出现了向传统文化回归的热潮。

在印度教世界里面，也出现了向传统的印度教信仰回归的趋势。我注意到，从20世纪90年代末期，瓦杰帕伊出任印度总理开始,印度就明确地表示,要用印度教的精神来建设一个现代化的印度,强调要从本民族文化的传统中去寻找建设现代化的精神根基这样一种价值取向。

在西方世界中,我们也同样可以看到,20世纪末叶的时代精神发生了一些显著的变化。二战结束以后,西方世界尤其是美国社会变得越来越开放。在好莱坞的大片中,我们看到美国人是非常自由、非常开放的。二战以后,"垮掉的一代"、新左派运动、妇女解放运动等各种自由主义和激进主义潮流不断涌现,嬉皮士、性解放、吸毒等现象层出不穷,这些现象都似乎表明,美国的年轻一代已经放弃了他们父辈世代相袭的清教徒传统,变得像罗马人一样放纵、堕落。但是到了80年代末期以后,美国人似乎又变得保守起来了,又出现了与80年代以前的自由开放潮流正好相反的新潮流,那就是保守主义潮流。今天的美国人,无论是对宗教、性、毒品还是政治的态度,好像都趋向于保守,清教精神又有所复兴,人们的家庭观念也变得更加强烈了。

小布什执掌美国政府期间,在许多问题上都采取一种保守主义的价值取向,小布什本人就是一个保守主义者,他有着非常虔诚的基要主义的基督教信仰,而且他常常试图把这种保守主义的宗教信仰糅到美国的国际政策中去,因此他遭到了许多自由派美国人的谴责。小布什本人所喜欢使用的一些术语,都带有明显的宗教色彩,比如说"邪恶国家""十字军东征""圣战"之类的语言。美国是一个政教分离的国家,小布什把强烈的宗教意识带到国际政治之中,必然会引起其国内很多自由派知识分子的反感。但是,小布什的这种做法代表了那些向着文化保守主义回归的美国人的意愿,拥有较高的选民支持度,因此他在政治竞争中获得了胜利。

大家可能还记得,小布什第一次竞选总统时,与民主党的戈尔争夺选票，当时，是美国中部的选票决定了小布什的上台。美国这个社会，东西两端是比较发达的地区，如东海岸的纽约、马萨诸塞州，西海岸的加利福尼亚州等，那都是商业水平比较发达的地区，在这些地区，自由主义精神比较强；而美国的中部则是相对落后的农业地区，是出牛仔的地方，具有根深蒂固的保守主义价值观念。中部地区虽然在经济上不如东西两端发达，但是它代表了美国社会的文化传统和基本精神，代表着美国的基本价值取向。而小布什正是得到了这些地区（如得克萨斯州）的选民的大力支持。

2005年，我到美国进行学术交流，给我印象最深的一点，就是美国人的生活态度和价值观念，绝对不像大家在好莱坞大片中所看到的那样。一些严肃的美国人认为，好莱坞是一个独立的商业帝国，它为了票房价值，为了商业利益，可以任意地歪曲历史、虚构现实，它不仅在毒害全世界人民，也在毒害美国人民。而现实社会中的美国人，与好莱坞大片中所反映的美国人有着很大的差异。绝大多数美国人过着一种循规蹈矩的生活，白天上班，晚上开着车回到郊区的家里，过着一种非常规范的生活。在美国，除了像纽约的曼哈顿这样极少的例子，很少能够看到像我们中国的许多大城市那样繁华喧闹、灯红酒绿的景象。一些大城市，包括波士顿、费城，到了晚上，外面就没有什么人和灯光了，大家都各自回到自己家里去了。所以我当时感觉到，美国社会确实是向保守主义回归了。

我到美国主要是为了做宗教方面的调查研究，我去了很多教堂，做了一些调查。结果我吃惊地发现，在美国这个科学技术高度发达的国家，大多数人竟然都信仰上帝，其中包括许多优秀的科学家。它说明美国人是有着非常虔诚的宗教信仰的。所以在"9·11"事件发生以后，美国一般民众在面对恐怖主义分子的袭击时，他们在心理上和情感上的第一反应就是："上帝保佑美利坚！"虽然美国人拥有世界上最强大的原子弹和高科技武器，但是他们在受到袭击时首先想到的是上帝，而不是核武器。今天的许多美国人甚至指责欧洲人，他们认为欧洲人堕落了，因为欧洲人很少去教堂了，但是美国人还是会坚持去。这一点也反映了，美国这个看起来很开放的国家，实际上是很保守的，美国这个民族本来就是在清教观念的影响之下发展起来的，直到二战以后才开始变得开放起来。有一本反映20世纪美国社会文化发展的著名纪实文学，名叫《光荣与梦想》，作者在书中介绍，一直到二战结束的时候，美国妇女的裙子要长于膝盖。但是到了二战以后，从20世纪50年代开始，美国妇女的裙子就一寸一寸地短起来了。而到了20世纪80年代以后，美国人又开始向清教传统和保守主义回归了。我在前文说的那些例子，只是这种回归潮流的一些迹象而已。

所以，从这个意义上说，无论是基督教世界也好，伊斯兰世界也好，印度教世界也好，还是中国儒家伦理世界也好，在20世纪末都不约而同地出现了向传统文化复归的趋势。这种趋势也同样表现在作为基督教亚文化系统的东正教世界。东正教的复兴与苏联的解体有着密切的联系。自从1453年君士坦丁堡被信奉伊斯兰教的奥斯曼土耳其人攻陷之后，东正教就开始北移，俄国逐渐成为东正教的核心。在俄国迅猛崛起的过程中，东正教起到了非常重要的作用。在"十月革命"之前，东正教一直是俄国人民的主要宗教信仰。"十月革命"以后，东正教信仰仍然在民间具有根深蒂固的影响。苏联的剧变，固然有多方面的原因，但是东正教的复兴也是其中的重要原因之一。而苏维埃体制的解体和分裂，则与俄罗斯在近代发展过程中吞并了许多异质文化和宗教地区有着直接的关系，例如中亚的土库曼斯坦等五大斯坦地区，其居民主要是信奉伊斯兰教的突厥民族，他们与信奉东正教的俄罗斯人在文化方面存在着较大的隔阂；波罗的海地区情况也是如此，拉脱维亚、立陶宛、爱沙尼亚等地区与俄罗斯在文化上也有着较大的差异。这些文化上的差异和隔阂，是最终导致苏解解体的重要原因之一，它同样也说明了文化认同的巨大作用。

通过以上分析，我们可以看到，世界上各大传统文明体系，到了20世纪80年代以后，都不约而同地出现了文化保守主义的潮流。关于这种潮流，我不想从价值上去评判它好还是不好，这并不是一个客观地研究历史的人所要去做的事情。相对于价值上的评判，我更喜欢从事实的角度来看问题，我不说它好还是不好，而是说它是一个基本事实，你必须正视这个事实。所以从这个意义上来说，我觉得亨廷顿对世界格局的分析还是有一定道理的。未来世界将会越来越明显地以文化认同作为相互联系的精神纽带，传统文明的影响力将会在一定的程度上复兴，非西方世界将会越来越自觉地从自己的文化传统中去寻找建设现代化的精神根基，政治意识形态的对立将会被文明的分野所取代，这些观点基本上是正确的，只是我喜欢用"文明的分野"来替代"文明的冲突"，因为"冲突"这个字眼很容易使人联想到暴力对抗，而"分野"一词则是对一种客观状态的表述。

二战以后的那段时间，一直到苏联解体，那个时候的世界是很简单的，它是以政治意识形态来划分的。你是信仰资本主义，还是信仰共产主义，这就成为划分阵线的一个最基本的标志。当然还有一批，两边都得罪不起，那些第三世界亚非拉的小国家，刚刚获得了政治上的独立，资本主义和社会主义这两边都不好得罪。然而这两大阵营又是旗帜鲜明的，不管你是什么民族、什么宗教、什么国家，都必须在二者之间进行选择，你到底是站在资本主义一边，还是站在社会主义一边？但是到了苏联解体以后，这种认同或者划分也就不在了，人们开始关注另外一些更加迫切的问题。在中国，邓小平先生就曾明确地表示，发展才是硬道理。

人是一种奇怪的动物，他不仅是一个经济动物，也是一个文化动物。一个人不会仅仅由于赚了钱、吃饱了饭，就会心满意足，他总是会有一种精神价值方面的追求。他在心理上和情感上也总是有一种认同的要求，除了追逐物质利益，还要考虑文化归宿问题。在这个时候，被资本主义和社会主义两大阵营或两大政治意识形态对立所掩盖了将近半个世纪之久的传统文化认同，就会重新出现。在这种文化认同中，各大传统文明体系之间的对垒，当然就可能凸显出来。比如说，以前大家之间的紧张关系是因政治意识形态的认同造成的，现在海峡两岸暨香港、澳门关系的改善则是由于文明或者文化的认同。香港、澳门的成功回归，"一国两制"的实行，共产党与国民党的关系，这一切都说明了政治意识形态认同的淡化和传统文化认同的加强。只要你是中国人，不论你奉行什么政治主张，实行什么社会制度，大家都可以坐下来和平地协商，没有必要搞得剑拔弩张的，毕竟是同根同源，血浓于水嘛！而且香港回归多年的经验，不仅充分说明了"一国两制"这种政治主张的正确性，也同样充分说明了文化认同取代政治意识形态认同的必要性和重要性。人们相互认同的聚焦点不同了，彼此之间的关系也就不同了。

基督教世界与伊斯兰世界的历史宿怨

在亨廷顿这篇文章发表八年以后，也就是 2001 年，在美国发生了"9·11"事件。这个事件虽然是少数恐怖主义分子所干的违背人道主义的残暴行为，但是它同时也在整个世界的范围内，在各大文明圈的人民心中，引起了一种"文明冲突"的联想。

在"9·11"事件刚刚发生不久，武汉大学的博士生会请我从文化的角度来分析一下这个事件，我记得当时我从特洛伊战争开始讲起，一直讲到"9·11"事件，为博士生们梳理出了一条东西方文明冲突的历史线索。我在这里所说的"东西方"，不是指我们中国与西方，而是指欧亚大陆西半部的"东西方"，也就是欧洲与西亚、小亚细亚之间的关系。在古代，由于崇山峻岭的险阻，西方人基本上很少了解高加索和中亚以东的世界，彼此之间的联系也很少，所以在古代欧洲人的眼里，东方主要是指西亚和小亚细亚的那些国家和地区。从传说中的特洛伊战争开始，一直到"9·11"事件，在这种意义上的"东西方"之间，至少发生过五次大规模的冲突。第一次就是特洛伊战争，这可能是文字中记载的西方与东方之间最早的一次大冲突。当然，关于特洛伊战争的传说也许有文学夸张之处，但是现代考古学和古文献学证实，在希腊城邦制度出现之前，在爱琴海世界（包括古希腊、小亚细亚和西亚）确实曾经发生过一些战争冲突。主要是由于来自北方的游牧民族在公元前18世纪以后对爱琴海世界发起了持续的冲击，一些征服了克里特文明和迈锡尼文明的游牧民族（阿卡亚人和多利安人），推动了爱琴海世界的一些"海上民族"往东迁移的浪潮，从而使得小亚细亚地区陷入了战乱之中。这些征服者就成为最早的一批古希腊人，他们对小亚细亚地区的冲击，构成了特洛伊战争的历史原型。

第二次大冲突，就是公元前499年开始的希波战争。这场战争是由东方的波斯人发起的，是东方人主动去打西方人。这场战争一共有三次，分别由波斯国王大流士一世发起，由其子泽尔士一世继承，它不同于带有传说色彩的特洛伊战争，是千真万确的历史事实。西方的第一个历史学家，"历史之父"希罗多德在《历史》这本书里，真实地记载了这场战争。在这本书里，希罗多德很明确地对西方人和东方人进行了区分。他强调"我们"是欧罗巴人，而"他们"是亚细亚人，"他们"和"我们"不是一回事，这样就泾渭分明地把西方人与东方人区别开来了。在这本书的开端处，希罗多德谈到了希波战争的原因，他把这场战争的根源追溯到特洛伊战争那里，并且引用了波斯人的一个说法。按照波斯人的说法，东西方之间的冲突最初源于劫掠妇女的事件。波斯人对这件事还颇有微词，他们认为，劫掠妇女固然是一件坏人干的事情，但是妇女们如果不同意，她们大凡也不会被劫掠的。但是西方人为了一位妇女被诱拐的区区小事，竟然兴师动众，来到特洛伊与东方人打了十年艰苦卓绝的战争，这就未免有点小题大做了。波斯人认为，正是由于西方人心胸狭窄，才埋下了东西方之间仇恨的种子，最终导致了希波战争。

对于波斯人的这种说法，希罗多德不以为然。希罗多德是一位严肃的历史学家，他认为希波战争的真正原因，并不是东方人要报复几百年前的那场特洛伊战争，而是波斯人要彻底解决小亚细亚地区的那些古希腊城邦的统治权问题。当时波斯人统治着这些城邦，但是这些城邦不愿意接受波斯人的统治，它们受到古希腊本土一些城邦的支持而反抗波斯人。所以波斯人认为，要想一劳永逸地解决小亚细亚这些城邦的问题，就必须首先征服古希腊本土的那些城邦，使小亚细亚的城邦失去后盾。这种分析是很有道理的，这就是东西方之间第二次大冲突的原因。由此可见，希罗多德确实是一位严肃的历史学家。

在希波战争中，波斯人三次主动去进攻古希腊，最后却以波斯人的失败而告终。

所以，西方人谈到希波战争的时候，总是充满了踌躇满志的自信，他们的结论是，你们如此强大的一个波斯帝国，居然发动了百万之师来攻打分散弱小的古希腊城邦（第三次希波战争时，泽尔士一世号称有百万大军，他的军队射出的箭把天都遮蔽住了，他的军队所过之处把所有的河流中的水都喝干了，由此可见气势之盛），但是结果还是以失败而告终，这说明了一个什么问题呢？道理很简单，因为当时东方人是专制主义的，而西方人是自由主义的，波斯人的失败恰恰说明了，专制是战胜不了自由的。这就是西方后世的一些历史学家对希波战争结果的解释。上文讲的就是东西方之间的第二次大冲突。

如果说第一次是西方人去打东方人，第二次是东方人去打西方人，那么第三次又轮到西方人主动出击了。在希波战争结束一百多年以后，亚历山大点燃了东征的战火，把兵锋一直推进到印度河流域。波斯人三次攻打古希腊都没有得手，亚历山大的一次反攻，就把波斯第一王朝给灭掉了，并且一直打到埃及和印度河流域，建立了一个庞大的亚历山大帝国。亚历山大死后，他的帝国分裂为三个古希腊人的王国，即西亚和小亚细亚的塞琉西王国、埃及的托勒密王国和古希腊本土的马其顿王国。不久以后，罗马人又开始崛起，相继征服了古希腊人的这三个王国，向东扩张到两河流域至亚美尼亚、阿塞拜疆一线，这样罗马人又建立了一个地跨亚、非、欧三大洲的超级大帝国。这就是东西方之间的第三次大冲突，又是西方人去攻打东方人。

到了7世纪，随着伊斯兰教的创立、传播和阿拉伯帝国的崛起，东方人对西方人的第二轮历史性报复拉开了序幕。当时西欧处在中世纪，整个基督教社会积弱不振，而新崛起的伊斯兰世界气势逼人，从正面和侧翼两个方向对西方基督教世界发起了猛烈攻击。穆斯林从正面威逼君士坦丁堡，从侧翼迂回埃及和北非，越过直布罗陀海峡，占领了西班牙，然后从背后包抄法兰克王国，对西方基督教世界形成了一种钳形攻势。西方世界在穆斯林的强大攻势面前只有招架之功，没有还手之力。虽然罗马天主教会在11—13世纪也组织了几次十字军东征的反扑，但只有第一次取得了局部性的胜利，其他几次全都是历史的闹剧。西方基督教世界在东方伊斯兰世界面前的这种被动状况持续了七八百年，一直到15—16世纪西欧社会发生根本性变革的时代才有所缓解。即使是在近代的早期，信仰伊斯兰教的奥斯曼土耳其人所建立的奥斯曼帝国仍然对西欧社会形成了巨大的威胁，并且不断地对西欧腹地的维也纳进行攻击。这种"东风压倒西风"的格局构成了中世纪和近代早期欧亚大陆西半部地区的基本状况，这就是东西方之间的第四次大冲突。

东西方之间的第五次大冲突是从18世纪开始的。早在15世纪，西欧就开始了航海探险活动，并且在美洲建立了殖民地。18世纪以后，西方殖民的范围就开始伸展到传统的欧亚大洲，从而对伊斯兰世界进行蚕食和鲸吞。到了19世纪末叶，原奥斯曼帝国的许多地区都纷纷沦为英、法、意、俄等国的殖民地和势力范围，到一战结束时，曾经不可一世的奥斯曼帝国仅剩下土耳其本土这么一点点地方了。不仅是伊斯兰教地区，整个亚非拉地区的所有传统文明国度和蛮荒之地都成为西方列强的殖民地和半殖民地，一股强劲的"西风"吹遍了整个世界。在西方与东方之间的第五次冲突中，西方文明已经在全球范围内建立了绝对优势，东西方之间旷日持久的冲突似乎已经以西方的全面胜利而告终。正是这种决定性的优势地位，使得西方人在19世纪末叶产生了那种踌躇满志的历史终结感。

但是，"9·11"事件就好像是一个信号，暗示着新一轮的东西方冲突的开始。随着20世纪50年代全球性的民族解放运动的开展，伊斯兰国家和地区纷纷摆脱了西方的殖民统治，获得了政治独立。在这种情况下，一种宗教复兴和文化重建的要求就被提出来了。而且由于历史的宿怨和现实的矛盾，伊斯兰世界中的反西方情绪也开始高涨，这种情绪在宗教极端分子心中培养了一种对西方进行报复的复仇心理。在这种情况下，"9·11"事件对宗教极端分子来说，就是一种信号，这个信号意味着又开始向西方发起进攻了，意味着新一轮冲突的开端。当然持这种观点的并不是所有穆斯林，我们应该把宗教极端分子与爱好和平的广大穆斯林区别开来。在当今的伊斯兰世界中，问题的复杂性就在于：尽管有些国家，它的政府是站在西方一边的，但是广大的民众具有很强烈的反西方情绪。这样一来，官方和民众在对待西方的态度上就发生了分歧，民众的反西方情绪很可能会发展为反政府的激烈行为。

我们以伊朗为例来说明这个问题，伊朗在二战以后，在20世纪60年代，由于受美国的影响和支持，开始走西方化道路。巴列维国王从上至下地进行了所谓的"白色革命"，试图按照西方的工业化模式，对伊朗社会进行全面改革，尤其是要改变伊斯兰教信仰的传统习俗。当时采取的一系列措施包括进行土地改革、提高妇女的社会地位等。在巴列维时代，伊朗的妇女们可以把面纱摘下来，穿着泳衣在波斯湾的海滩上尽情地享受日光浴。但是巴列维的这些亲西方的改革措施很快就引起了广大民众的强烈不满，最终导致了霍梅尼领导的"黑色革命"的爆发，巴列维被迫于1979年逃离了伊朗。在其逃亡以后，99%的伊朗民众主张实行政教合一的伊斯兰教统治。在伊朗，像霍梅尼这样的民间宗教领袖比政府首脑的地位还要高，因为他们在老百姓之中具有极大的感召力，受到人民的热烈支持。巴列维政府之所以被推翻，是因为他触怒了广大的伊斯兰教民众。所以在伊斯兰教世界里，这样一种民间的情绪是不可低估的，具有非常重要的作用，对伊斯兰世界的发展趋势也将产生不可低估的影响。

传统文明影响力的新证据

通过前面对西方基督教文明与中东伊斯兰教文明的历史关系的分析，我们可以看出，亨廷顿关于文明冲突的预言，并不全是空穴来风，它是具有一定的历史根据的。这样一种预言，仅仅从对未来国际关系走向的客观分析来看，不管他的主观动机如何，还是应该引起我们的充分重视的。站在一种道义立场上来指责亨廷顿的观点危言耸听，是一件很容易的事，困难的地方就在于从亨廷顿的文章中去发掘一些富有启发性的东西。当时亨廷顿的文章发表后，美国的一批华人学者，如许倬云教授、杜维明教授等，纷纷指责亨廷顿的观点俨然是一派战国策士的口吻，而没有丝毫悲悯生民的胸怀，认为亨廷顿唯恐天下不乱。但是要说到对世界历史发展趋势的深入认识，这些批评者不具有亨廷顿的深邃眼光。

近年来的国际格局的发展变化已经越来越多地印证了亨廷顿的观点，在当今世界，文明冲突的可能性严重地存在。所以在1996年，亨廷顿又写了一本书，名字叫《文明的冲突与世界秩序的重建》。在这本书里，他再次提到当年提出"文明冲突论"的原因。他在中文版序言中写道："我所期望的是，我唤起人们对文明冲突的危险性的注意，将有助于促进整个世界上'文明的对话'。"[1] 由此可见，亨廷顿之所以在1993年提出"文明的冲突"，正是为了使

---

[1] ［美］塞缪尔·亨廷顿：《文明的冲突与世界秩序的重建》，周琪、刘绯、张立平、王圆译，新华出版社1998年版，中文版序言第3页。

人们注意到这种危险性,从而避免或限制文明的冲突。这是一个负责任的、理性的态度。

亨廷顿在1996年出版的这本书里,列举了大量的事实和数据资料,说明了这个世界在20世纪下半叶以来所发生的显著变化,表明了各大文明体系向着传统文化和传统宗教回归的趋势。例如,他列举了世界上信仰各大宗教的人口在世界总人口中所占比例的变化。从1900—2000年的100年间,基督教徒(包括天主教徒、新教徒,不包括东正教徒)从占人口总数的26.9%,发展到占人口总数的29.9%,增长了3个百分点;穆斯林从12.4%增长到19.2%,大约增长了7个百分点,这个增幅要比基督教徒的增长大得多;而印度教徒也有所增长,从1900年的12.5%增长为2000年的13.7%;东正教徒却在衰减,从1900年的7.5%下降到2000年的2.4%。这主要是由于1917年苏维埃政权建立之后,苏联对东正教的压制所致。此外他还列举了非信徒的数字,从1900年的0.2%发展为2000年的17.1%;同期中国民间宗教的信仰者则从23.5%急剧下降到2.5%。[1]

在这里有两点需要说明,第一点是亨廷顿的这本书写于1996年,那时还没有到2000年,但是根据1900年到20世纪末的发展趋势,就可以大体上推算出2000年的情况。因此2000年的数据虽然只是一个估计数字,基本上还是准确的。第二点就是关于非信徒的问题,我们需要把这组数据与中国民间宗教信徒的变化对照起来看。因为在1900年的时候,中国还处于清朝统治时期,那时候的中国人基本上都是儒家思想的信奉者。显然亨廷顿和这个统计资料

---

[1] [美]塞缪尔·亨廷顿:《文明的冲突与世界秩序的重建》,周琪、刘绯、张立平、王圆译,新华出版社1998年版,第55页。

的提供者，[1]都把中国的儒家思想当作了一种宗教，即中国民间宗教。但是到1949年中华人民共和国建立以后，儒家思想开始受到越来越猛烈的批判，大家都接受了无神论，所以成为亨廷顿所说的非信徒。因此，从中国民间宗教信徒的骤减和非信徒人数的剧增这两组相反趋势的数据中，恰恰可以看出中国近百年来的文化变化。

除了各大宗教的信徒比例，亨廷顿在这本书中还列举了另外一些非常重要的数据，比如各种语言的使用人数，各大文明体系所控制的领土情况、人口份额、经济指数等。所有这些数据，几乎都表明了同一种现象，那就是西方基督教文明的影响力在1900—2000年在逐渐减弱，而非西方世界的那些传统文明的份额却在增长。例如各大文明政治控制下的人口份额，西方文明在1900年占44.3%，到1995年只占13.1%；伊斯兰教文明在1900年占4.2%，到1995年猛增到15.9%。[2]再如各大文明在世界经济总产值中所占的份额，1950年西方文明为64.1%，1992年下降到48.9%；同期中华文明则从3.3%上升到10%，伊斯兰教文明则从2.9%上升到11%。[3]在1992年统计的语言使用情况中，讲英语的人占世界总人口的7.6%，而讲汉语普通话的人则占了世界总人口的15.2%。[4]

从以上的各种统计资料中，我们可以看到，随着殖民时代的结束，西方文明的影响力正在减弱。有一些现象，比如基督教信仰向西方以外地区的传播以及基督徒人数的增长，并不能简单地等同

---

[1] 据《文明的冲突与世界秩序的重建》（新华出版社1998年版）第55页，该统计资料出自：[英]戴维·巴雷特主编：《世界基督教百科：1900—2000年现代世界各教会和各宗教比较研究》，牛津大学出版社1982年版。

[2] [美]塞缪尔·亨廷顿：《文明的冲突与世界秩序的重建》，周琪、刘绯、张立平、王圆译，新华出版社1998年版，第80页。

[3] 同上，第83页。

[4] 同上，第50页。

于西方文明势力的增强，需要做具体的分析。事实上，近二十年来基督教的传播，主要是在韩国等这样的传统信仰受到颠覆的非信徒国度中；在伊斯兰世界甚至印度教世界中，基督教是很难渗透进去的。

另外，近几十年来随着亚非拉移民大量进入美国和西欧社会，西方文明内部也开始出现了一些具有自身文化认同的群体，不同的宗教信仰和语言习惯使得美国出现了许多唐人街、西班牙人街等亚文化社会。我之前到美国访问，只要到了华人区，说中文即可通行无阻。而在一些唐人街，我感觉完全就像是在中国，人们不仅说中文，而且整个生活习惯也都是中式的。有很多中式酒馆、茶楼，大家像广东人一样喝早茶。比如纽约的法拉盛地区，那是一个新兴的中国移民区。我在法拉盛看到的最有意思的现象就是，有很多由中国人驾驶的载客小巴、中巴，招手就停，在美国其他地方绝不可能出现招手就停的公交车。这说明，中国文化具有很强的凝聚力和自身特点，即使到了外国，许多中国人仍然是以中国文化来相互认同的，说中国话，过中国节，拜中国的神灵（在纽约的唐人街就有孔子像和黄大仙祠）。而且现在在美国，最大的亚文化社会还不是华人区，而是墨西哥裔的西班牙人区。墨西哥人在美国形成了很大的族群势力，有自己的一套行为规范。同样，犹太人、阿拉伯人、印度人、意大利人在美国也各有自己的社区，大家在美国仍然是以自己传统的文化和宗教相认同。所以从这个意义上来说，在两大政治阵营对垒结束以后，一种全球性的文化保守主义，或者向传统文化回归的潮流，似乎已经成为不争的事实。

西方基督教文明的分支情况

　　世界有五洲四海，非常大。如果像亨廷顿所说的，从传统的文明或者宗教的角度来看，那么世界大体上可以划分为几大块。

　　第一大块是西方基督教文明，它又可以进一步划分为三部分。

　　第一部分就是西南欧诸国，包括西班牙、葡萄牙、意大利、法国等国家，以及西班牙、葡萄牙过去的殖民地拉丁美洲。这些地区属于拉丁语系，人民主要信仰天主教。

　　第二部分是西北欧日耳曼语系诸国，包括德国、英国、荷兰、斯堪的纳维亚半岛各国等，这些地区和国家在16世纪以后改信了新教，而英国、荷兰等国在北美洲建立的殖民地，如美国、加拿大等，也像原宗主国一样主要信仰新教。北美洲原来有一部分是法国的殖民地，但后来都被英国夺过去或买过去了，只留下了一块地方，就是今加拿大的魁北克省，它曾一直是法国的殖民地，说法语，其人民也主要信仰天主教。当然，在今天的欧洲和美洲，由于早就实行了政教分离，所以各种宗教信仰都有，我们只能说哪个地区的人民以什么宗教信仰为主，而不能说哪个国家就是信仰什么宗教的国家。

　　第三部分就是以俄罗斯为中心的东正教地区。除了俄罗斯，东正教的影响力还辐射到了东欧和巴尔干半岛，这些地区的人民以东正教徒居多。

　　这就是广义的基督教所包括的三大部分。

　　除了欧洲和美洲，基督教文明还包括英国的前殖民地澳大利亚和新西兰。此外，撒哈拉以南非洲部分地区，如南非等地，也属于基督教文明的势力范围。

　　就西欧内部而言，由于16世纪马丁·路德的宗教改革，新教从天主教中脱颖而出，成为与天主教相对峙的一种宗教。从此以后，西南欧的天主教世界和西北欧的新教世界之间就展开了激烈的冲突，基督教的这两个派别打了一百多年的仗，一直到1648年三十年战争结束，才化干戈为玉帛，相互宽容起来。宗教宽容的结果，终于使得天主教徒与新教徒放弃了彼此之间的宗教偏见，在文化价值上相互认同起来。大家都是基督教徒，信仰同一个上帝，信守同一部《圣经》，没有必要为了教派之争而相互仇杀。尽管在今天，经济最发达的那些资本主义国家都在主要信奉新教的地区，如德国、英国、北欧和美国，而主要信仰天主教的西南欧洲诸国已经沦落为资本主义体系中的配角（法国是个例外），但是天主教与新教之间的关系总的来说还是比较和谐的。在冷战时期，无论是信仰天主教的地区还是信仰新教的地区，大家都属于资本主义阵营和北大西洋公约组织；冷战时代结束以后，大家又同心协力地共同反对恐怖主义分子。在这两个分支之间，虽然也存在着一些矛盾，但是在大方向上是保持一致的。如果21世纪果真是亨廷顿所预言的文明冲突的时代，那么这两个分支肯定会血浓于水地站在同一条战壕中，无论他们的对手是谁。

东正教的情况就不同了。事实上，早在罗马帝国的时代，由于东、西罗马帝国的分裂，希腊正教会就与罗马公教会处于互不买账的对峙状态中。后来随着西罗马帝国的灭亡，以及东罗马帝国与西欧封建社会的隔绝，这两个教会渐行渐远，终于在1054年正式分裂为东正教和天主教。后来到了1453年，由于君士坦丁堡的陷落，大量东正教徒向北迁徙到迅速崛起的俄国，从而使俄国取代君士坦丁堡而成为东正教的中心。东正教中心地位的确立，对于近代俄国的发展来说，可以称得上是如虎添翼。从彼得大帝的时代开始，俄国就处心积虑地想跻身西方世界，但是始终不被西方世界所承认。

所以俄国在西方扮演了一个比较尴尬的角色，它一心想加入西方大家庭，但是西方世界对它始终心存芥蒂、另眼看待。在西方天主教徒或新教徒眼里，俄罗斯人始终是鞑靼人或者东方人；而且东正教也与天主教分离得太久，与新教又毫无渊源，因此在西方人眼里已经成为一种异教。此外，在人种上，俄罗斯人属于斯拉夫民族，与西方的希腊民族、拉丁民族和日耳曼民族有着一定的差异，这样就更加深了彼此间的隔阂。最重要的是，在1917年以后，在俄罗斯的基础上，建立了苏维埃社会主义制度。苏联与西方资本主义社会之间，由于政治意识形态的分歧而处于直接的对立之中，甚至有爆发第三次世界大战的可能性。上文讲到的多方面的原因，使得俄罗斯与西方世界之间始终存在着难以化解的深刻矛盾。这就是为什么在苏联解体以后，东欧诸国纷纷加入欧盟和北大西洋公约组织，唯独俄罗斯一直坚持独立姿态，与西方世界保持距离。俄罗斯的领导人，如普京等人非常清醒地认识到，欧洲绝不会轻易地接受俄罗斯，俄罗斯人也不会加入西方大家庭去充当一个二流手。正因为这样，俄罗斯在当今的世界政治格局中扮演了一个非常重要而特殊的角色。

俄罗斯在现代世界历史中扮演的角色

俄罗斯这个民族，可以说自从伊凡大帝和伊凡雷帝的时代开始（15—16世纪），就已经表现出一种称霸世界的野心，那时候俄罗斯的雏形还只是一个弹丸之地的莫斯科公国。这个莫斯科公国原来只是俄罗斯东北荒原上的一块小封地，1240年以后臣服于蒙古人所建立的金帐汗国。1480年，伊凡大帝使莫斯科公国摆脱蒙古人的统治而独立，并且开始疯狂地吞并周围那些比莫斯科公国大得多的邻国。此前不久君士坦丁堡的陷落和东正教中心的北移，是伊凡大帝的一个绝好的发展机会，他力图把莫斯科的东正教会变成继古罗马教会和君士坦丁堡教会之后的"第三罗马教会"。

为了实现这个理想，伊凡大帝接过君士坦丁堡的双头鹰徽章作为自己国家的标志，而且还娶了一位拜占庭皇室的公主，以表示自己接续君士坦丁堡教会的正统性。后来到了他的孙子伊凡雷帝执政时，更是改"大公"称号为"沙皇"。

"沙皇"在俄语中就是"恺撒"，即专制帝王或独裁者。古往今来，西方有很多政治野心家都想成为恺撒，都想建立一个类似于罗马帝国那样的大帝国。第一个罗马帝国是指古代的那不可一世的罗马帝国，第二个罗马帝国则分别被中世纪东欧的拜占庭帝国（东罗马帝国）和西欧的神圣罗马帝国所代表。事实上，中世纪的这两个罗马帝国都无法与古代的罗马帝国相提并论，拜占庭帝国不过是罗马帝国的苟延残喘；至于神圣罗马帝国，更是徒有虚名，伏尔泰曾经嘲笑它既不神圣，亦非罗马，更称不上是一个帝国。所以到了近代以后，建立一个第三罗马帝国的梦想，一直萦绕在许多政治野心家的心头。最早从俄国的伊凡大帝、伊凡雷帝开始，之后有拿破仑、俾斯麦，到了20世纪又有希特勒，他们都做着建立第三帝国的梦想。有一本写法西斯德国历史的名著，就叫《第三帝国的兴亡》。在近代，建立第三罗马帝国的美梦，最初就是由俄国沙皇伊凡雷帝编织起来的。

从伊凡雷帝开始，俄罗斯迅猛地向四周扩张，版图不断扩大。向东进入西伯利亚，一直推进到太平洋的鄂霍次克海；向南征服了顿河流域和高加索，吞并了里海与黑海之间的广大地区，力挫奥斯曼帝国，打开了黑海的出海口；向北对瑞典发动了北方战争，夺取了波罗的海的芬兰湾，建立了圣彼得堡这个港口城市；向西兼并了爱沙尼亚、立陶宛、拉脱维亚，并且三次瓜分了波兰。在二战前夕，苏联还与德国秘密签订了《苏德互不侵犯条约》，其中一个重要内容就是瓜分波兰。

虽然俄国在近代迅猛扩张，但是在西方人眼里，它仍然不属于西方的范畴，而且俄国的"司马昭之心"，西方各国都很清楚，所以它们一直对其心存芥蒂。在拿破仑战争中，俄国打败了拿破仑，把欧洲从拿破仑的铁蹄之下解放了出来。所以当时俄国认为，西方各国现在总该承认我是欧洲大家庭中的一员了吧！而且我不仅是一般的成员，还是你们的解放者。那个时候，俄国俨然觉得自己在西方应该与"老大"英国平起平坐了。在拿破仑战争以后，俄国作为胜利者和解放者，越来越多地参与欧洲事务，在西方列强殖民扩张的过程中，俄国也与西方各国为虎作伥，利益均沾。但即使是在这样的情况下，西方各国对俄国仍然怀有戒备之心，总觉得后者不是严格意义上的西方文明人，而是较粗野的半开化民族。因此，英国等西方大国老是处心积虑地想遏制俄国的发展。

在19世纪中叶的克里米亚战争中，英、法等国不惜站在信仰伊斯兰教的奥斯曼土耳其人一边来对俄国开战，最终使俄国战败。在东方，英国等西方大国则利用日本来抑制俄国的扩张，在1904年的日俄战争中，英国暗中支持日本，结果俄国再度战败。经过一系列的战争失利，俄国终于发现，尽管它一厢情愿地想跻身西方大家庭，但是西方人并不把它当成一个成员。这种觉悟使俄国人在心理上陷入了一种尴尬的矛盾之中，一方面，自从彼得大帝以来，俄国上流社会和知识精英都对西方文化怀着一种崇敬心情，俄国的宫廷贵族们都模仿西方的时尚，说法语、戴假发、佩花剑，在拿破仑战争中排着法国人的作战方阵与法国人打仗，在行为方式上处处效法西方人；另一方面，屡屡遭到西方列强排挤和轻蔑的现实遭遇，以及俄国文化传统中根深蒂固的斯拉夫主义或者民族主义的精神，又使得俄国在心理上产生了一种对西方社会的反感。这种对西方既爱又恨的心理，这种想加入西方大家庭又不被接纳的尴尬状况，使得俄国很容易接受一种既是西方的也是反西方的东西。所以"十月革命"在俄国很快就取得了成功，使俄国成为世界上第一个社会主义国家。

在列宁、斯大林时代的俄罗斯人看来，共产主义是一种源于西方同时也比西方资本主义社会更高的社会形态，社会主义制度的实现使俄罗斯人认为自己已经成功地超越了西方。这种优越意识导致了从苏维埃政权的建立一直到冷战时期苏联与西方社会之间激烈的经济竞争和军事竞争，东欧和亚洲的一些国家也由于苏联的影响而纷纷加入社会主义阵营，从而造成了两种政治意识形态和两大阵营的对垒。

从宗教上来说，东正教是俄罗斯人信仰的主要宗教。虽然在苏联时期，由于共产主义意识形态和无神论思想的压制，东正教信仰只能处于地下状态，但是它毕竟在本地有着深厚的根基。随着苏联社会各方面矛盾的激化，尤其是民族矛盾和经济危机的加深，东正教信仰也开始出现了复兴的势头，这一切复杂的因素最终导致了苏联的解体。在今天的俄罗斯，东正教仍然具有极其重要的影响，绝大多数俄罗斯人都是东正教徒或者对东正教持有好感。毕竟东正教是俄罗斯民族的传统宗教，是这个民族的精神根基，俄罗斯民族最初的发展就是在东正教旗帜的感召之下进行的，今天它仍然担负着振兴俄罗斯民族的重大使命。

今天的俄罗斯虽然已经不再是社会主义国家，但是它与西方之间的历史宿怨并没有完全消弭，东正教与西方基督教（包括天主教和新教）之间的隔阂仍然明显存在。西方社会不会轻易接受俄罗斯，俄罗斯也同样清醒地认识到这一点。这种清醒的现实意识使得俄罗斯政府始终强调自己的政治独立性和文化特殊性，既不像当年那样与西方处于直接的对立之中，也不会放弃自己的独立性而加入西方大家庭。因此，在文明分野和对垒的21世纪，俄罗斯在国际舞台上和东西方的关系中，始终具有不可忽视的重要作用。

伊斯兰教文明的分支情况

这张地图上的第二大块，就是伊斯兰世界。伊斯兰教文明的传统地区就是以阿拉伯半岛为中心，包括小亚细亚、西亚、中亚和北非的广大世界，此外东南亚的一些国家和地区，如马来西亚等，也属于伊斯兰教文明。

阿拉伯半岛是伊斯兰教的发源地，7世纪初伊斯兰教创立之后，很快就随着阿拉伯帝国的扩张而传播到四周的广大地区。以北非为例，北非原来有一个很古老的古埃及文明。但是古埃及文明后来衰落了，先是被波斯人征服，后来在亚历山大东征的过程中沦为古希腊人的占领地，被古希腊人的托勒密王朝所统治。再往后，随着罗马帝国的崛起，埃及又成为罗马帝国的一个行省。电影《埃及艳后》讲的就是托勒密王朝的末代女王克娄巴特拉七世与罗马的统治者恺撒和安东尼的故事。在罗马后三头的权力角逐中，屋大维战胜了安东尼，从此埃及被并入罗马帝国的版图，成为罗马的行省。

后来，当基督教在罗马帝国境内开始传播的时候，北非就成为基督教发展的重要土壤，尤其是在埃及，当地的基督教信仰非常狂热,尽管那时的基督教徒受到了罗马统治者的残酷迫害。到了 4 世纪,当基督教成为合法宗教以后,北非仍然是基督教信仰最虔诚、神学理论水平最高的地区,早期基督教会内部的许多教义之争,最初都是从埃及开始的。但是到了 7 世纪,随着阿拉伯帝国的扩张,穆斯林占领了北非。阿拉伯半岛与埃及之间的地理位置很接近,穆斯林在向西方扩张的过程中,轻易征服了埃及和北非。实际上,在被阿拉伯帝国征服之前,埃及和北非在 5 世纪也曾经被汪达尔人等日耳曼人所占领。7 世纪,穆斯林占领了埃及和北非以后,又越过直布罗陀海峡占领了西班牙,从背后威胁着西欧天主教世界。因此,从 7 世纪开始,北非这个地区就退出了基督教世界,加入伊斯兰世界。直到今天,北非仍然属于伊斯兰世界,也就是今天的埃及、阿尔及利亚、突尼斯、利比亚、摩洛哥等地。

今天的西亚、小亚细亚、中亚和北非,有许多伊斯兰国家,政治状况比较复杂。但是如果我们退回到 15—16 世纪,那个时候伊斯兰世界的情况非常简单,主要就是三个国家,一个是最强大的奥斯曼帝国,它的地域范围从西亚、小亚细亚、北非一直到东欧,可以称得上是一个幅员辽阔的大帝国。第二个国家在中亚,大体上是今天的伊朗这个地方,古代曾经建立过波斯帝国和萨珊王朝,15—16 世纪时是萨非王朝。第三个国家是稍晚一些时候在印度出现的莫卧儿王朝。这个王朝的统治者是穆斯林,但是广大的人民信仰印度教。在这三个伊斯兰国家中,最强大的就是对西欧基督教世界采取咄咄逼人攻势的奥斯曼帝国。

在 15 世纪时,奥斯曼帝国可以说是如日中天,不可一世。在 1453 年攻陷了君士坦丁堡以后,整个巴尔干半岛和东欧都成为奥斯曼帝国的势力范围,基督教欧洲门户大开,似乎很快就要成为来势汹汹的奥斯曼帝国的俎上肉、盘中餐了。但是在近代的历史发展过程中,奥斯曼帝国每况愈下,逐渐萎缩。首先,随着俄国的崛起,野心勃勃的俄国与尾大不掉的奥斯曼帝国在黑海地区展开了竞争,双方在两百多年的时间里打了多次俄土战争,从17世纪一直打到19世纪,最后以俄国的全面胜利而告终。俄国吞并了原来属于奥斯曼帝国的黑海北岸地区,奥斯曼帝国则在战争中丧失了大片领土。后来法、意、英国等西方列强也纷至沓来,分别蚕食了北非、西亚等原属奥斯曼帝国的土地。最后,在一战中,奥斯曼帝国又站错了队,站到了德国一边,最后被协约国打败,它的领土也进一步被列强所瓜分,只剩下今天的土耳其本土了。在这种情况下,1919年土耳其爆发了革命,凯末尔领导人民推翻了奥斯曼帝国苏丹的统治,建立了土耳其共和国,开始向西方靠拢,逐渐改善了与西方世界的关系。

土耳其虽然在政治上和经济上开始了西方化的过程,但是在宗教上,它仍然是一个绝大多数民众信仰伊斯兰教的国家,所以这一点始终让西方国家感到不太放心。在西方基督徒的记忆中,穆斯林与他们自从7世纪以来,就一直处于势不两立的对抗之中,已经打了一千多年了,堪称世仇。所以,西方国家对于这样一个在政治上已经西方化、在经济上也已经融入西方体系,但是在文化上仍然属于伊斯兰世界的土耳其,心里总是有一种防范和警觉之情,总觉得它不是真正意义上的西方文明国家。所以亨廷顿在《文明的冲突?》中谈到土耳其时,这样说道:"被布鲁塞尔所拒绝,又拒绝了麦加,土耳其将如何定位?这是一个问题。"意思就是说,土耳其多次提出想加入欧盟,但是都被欧盟所拒绝了,理由很简单,因为你们是穆斯林,而我们是基督徒。但是土耳其显然也不愿意加入阿拉伯穆斯林的行列,它们在民族身份和文化传统等方面都有着较大的差异性。

土耳其虽然是一个伊斯兰教国家，但是它和阿拉伯世界的伊斯兰教国家不同，土耳其人属于突厥民族，而不是阿拉伯人。土耳其人最初是来自黑海以东地区的游牧民族，13世纪以后渗透到阿拉伯帝国统辖的小亚细亚地区，趁着阿拔斯王朝衰弱而崛起，迅速地把原来阿拉伯帝国的版图全部吞并，发展成为一个地跨亚、非、欧三大洲的超级大国。正因为如此，土耳其穆斯林与阿拉伯穆斯林之间，存在着较大的文化差异性。在这种情况下，土耳其如何在文化上定位，显然是一个问题。即使西方接受了土耳其，土耳其穆斯林与西方基督徒之间，仍然存在着较大的文化隔阂，这种文化隔阂不是经济一体化或者政治同盟化可以解决的。而另一方面，土耳其与阿拉伯国家之间也有着较大的文化差异性，虽然大家都是穆斯林，但是毕竟民族根源和文化传统相去甚远。现在的土耳其与俄罗斯一样，是一个地跨两大洲的国家。但是与俄罗斯坚定不移地定位于欧洲的一贯立场不同，土耳其可能更希望在亚洲谋求进一步的发展。

伊斯兰世界的第二块，就是伊朗。伊朗在16世纪时由萨非王朝统治，再往前可以追溯到古代的萨珊王朝和波斯帝国。伊朗人虽然也信仰伊斯兰教，但是他们与阿拉伯穆斯林不同。首先他们是波斯人而不是阿拉伯人，波斯文化与阿拉伯文化有一定的差别，早在阿拉伯文化和伊斯兰教产生之前的一千多年，波斯文化就已经盛行于中亚和西亚地区了；其次伊朗的穆斯林属于伊斯兰教中的少数派，他们主要是什叶派信徒，而阿拉伯穆斯林则以逊尼派为主。伊朗与突厥文化的土耳其之间也有矛盾，历史上的萨非王朝曾多次与奥斯曼帝国发生战争。当然，自从伊斯兰教在中亚传播以来，伊朗就成为伊斯兰世界的重要组成部分。我在前文已经讲过，在20世纪，亲西方的巴列维国王曾经发动了一场"白色革命"，采取了一些向西方倾斜的政策，但是这些改革措施很快就触怒了广大穆斯林的宗教情感，因此霍梅尼顺应民意发动了"黑色革命"，使伊朗又回到传统的文化氛围中。在当今世界，随着伊拉克问题的基本解决，伊朗已经成为美国最关注的敌人之一。

伊斯兰世界中最大的一块就是中东和北非的阿拉伯地区。在7世纪，随着伊斯兰教的创立，阿拉伯帝国迅速崛起，很快就发展成为一个强大的帝国，把阿拉伯地区、西亚、小亚细亚、中亚、北非等地都纳入帝国的势力范围之内，甚至还越过直布罗陀海峡占领了西班牙。8世纪中叶，阿拔斯王朝的建立标志着阿拉伯帝国进入全盛时期，《一千零一夜》里面描写了阿拔斯王朝首都巴格达的繁荣景象。那个时候的巴格达，与中国唐朝的长安，堪称世界上两个最繁华的国际大都市。

从7世纪开始，一直到13世纪，阿拉伯帝国（虽然它的王朝形态在不断变化）始终对西方基督教世界形成了一种咄咄逼人的攻势。到了13世纪中叶，阿拉伯帝国被凶悍的蒙古入侵者所摧毁，不久以后，随着奥斯曼帝国的崛起，原阿拉伯帝国所辖地区就逐渐被兼并到奥斯曼帝国的版图之中。

18世纪以后，西方殖民主义者把中东、北非等阿拉伯人居住的地区从奥斯曼帝国的统治之下逐渐蚕食和分割，变成了西方列强的殖民地。到二战的时候，西亚和北非成为盟军与德国争夺的重要战场，盟军的蒙哥马利元帅和巴顿将军都曾在北非与德国元帅隆美尔进行激烈的战斗。当时盟军需要得到当地土著的支持，那时候阿拉伯世界虽然在名义上属于英法等西方国家，但是实际上很松散，一些酋长各据一方，分而治之。所以当时英国人就对那些酋长承诺，如果你们支持我们，和我们一起与德国法西斯作战，那么战后我们将让你们获得独立和自由。

后来在二战结束以后，英国等西方宗主国顺应历史潮流让这些地区的人民获得了政治自由，但把阿拉伯人居住的地区划分成了许多个主权国家。今天包括中东和北非的整个阿拉伯世界就有沙特阿拉伯、阿联酋、卡塔尔、约旦、伊拉克、叙利亚、巴勒斯坦，还有北非的埃及、阿尔及利亚、利比亚、摩洛哥等。它们虽然都属于伊斯兰教文明，但是这些主权国家之间在经济、政治等方面必定会产生一些利益冲突，这样它们就很难拧成一股绳来共同面对西方世界了。甚至在1948年英国和美国等西方大国的支持下，以色列在阿拉伯人居住的地区复国了。这样一来，就在广大的阿拉伯穆斯林中间打入了一个犹太教的楔子。犹太民族虽然曾于两千年以前生活在巴勒斯坦地区，但是自从公元70年和公元135年罗马人两次攻陷了耶路撒冷、烧毁了犹太教圣殿以后，犹太人就被迫离开了家园，散居在世界各地。到1948年复国时，犹太民族已经流离失所了近两千年。但是另一方面，自从7世纪伊斯兰教创传和阿拉伯帝国建立以来，巴勒斯坦地区就成为阿拉伯人世代生息的地方，至今也已经有一千多年的历史。

犹太教是基督教的母体，虽然在历史上基督教和犹太教之间也发生过长期的龃龉，尤其是在希特勒统治下的德国，曾经发生过大规模的迫害犹太人的暴行，但是犹太教与基督教毕竟具有同源性。在西方各国，尤其是美国，许多大资本家都是犹太人，控制着大量的金融资源和资本；而且犹太人在二战中遭受了太多的苦难，博得了西方人的普遍同情，因此犹太复国主义得到了西方基督徒的广泛支持。

但是另一方面，犹太复国主义却遭到了阿拉伯国家的坚决反对。因此，自从犹太人在巴勒斯坦地区复国之后，这两个民族、两种宗教就陷入了无休无止的冲突之中，双方打了多次中东战争。虽然在每一次战争中，阿拉伯人在军队数量等方面都占有优势，但是战争的结果总是以色列获胜。原因很简单，在以色列背后有一个强大的西方世界，此外阿拉伯各国政府在对待以色列的态度上也不一致，彼此之间的相互掣肘也是战败的重要原因之一。巴以争端到今天已经持续了半个多世纪，但是巴勒斯坦到底是谁的家园？这是一桩谁也无法断明的公案。但是一个冲突不断、难以统一的中东格局，是符合美国等西方大国的利益的。

这就是阿拉伯世界的现实情况。正是由于中东的伊斯兰世界被分割成一个一个的小国家，这些国家之间由于利益方面的原因而纷争不断，缺乏凝聚力，因此整个中东地区呈现出一派支离破碎、混乱无序的景象，成为当今世界争端不休的热点地区。

当然，伊斯兰教文明还有另外一块地方，即东南亚太平洋海域的马来西亚和印度尼西亚等地区。这些地区曾经长期是西方的殖民地，西化的色彩比较浓厚，但伊斯兰教信仰也根深蒂固。在今天，这些地区也出现了一些族群冲突和宗教矛盾，但是总的说来，伊斯兰教文明的这个分支对于整个世界格局的影响不大。

讲完了伊斯兰世界的各个分支，我再简单谈几句非洲的情况。北非具有悠久的文明传统，最初是古埃及文明，后来相继被希腊化、罗马化、基督教化，到了7世纪以后又被伊斯兰教化。伊斯兰教对这个地区的影响非常深，以至在经历了近两百年的西方殖民化的插曲之后，北非地区在今天仍然属于伊斯兰世界。但是在撒哈拉以南的非洲腹地，至今仍然处于不太明朗的状况中。非洲的腹地和南非，在西方殖民主义者到来以前，有自己的文明形态。葡萄牙等西方殖民主义者从17世纪开始，就在非洲腹地进行残酷的猎奴活动，把猎获的黑人当作奴隶卖到美洲，今天美洲黑人的祖先基本上都是从非洲贩卖过去的。除了猎奴，西方殖民主义者对非洲腹地并不感兴趣，但是他们对南非非常关注。一来是因为南非地处非洲最南端，直接扼守着好望角，具有重要的战略意义；二来是因为19

世纪中叶在南非发现了巨大的金刚石矿和金矿。早在1652年，荷兰人就占领了南非南端的沿海地区，在好望角建立了海上航行站。后来英国人也来了，与荷裔南非人打了一仗，二者分别控制着南非的不同地区。正是由于受到西方殖民主义者的长期统治，南非接受了西方文化的影响，基本加入西方体系。但是在南非以北、撒哈拉以南的非洲腹地，由于进入现代文明状态的时间较短，受西方文化的影响也非常有限，再加上内部各种族群冲突和宗教冲突不断，所以至今仍然处于贫穷落后的状态中，发展非常缓慢。但是目前非洲内部的族群冲突和宗教冲突都是局部性的，并非世界性的文明冲突，对世界格局的影响是比较小的。

印度教文明的复兴

南亚次大陆的印度教文明，与西边的那两个文明相比，要单纯得多。印度是一个古老的国家，有着几千年的文明历史。自从公元前15世纪前后操持原始雅利安语的游牧民族大入侵之后，印度就逐渐成了一个宗教的万花筒，最初是吠陀教，然后产生了婆罗门教，再往后又产生了佛教和耆那教，最后则在佛教和古代婆罗门教的基础上产生出印度教。印度教自4世纪初创，到了8世纪以后，逐渐成为印度人的主流宗教，而佛教反而传播到东南亚和中国、日本等地去了。印度文化具有很强的韧性，20世纪中叶的印度总理尼赫鲁曾经把印度比作一块巨大的海绵，它可以吸干一切异质的水分。在讲原始雅利安语的游牧民族的征服以后，印度不断地被其他民族所奴役，波斯人、希腊人、安息人、塞种人、月氏人、阿拉伯人、突厥人，以及后来的英国人，都统治过印度。但是不论哪个民族来统治，不论这些统治者信奉什么宗教，印度的人民始终顽强地信奉着他们自己的宗教，这一点是不会改变的。比如在16世纪的时候，一支信奉伊斯兰教的突厥人在印度建立了莫卧儿王朝，统治者都是穆斯林，但是老百姓仍然信仰印度教。后来，英国人推翻了莫卧儿王朝的统治，把印度变成了英国的殖民地，英国人信奉基督教，但是印度人仍然信奉印度教。在18世纪以后的殖民统治过程中，英国人一直想彻底改造印度社会，因为印度这个地方很重要，是战略要地和商业重镇。因此，当英国人控制了印度的主权之后，他们就对印度的上流种姓阶层进行西方式的教化。

印度是一个等级社会，即种姓社会，最初分为四个种姓，最高的种姓叫"婆罗门"，是祭司阶层；其次叫作"刹帝利"，是武士阶层；再次叫作"吠舍"，主要是从事农业和商业的平民百姓；最低下的叫"首陀罗"，多为印度最古老的土著，其中许多人都是奴隶。种姓之间有着严格的界限，不同种姓之间不可通婚，各自在法律上的地位也很不平等。后来印度的种姓制度进一步分化，以至形成了几十种种姓。

英国在统治印度时，主要对印度的高级种姓子弟进行西方式教化，让他们到英国去留学，接受西方的教育，培养西方化的意识。这些人学成回国后，当然就会按照英国人的方式来治理印度。在19世纪，印度的高级种姓子弟从小都到英国去接受教育，回国后满口流利的英语，西装革履，整个言行举止俨然就是英国人。所以在19世纪的时候，英国人认为他们已经基本上把印度的知识精英和权贵阶层改造过来了。1834年，英国派驻印度的教育大臣麦考利先生，在给英国皇家政府的教育备忘录里写道：我们正在印度进行这样一种事业，我们正在培养这样一些人，这些人除了肤色和血统是印度人，其他各方面都是英国人。由此可见，当时印度社会精英的西化程度是非常高的。

但是到了20世纪初期，印度教的势力开始复兴，尤其是圣雄甘地，倡导一种与英国人不合作的态度，抵制机器和一切标示着西方文明的东西，主张回归到印度教的传统中。圣雄甘地的不懈努力，极大地促进了印度教的复兴，乃至到了20世纪下半叶，随着印度在政治上的独立，印度人开始自觉地向自己的文化传统回归。与19世纪相比，你会觉得20世纪中叶以后的印度人离西方文化更远了，而不是更近了。印度的本土语言、传统宗教、民族服饰以及各种具有本土特色的东西都出现了复兴之势。亨廷顿在《文明的冲突与世界秩序的重建》一书中提到，1983—1991年的印度，讲英语的人只占整个人口的2%~4%，[1] 在印度的很多地方，英语已经不流行了，老百姓们都说印地语。

今天印度的很多冲突都是宗教冲突或文化冲突，如印度教与锡克教的冲突，还有印度教与伊斯兰教的冲突，当然还有其他的文化冲突。但是总的来说，印度与西方世界之间一直保持着一种比较好的关系，美国、英国等西方大国非常重视印度和南亚次大陆的重要战略位置，因此印度一直是美国在南亚地区的重要盟友。虽然美国现在也与南亚次大陆的巴基斯坦建立了良好的关系，但是巴基斯坦人毕竟是穆斯林，因此巴基斯坦与美国的关系，无论如何也比不上印度与美国的关系那样密切。尽管如此，一个不可否认的事实是，印度明显地向着传统宗教和文化回归，与19世纪的情况相比，今天的印度人似乎离自己的传统更近了。

---

[1] [美] 塞缪尔·亨廷顿：《文明的冲突与世界秩序的重建》，周琪、刘绯、张立平、王圆译，新华出版社1998年版，第51页。

中国文明所面临的困惑

中国文明是与基督教文明、伊斯兰教文明、印度教文明同样源远流长的文明。中国传统文化的主干是儒家文化，但是儒家不是一种宗教，虽然也有人把儒家看作一种宗教，叫作儒教，但是我认为儒家严格地说不是宗教，而主要是一种伦理体系。不论如何，它仍然是一种信仰，数千年来，中国人一直奉行着儒家的伦理规范。自从汉武帝接受董仲舒的建议，"罢黜百家，独尊儒术"，儒家就成为中国人安身立命的根本。但是儒家思想真正定于一尊，成为中国老百姓自觉奉守的伦理体系，是在唐宋以后。

我在前文提到了亨廷顿在《文明的冲突与世界秩序的重建》一书中所列举的统计数字，1900—2000年，中国民间宗教的信仰者从23.5%急剧下降到2.5%，这个所谓的中国民间宗教当然包括儒家信仰在内。在1900年，那时全中国人民可以说都是中国民间宗教的信仰者，其中主要是信奉儒家的伦理价值系统。但是到了2000年，儒家的伦理规范的影响力下降了很多。这个变化当然与我们中国人接受无神论的意识形态有关，特别是中华人民共和国成立以后一度对儒家思想的猛烈批判，可以说极大地伤了儒家文化的元气。乃至于在今天，当世界各大文明体系都在弘扬自己的文化本根、重振自己的传统信仰的时候，唯独中国人在信仰问题上处于一种复杂状态。近些年来，在经济改革的过程中，一方面，中国民间的许多传统宗教也出现了复苏的趋势，各种佛教寺庙、道观、土地庙、关老爷庙、观世音庙里的香火又兴旺起来了；另一方面，近十多年来从海外又吹进了一股复兴儒学的风潮，新儒家一时间似乎成了一种时尚。但是，无论是那些形形色色的民间宗教，还是打着弘扬传统文化旗号的新儒家，都不可能成为中国现代化建设的精神支柱。那些民间宗教带有太多的迷信和蒙昧色彩，显然不适合现代社会；而新儒家虽然打着"返本开新"的旗帜，实际上"返本"的成分要远远多于"开新"，这种没有经过彻底的自我批判的儒家思想同样也不可能成为中国现代社会的精神根基。

在这种情况下，近些年来基督教信仰在中国呈现出明显的增长趋势。结合我在前文所讲的世界各大宗教的历史背景，西方基督教文明由于与伊斯兰教文明之间有着太深的历史宿怨，因此基督教信仰很难渗透进伊斯兰世界。印度同样具有根深蒂固的宗教传统，而且近几十年来印度教出现了复兴的趋势，因此基督教也很难在南亚次大陆得到太大的发展。在这种情况下，中国自然而然就成了基督教传播的热土。当然，中国文化自古以来就具有极强的与外来文化融合的能力，所谓"中国特色"早已是中国传统文化的一种基本特点。佛教自东汉年间入华以后，很快就具有了"中国特色"；伊斯兰教在中国的情况也是这样。至于基督教眼下在中国传播是否也会产生出一种有中国特色的基督教，目前还很难说。但是，像中国这样一个有着数千年文明传统的泱泱大国，毕竟不能总是靠这种"以不变应万变"的方式来实现现代化的转型，当我们对外来文化进行改造之前，首先应该批判性地从自己固有的文化传统中开创出一个崭新的精神根基来。

如何批判性地重铸我们自己的文化精神根基，对于当代中国人来说是一个极为重要的问题，它甚至比经济的发展更加重要。对于当前方兴未艾的全球性文化保守主义浪潮，我并不想做出任何价值评判，我只想说这是一个不可否认的事实。当伊斯兰世界、印度教世界都试图在自己的传统文化根基之上，建设一个现代化社会的时候，中国应该做出什么样的回应，这是一个不容回避的大问题。换句话说，中国现代化建设的精神根基到底是什么？如果你把这个问题放在整个世界的大格局里面来考虑，就会感到它的严重性了。大家不要以为现代化只是一个经济发展的问题，只是一个 GDP 的增长问题，现代化更重要的是文化的现代化。像中国这样有着数千年文明传统的泱泱大国，在进行现代化转型时将以什么作为自己的精神根基，这是放在每一个人面前的大问题。一个没有独立的文化精神根基的民族是一个可悲的民族，全球化时代的竞争最后和最关键的将是文化的竞争。大家想想美国这个国家，它的科学技术不可谓不发达，它的现代化程度不可谓不高，但是当今美国竟然有 90% 的人信仰上帝，有 40% 的人经常要去教堂，这说明了什么问题？这说明美国虽然在科学技术和经济方面有了很大的发展，但是这个民族并没有放弃自己的文化传统，这一点是发人深省的。

  我期望我们从宏观上了解当今世界格局背后的宗教文化背景，从而对世界的发展趋势有一种更加深刻的认识，对我们自己文明的未来命运产生更加深切的责任意识。